卷八·
拱辰街道、西潞街道、长阳镇、良乡镇、阎村镇、新镇街道、窦店镇、琉璃河镇

房山碑刻通志

学苑出版社

杨亦武　著

拱辰街道、西潞街道、长阳镇、良乡镇
阎村镇、新镇街道、窦店镇、琉璃河镇
碑刻资源调查项目

总策划

张明智　　王永年　　靳　璐

本卷策划

王心松　　杨海峰　　李冠华　　冀显江

序

　　历代碑刻，是研究历史文化、地方文化、民俗文化的一把钥匙。完整系统的碑刻文献，是研究地方历史文化的百科全书，是地方人文历史最直接、最确凿、最可信的文献。在碑刻丰富的地区，完整系统的碑刻史料，其历史信息的丰富和准确，可以勾勒一个地区历史文化的全貌。

　　房山历代碑刻总数800余件，历史年代自北魏、北齐、隋、唐、辽、金、元、明、清，直至民国，其分布遍及域内所有乡镇街道。时代延续之久，分布之广，内容之丰富，令人叹为观止。这是祖先留给后人的一笔丰厚的文化遗产，我们这一代人，应该将其完整地发掘整理，惠于今人，传之后世。

　　在京津冀协同发展的大背景下，首都北京正以惊人的速度迈向城市化。10年，20年，或是更长一段时间，传统农村将彻底消失。植根于乡土的碑刻文献的研究发掘，有赖于这片乡土。抢救性的发掘整理碑刻资料，是时代赋予文化工作者急迫的责任和使命。房山是首都历史文化大区、北京文明的发祥地，全面整理历代碑刻资料，对北京历史文化研究极为重要。此前出版过一些房山的碑刻资料，收录碑刻少则几十件，多则一二百件，对地方文化裨益颇多，进而期待一部全面系统志录房山碑刻的专著，可喜《房山碑刻通志》著成付梓。

　　1999年至2001年，我曾任房山区文化文物局局长，其间，把房山历史文化的发掘整理作为工作重点，全面普查田野石刻，对可移动的石刻集中保护，拓印整理碑刻资料。杨亦武当时在本局做文物工作，得知他1982年便着手房山碑刻资料的收集整理，即给予其大力支持，安排其赴哈尔滨阿城考察金上京，赴上方山进行为期三年的历史文化调查，形成了《大房山金陵考》《房山历史文物研究》《云居寺》《上方山兜率寺》等阶段性成果。2001年末，我调往房山区教委任职，杨亦武的历史文化研究仍在继续，他持之以恒，坚持不懈，集30余年之功，终于完成了800余件碑刻的抄录、整理、考证、分类、编目，著成《房山碑刻通志》，各卷将陆续出版面世。

拱辰街道、西潞街道、长阳镇、良乡镇
阎村镇、新镇街道、窦店镇、琉璃河镇

　　《房山碑刻通志》以乡镇列卷，全志共8卷，各镇篇幅依碑刻多寡而异。大石窝镇碑刻称最，独列3卷，其余5卷均为数镇合卷，如卷四，即为城关街道与周口店镇二镇合卷。每卷镇下列村，村下录碑，从而涵括房山全域碑刻，形成完整的地方碑刻文献体系。

　　这部通志是解读房山历史文化最确切、最直观、最全面、最系统、最真实、最可靠、最实用的地方文献。此著不止收录碑刻原文，而是志、录、注、考兼备：志，概述镇村历史文化及碑刻大略，介绍碑刻存在的镇、村历史文化环境；录，即录入碑刻原文；注，注明碑刻的基本情况；考，对录文进行考证诠释。在录文过程中，著者认真抄录碑拓原文，校订了旧志碑文和历代录文中的讹误，删衍补脱，确保碑文原真无失，力图使本志成为最为可靠的碑刻文献。著者在碑文考释中下足了功夫，通过碑文的解读，厘清历史的来龙去脉，因而此志不仅是一部碑刻志，更是一部以碑刻为视角的地方志。一志在手，即可全面了解房山的历史文化、宗教文化、民俗文化之方方面面。既为房山区经济社会发展提供了历史文化支撑，又为北京史研究奠定了碑刻文献基础，其重要的文化价值不言而喻。时间是检验著述价值最好的尺度，我们还是让时间说话，让历史做出评价。

　　碑刻的整理研究，是一项辛劳而艰巨的工作。不仅需要必要的学术研究能力，更需要勤奋担当，吃苦耐劳。著者以一个文化人的责任和使命从事这项文化工程，故能三十年如一日，寒暑交替，为之不辍。像这样全面系统整理、研究、志录地方碑刻，并最终形成专著，在北京十六区县实不多见。因此，也就愈加难能可贵。

　　文化是社会的责任，需要有人担当，谁来做不重要，重要的是有人来做。这是一种自觉地文化行动，作为一个文化人，应自任使命，勇于担当。《房山碑刻通志》的面世，让人鼓舞，使人振奋。时代呼唤更多脚踏实地的文化人，呼唤更多有利于国计民生的文化力作。

郭志族 *
2018年元月于京南良乡

---

* 郭志族，北京市房山区人大常委会副主任。1959年出生，北京市房山区人，1981年7月参加工作。历任北京市房山区教育局党委副书记、纪委书记，北京市房山区文化文物局党组副书记、局长，北京市房山区教工委书记、区教委主任、区学习办公室主任，北京市房山区三化两区建设咨询委员会副主任委员。2015年1月，当选为北京市房山区人大常委会副主任。

凡 例

一、本志碑刻分类以地域划分。以乡镇、街道为单位，乡镇、街道下列村，村下列碑刻。同一村中、同一地点的碑刻原则上列在一起。一村多点的，依次列出各地点碑刻。每个地点，则以碑刻时间顺序的先后为序。如此，以碑刻形成完整的地方文化体系，便于对地方文化的整体把握。

例：卷一大石窝镇，收录88件碑刻，分属于石窝村、辛庄村、广润庄、北尚乐、南尚乐5村，其中大石窝村35件，辛庄村16件，广润庄10件，北尚乐17件、南尚乐10件。其中辛庄村有福胜寺、隆阳宫、关帝庙、药王庙等，该村目下便依次录下上述地点的碑刻，每个地点，以碑刻时间的先后为序，如隆阳宫碑刻，最早为元代，其次为明代、清代，碑刻顺序如下：

元至元二十八年（1291）《重修隆阳宫碑》、元至治二年（1322）《大元加赠真大道教始祖刘真君之碑》、明隆庆六年（1572）《重修隆阳宫碑记》、清乾隆三十一年（1766）《重修隆阳宫施买香火地碑记》、清乾隆三十一年（1766）《重修隆阳宫大殿建立禅堂成砌群墙置买并施舍地亩等事序》。

二、本志以乡镇分卷，全志800余件碑刻，共分8卷，每卷1册，每卷平均收录碑刻百件左右。由于乡镇碑刻数量不同，每卷收录碑刻数量不一，有的过百，有的不足百件。大石窝镇碑刻最多，共占3卷，其他乡镇为两个或多个乡镇合卷。

三、本志分别采取三级目录或两级目录。独立成卷的乡镇为两级目录，一级目录为村，二级目录为碑刻。合卷的乡镇为三级目录，一级为乡镇，二级为村，三级为碑刻。

四、本志体例分为志、录、说明、考释、附录。

1. 志：本志立足于地方文化，在乡镇、村的目下，均志述历史文化背景，以及碑刻综述。

2. 录：即收录碑刻原文，这是本志的主体。本志收录的碑文，均为尚有碑刻或碑刻拓片存在者。无碑刻或碑刻拓片存在，见录于文献的碑文，一般不予收录，极具历史文化价值的除外。如《卷三·大石窝镇》收录的唐开元十四年（726）刘济《大唐云居寺石堂碑》，是晚唐时期云居寺刻经的重要文献，原碑虽然遗失，亦收录志中。对文献中有记载的碑刻文字，依原拓对其脱、衍、舛等问题予以校正。本志均以简体字录文，漫漶无法辨识的文字，用"□"表示，异体字和别字依原碑刻照录，以存原貌。

3. 说明：即碑刻说明，本志收录的碑刻除碑刻外，还有经幢、墓志等，为表述一致，统称为"碑刻说明"。重点说明碑刻朝代、出处、大小尺寸、碑额文字。对于碑文撰者、书者，碑额书者、刊者，由于碑刻记载分明，不再重复。

4. 考释：即碑文考释，是对碑文的考证和解读。根据内容不同，考释分别为"碑文考释""幢文考释""墓志考释""题记考释"等。这部分，除对碑文考证和解读外，着重碑文记载的史迹与地方文化的联系。

5. 附录：即附录碑文。为了保证历史文化信息的完整性，相关散见于各种文献的碑文，因无碑刻和拓片存在，不能作为碑文录入，故注明出处，以附录的形式记入本志。

五、本志村名表述。

1. 以"村"冠名的村，原名照录。例如周口村。

2. 不以"村"冠名的村，村名两个字的，后加"村"；村名三个字的不再加村。例如辛庄，录为辛庄村；周口店，录为周口店。

目 录

导 言 /1

拱辰街道

良乡老城

○○一 唐故开府仪同三司使持节陇州诸军事行陇州刺史上柱国南阳县开国伯张府君墓志铭并序 唐永贞元年（805）/4

○○二 良乡县重修城隍庙碑 明景泰七年（1456）/6

○○三 重修城隍庙碑记 民国十二年（1923）/8

○○四 重修良乡县署碑 明正德元年（1506）/11

○○五 创修良乡西门瓮城碑 明万历 /13

○○六 重修良乡通气院前路碑记 清康熙三十年（1691）/14

○○七 永保堂记 清乾隆十一年（1746）/15

○○八 良乡杨子英县尊裁革车徭德政碑记 清光绪十一年（1885）/17

○○九 太上感应篇 清道光十八年（1838）/18

○一○ 文昌帝君阴骘文 清道光十八年（1838）/21

○一一 修理护城桥道暨西南二桥碑记 民国八年（1919）/24

○一二 重修天王寺碑记 民国十二年（1923）/25

良乡文庙

○一三　重修良乡学宫碑记　清顺治十年（1653）/28
○一四　新建魁楼碑　清康熙十一年（1672）明 /30
○一五　曹母王孺人捐置学田碑　清乾隆四十三年（1778）/31
○一六　重修良乡县学宫记　清道光十六年（1836）/33
○一七　重修良乡县文庙碑记　清光绪二十三年（1897）/35
○一八　独力创修节孝祠碑记　清光绪二十三年（1897）/36
○一九　补修良乡县文庙记　清光绪二十八年（1902）/38

梅花庄

○二○　良乡三教寺十方院碑记　明万历三十九年（1611）/41
○二一　重修寿因寺碑记　清康熙六十一年（1722）/45
○二二　静默寺和尚海宽小传　清乾隆十九年（1754）/46

东羊庄

○二三　旌表节孝王太孺人墓表　民国五年（1916）/53

大南关

○二四　郊劳出征将军兆惠、富德及诸将士礼成纪事诗碑
　　　　清乾隆二十五年（1760）/56

西潞街道

太平庄

〇二五　守朴赵公墓志铭　明嘉靖三十六年（1557）/ 62

长阳镇

长阳村

〇二六　重修长阳村石桥碑记　民国四年（1915）/ 70

哑叭河

〇二七　哑叭河桥碑文　民国十三年（1924）/ 73

良乡镇

西石羊

〇二八　良乡县治石羊村重修白衣庵戏楼碑记　清宣统三年（1911）/ 78

小营村

〇二九　重修三大士庙碑文记　民国十五年（1926）/ 81

鲁村

〇三〇　鲁翁墓碑　元泰定 / 84

○三一　关帝阁石额　崇祯十五年（1642）/85
○三二　安氏佳城碑记　清康熙七年（1668）/86
○三三　安氏新茔记　清康熙四十五年（1706）/87

富庄村

○三四　王梁父母墓碑　清康熙三十三年（1694）/91
○三五　乐毅墓碑　民国四年（1915）/91
○三六　乐毅墓石联　民国十二年（1923）/94

阎村镇

大董村

○三七　唐故妫州怀戎县令杨府君、夫人河南达奚氏墓志铭并序
　　　　唐长庆三年（823）/98

大十三里

○三八　大辽故翰林学士金紫崇禄大夫行尚书提点大理寺上护军平昌侯
　　　　开国公食邑二千户诸路汉军□□孟公墓志铭并序
　　　　辽天庆七年（1117）/101
○三九　良乡十三里如意禅林碑记　清康熙四十一年（1702）/109
○四○　创建西方庵记　清康熙五十一年（1712）/110

后十三里

○四一　石刻经幢　辽/113
○四二　重修关帝庙碑记　清宣统二年（1910）/114

肖庄村

〇四三　重修关圣帝君碑　清嘉庆十三年（1808）/ 117

〇四四　三教堂关帝殿碑　清光绪十七年（1891）/ 118

〇四五　重修三官庙碑记　清光绪十七年（1891）/ 119

大紫草坞

〇四六　李氏宗祠碑记　清光绪十一年（1885）/ 123

开古庄

〇四七　中都崇孝寺偹公塔铭　金大定十二年（1172）/ 127

公主坟

〇四八　永安公主墓志　明永乐十五年（1417）/ 130

〇四九　王国光谕祭碑　清康熙九年（1670）/ 131

〇五〇　原任太子太保广东镇海将军都统一等阿思哈哈番加一级因年老
　　　　有疾致仕谥襄壮王国光碑文　清康熙十年（1671）/ 132

南坊村

〇五一　善禄谕祭碑　清咸丰五年（1855）/ 135

〇五二　原任绥远城将军钦差帮办军务御赐斐廞巴图鲁勇号赏戴花翎赏
　　　　黄穿马袿谥勤壮善禄碑文　清咸丰六年（1856）/ 136

 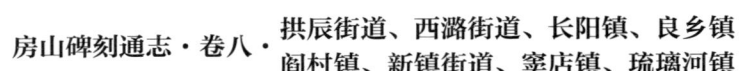

新镇街道

原新街社区

○五三　董得贵诰封碑　清康熙十五年（1676）/ 140

○五四　董得贵及妻舒穆禄氏、纳喇氏诰封碑　清康熙十六年（1677）/ 141

○五五　皇清诰赠骠骑将军镇守湖广沅州等处地方总兵官加一级董公暨配赠夫人郭罗罗氏继配赠夫人黑摄李氏合葬墓碑
　　　　清康熙五十一年（1712）/ 143

○五六　光禄寺少卿内务府总管董公墓表　清乾隆四年（1739）/ 145

窦店镇

窦店村

○五七　贤劫千佛之碑　唐武德四年（621）/ 150

○五八　清凉寺塔座铭　辽清宁三年（1057）/ 151

○五九　东岳庙女冠卜道坚升云之幢　金泰和八年（1208）/ 152

○六○　清凉寺并东岳行祠碑记　明成化二十年（1484）/ 153

○六一　东岳庙碑　明嘉靖二十八年（1549）/ 158

○六二　神槐记　明万历十六年（1588）/ 160

○六三　新立旧店东岳庙碑　明万历十八年（1590）/ 161

○六四　重修清凉寺东岳庙碑记　清咸丰八年（1858）/ 162

○六五　重修清凉寺碑记　清咸丰八年（1858）/ 164

○六六　重修关帝庙碑记　清道光二十五年（1845）/ 165

○六七　敕赐万寿禅院碑记　明万历四十五年（1617）/ 167

○六八　敕谕延福寺碑　明万历四十六年（1618）/ 168

○六九　太监张诺轩墓碑　明天启七年（1627）/ 169

○七○　崇文门管事御马监田公进喜碑记　清康熙二十一年（1682）/ 170

瓦窑头

○七一　奉政大夫四川按察司佥事雪堂杨公墓志铭　明嘉靖八年（1529）/172

○七二　九春杨公墓志铭　清顺治十四年（1657）/176

望楚村

○七三　护国大善弘恩寺碑　明天启二年（1622）/182

○七四　敕赐大弘恩寺三觉悟禅师生塔铭　清雍正二年（1724）/184

○七五　弘恩寺碑　清雍正七年（1729）/188

大高舍

○七六　立香火地碑记　清乾隆二十八年（1763）/191

○七七　善举碣记　清光绪二十八年（1902）/192

琉璃河镇

庄头村

○七八　大功德寺碑　明弘治十六年（1503）/198

董家林

○七九　普会寺四方佛经幢　金大定（1161—1189）/204

○八○　重建普会寺成融德行有报之碑　明成化元年（1465）/206

○八一　重修董家林普会寺记　明万历三十二年（1604）/207

○八二　重修董家林关帝庙碑记　清光绪元年（1875）/209

○八三　杨处世墓碑　清顺治十七年（1660）/210

○八四　皇清待封显考讳杨登科公府君墓碑记　清康熙二十一年（1682）/211

○八五　显福杨太翁墓碑　清乾隆二十一年（1756）/213

○八六　多罗淳慎郡王碑文　清乾隆四十四年（1779）/214

○八七　多罗贝勒永鋆碑文　清道光元年（1821）/216

刘李店

○八八　白继琳幢记　辽乾统五年（1105）/219

○八九　李从善墓幢　辽乾统九年（1109）/221

○九○　白怀祐造幢记　辽天庆二年（1112）/222

岫云观

○九一　重修恩惠寺记　明万历三十七年（1609）/226

○九二　福德庄严碑记　明万历三十七年（1609）/228

○九三　恩惠寺告示碑　明万历三十七年（1609）/229

○九四　敕谕恩惠寺碑　明万历三十八年（1610）/230

○九五　良乡县谕碑　清同治九年（1870）/231

○九六　重修岫云观碑记　清宣统三年（1911）/232

○九七　重修三世佛殿碑记　民国二十三年（1934）/235

琉璃河二街

○九八　敕修琉璃河桥堤记　明嘉靖四十二年（1563）/237

○九九　敕修琉璃河桥记　明万历三十年（1602）/240

一○○　敕修琉璃河桥海潮观音庵碑记　明万历三十一年（1603）/242

一○一　重修石佛寺碑记　清嘉庆二十二年（1817）/244

一○二　曹师长改建琉璃河南岸支河舆梁碑记　民国元年（1912）/245

一〇三　西山李公墓表　民国二十六年（1937）/247

李庄村

一〇四　重修关帝庙碑记　清咸丰五年（1855）/251

白庄村

一〇五　敕赐福聚寺碑文　清康熙六十年（1721）/254
一〇六　增续白衣庵香火地碑记　清乾隆五十六年（1791）/256
一〇七　重修观音庵碑记　民国四年（1925）/257
一〇八　重修牤牛河石桥记　清同治八年（1869）/259
一〇九　新建挟河中桥碑　清同治十二年（1873）/261

福兴村

一一〇　重修东岳庙碑记　清同治八年（1869）/264
一一一　重修鲁班庙碑记　民国三年（1914）/266

南洛村

一一二　重修仙露禅寺碑记　明嘉靖二十五年（1546）/270

金门闸

一一三　乾隆癸巳诗碑　清乾隆三十八年（1773）/275
一一四　金门闸浚淤碑　清乾隆三十八年（1773）/276
一一五　道光上谕碑　清道光四年（1824）/277

一一六 重修金门闸减水石坝记 清同治十一年（1872）/278

一一七 重建金门闸记 清宣统元年（1909）/280

附录 总述 /285

导 言

《房山碑刻通志》卷八，为房山区东部碑刻总集，涵盖拱辰街道、西潞街道、长阳镇、良乡镇、阎村镇、新镇街道、窦店镇、琉璃河镇8个镇、街道。房山区原为良乡、房山两县，上述8个镇、街道恰为良乡县故地。

良乡县与北京文明同源，可追溯到西周燕都。良乡县境原为西周燕都所在，春秋为燕中都，战国为中都县，秦因之为县，西汉高祖六年（前201）改中都县为良乡县，同时在良乡县北置广阳县，此后两县并存。北齐天保七年（556），广阳、良乡两县并入蓟县，武平六年（575）复置良乡县。五代后唐长兴三年（932），良乡县移治阎沟，即今拱辰街道。1948年解放，成立良乡县人民政府，属河北省。1958年3月，撤销良乡县、房山县，合并成立周口店区，划归北京市。从此良乡县结束了2159年的建置史。1960年，周口店区改为房山县。1987年房山县与燕山区合并成立房山区。1997年，房山区政府所在地由房山城移至良乡卫星城，即今拱辰街道。自1958年，时隔39年，古良乡县故地再次成为首府。

以拱辰为中心的房山区东部，钟燕都三千余年璀璨，续良乡两千二百年余文脉，丰碑历历，可尽其详。卷八集故良乡县碑刻之大成，碑刻数量、收录范围和内容远远超过明隆庆、清康熙和光绪、民国历代《良乡县志》和其他相关文献，从而为良乡县留下了珍贵的碑刻文献。

本卷收录东部8个镇、街道碑刻118件，其中拱辰街道碑刻24件、西潞街道碑刻1件、长阳镇碑刻2件、良乡镇碑刻10件、阎村镇碑刻16件、新镇街道碑刻4件、窦店镇碑刻21件、琉璃河镇碑刻40件。

碑刻时间自唐至民国，其中唐代3件、辽代6件、金代3件、元代1件、明代27件、清代63件、民国15件。

拱辰街道碑刻24件，其中唐代1件、明代4件、清代15件、民国4件。分布于良乡老城、良乡文庙、梅花庄、东羊庄、大南关：

良乡老城12件——唐代1件、明代3件、清代5件、民国3件。

良乡文庙7件——清代7件。

梅花庄3件——明代1件、清代2件。

东羊庄1件——民国1件。

大南关1件——清代1件。

西潞街道碑刻1件，明代。分布于太平庄：

太平庄1件——明代1件。

长阳镇碑刻2件，民国。分布于长阳村、哑叭河：

长阳村1件——民国1件。

哑叭河1件——民国1件。

良乡镇碑刻10件，其中元代1件、明代1件、清代4件、民国4件。分布于西石羊、小营村、鲁村、富庄村：

西石羊1件——清代1件。

小营村1件——民国1件。

鲁村4件——其中元代1件、明代1件、清代2件。

富庄村4件——清代1件、民国3件。

阎村镇碑刻16件，其中唐代1件、辽代2件、金代1件、明代1件、清代11件。分布于大董村、大十三里、后十三里、肖庄村、大紫草坞、开古庄、公主坟、南坊村：

大董村1件——唐代1件。

大十三里3件——辽代1件、清代2件。

后十三里2件——辽代1件、清代1件。

肖庄村3件——清代3件。

大紫草坞1件——清代1件。

开古庄1件——金代1件。

公主坟3件——明代1件、清代2件。

南坊村2件——清代2件。

新镇街道碑刻4件，清代。分而于原新街社区：

原新街社区4件——清代4件。

窦店镇碑刻21件，其中唐代1件、辽代1件、金代1件、明代9件、清代9件。分布于窦店村、瓦窑头、望楚村、大高舍：

窦店村14件——唐代1件、辽代1件、金代1件、明代7件、清代4件。

瓦窑头2件——明代1件、清代1件。

望楚村3件——明代1件、清代2件。

大高舍2件——清代2件。

琉璃河镇碑刻40件，其中辽代3件、金代1件、明代11件、清代20件、民国5件。分布于庄头村、董家林、刘李店、岫云观、琉璃河二街、李庄村、白庄村、福兴村、南洛村、金门闸：

庄头村1件——明代1件。

董家林9件——金代1件、明代2件、清代6件。

刘李店3件——辽代3件。

岫云观7件——明代4件、清代2件、民国1件。

琉璃河二街6件——明代3件、清代1件、民国2件。

李庄村1件——清代1件。

白庄村5件——清代4件、民国1件。

福兴村2件——清代1件、民国1件。

南洛村1件——明代1件。

金门闸5件——清代5件。

本卷收录碑文115篇、诗3首、碑阴题2则、额题1则、墓题3则、题联1对。

拱辰街道碑文23篇、诗1首，附录碑文2篇、文章1篇：

良乡老城录碑文12篇。

良乡文庙碑文7篇。

梅花庄碑文3篇，附录碑文2篇、文章1篇。

东羊庄碑文1篇。

大南关诗1首。

西潞街道碑文1篇：

太平庄1篇。

长阳镇碑文2篇：

长阳村碑文1篇。

哑叭河碑文1篇。

良乡镇碑文5篇、额题1则、墓题3则、题联1对：

西石羊碑文1篇。

小营村碑文1篇。

鲁村碑文3篇、额题1则、墓题1则。

富庄村墓题2则、题联1对。

阎村镇碑文16篇：

大董村碑文1篇。

大十三里碑文3篇。

后十三里碑文2篇。

肖庄村碑文3篇。

大紫草坞碑文1篇。

开古庄碑文1篇。

公主坟碑文3篇。

南坊村碑文2篇。

新镇街道碑文4篇：

原新街社区4碑文篇。

窦店镇碑文21篇：

窦店村碑文14篇。

瓦窑头碑文2篇。

望楚村碑文3篇。

大高舍碑文2篇。

琉璃河镇碑文43篇、诗2首、碑阴题2则：

庄头村碑文1篇。

董家林录碑文9篇。

刘李店碑文3篇。

岫云观碑文8篇。

琉璃河二街碑文6篇、碑阴题1则。

李庄村碑文1篇。

白庄村碑文5篇。

福兴村碑文2篇、碑阴题1则。

南洛村碑文1篇。

金门闸碑文7篇、诗2首。

琉璃河镇碑刻多为一碑一文，亦有一碑两文者：《恩惠寺告示碑》上下镌两文，一为万历三十六年（1608）《顺天府良乡县告示》，一为万历三十七年（1609）《锦衣卫西司告示》。金门闸《乾隆癸巳诗碑》碑阳为《堤柳一首》，碑阴为《阅金门闸作》；《道光上谕碑》，碑阳为道光三年（1823）《道光上谕》，碑阴为道光四年（1824）《重建金门闸碑记》；同治十一年（1872）《重修金门闸减水石坝记》，碑阴记述翻修金门闸的具体工程数据；宣统元年（1909）《重建金门闸记》，碑阴为金门闸建造工程及引河尺寸。

房山碑刻通志

拱辰街道

古地名阎沟，西周至战国为古燕国地。西汉高祖六年（前201）设广阳县，属广阳县。北齐天保七年（556），广阳、良乡两县并入蓟县，属蓟县。北齐武平六年（575），恢复良乡县的设置，属良乡县。五代后唐长兴三年（932），良乡县移治阎沟，从此为良乡县治所，历辽、金、元、明、清、民国，相沿为良乡县治所。1948年解放，成立良乡县人民政府，属河北省通州。1955年，在良乡县城设良乡镇。1958年3月，撤销良乡县、房山县，合并成立周口店区，划归北京市。同年撤销良乡镇，成立良乡人民公社，属周口店区。1960年改周口店区为房山县，属房山县，析良乡人民公社南境诸村设官道人民公社。1966年，析良乡人民公社，增设良乡镇，社、镇并存。后来，镇、社合并，为良乡人民公社。1980年3月，改良乡人民公社为良乡镇。1987年房山县与燕山区合并设立房山区，良乡镇属房山区。1990年2月，改良乡镇为良乡地区办事处。2002年，良乡地区办事处与官道镇合并，设立良乡镇。2006年9月，良乡镇划分为拱辰街道办事处、西潞街道办事处、良乡镇。古良乡城四关之内及周围20村、域内社区，为拱辰街道所辖。拱辰街道居古良乡故地，古为国门首邑，当朝宗孔道，四会蹄鞅。人文荟萃，甲于房山东境。

本卷收录拱辰街道碑刻24件，分布于良乡老城、文庙及梅花庄、东羊庄、大南关，其中良乡老城12件、良乡文庙7件、梅花庄3件、东羊庄1件、大南关1件。收录碑文23篇、诗1首，附录碑文2篇，附录文章1篇。

良乡老城

始建于五代后唐长兴三年（932）。《旧五代史·卷九十·列传第十三》："（赵德钧）于阎沟筑垒，以兵守之，因名良乡县。"阎沟，古地名，因附近阎沟河得名。阎沟河，即今哑叭河，原名雅河，古称福禄水。民国十三年（1924）《良乡县志·卷一·舆地志·八区》："雅河，县治北，旧名盐沟河，即水经注福禄水也。"盐沟河，又作阎沟河。当年契丹人经常深入幽州地区骚扰，幽州守将赵德钧从涿州向幽州城内运粮，在阎沟一带常常遭到契丹人的袭劫，赵德钧依燎石岗筑垒设防，并将良乡县治所由大石河畔的窦店，迁至阎沟，阎沟地名便被良乡取代。

良乡老城周匝1300丈，城门4座，东为迎曦门，西为宝成门，南为就日门，北为拱辰门。城墙顶宽2丈，底宽4丈，高3丈。良乡城毁于元末，明景泰二年（1451）再筑土城，高2丈。隆庆二年（1568）良乡知县安守鲁始筑砖城，缺西门及瓮城。万历十五年（1587），知县王道定捐俸补筑西门瓮城。崇祯三年（1630），里面土城修补增宽。清代200余年未经大修，城楼倾圮，城墙多坍塌。光绪二十六年（1900）八月，义和团占据城中，法国兵在燎石冈开炮，攻陷良乡城，大肆屠戮，义和团半数被杀，城内居民亦遭残杀，房屋建筑毁十之八九，城垣摧毁，城门半就倾颓。数年以后，城垣才得到修整。良乡县衙在西大街南，旁有固节驿。城隍庙，在西大街路北城隍庙街。文庙，在南大街东。东岳庙，在南斜街。卓秀书院，在东大街南。真武庙，在北大街东。1949年以后，城墙逐渐消失。20世纪80年代，残存城墙全部被拆。

本卷收录良乡老城碑刻12件：唐代1件、明代3件、清代5件、民国3件，其中收录碑文12篇。

〇〇一　唐故开府仪同三司使持节陇州诸军事行陇州刺史上柱国南阳县开国伯张府君墓志铭并序

文林郎前守妫州司仓参军李伯良撰

公讳道升，字道升，幽州范阳人也。其先黄帝轩辕氏大圣之后，弓裘不坠，故留侯子房相汉，司空华匡晋，洪勋茂绩，谱牒详焉，故不书。公则司空十七代孙也。曾王父朝议郎守檀州司马彻，祖王父朝散大夫行妫州长史克明，王父骠骑大将军持节亳州刺史令晖，公则亳州府君之元子，少有奇节，素多方略。知文可经邦，乃伏膺阅史；武可勘难，则弯弓习射。至若龙韬豹略之术，纵火沆沙之策，莫不研精覃思，穷理尽性。释褐充节度使将，转金吾卫大将军，旋充左厢步军大将兼节度押衙节制。朱公道义归朝，公演成其意，遂率精骑二万，西赴阙庭，署公为营都知兵马使。帝嘉之，拜朱公为丞相，旋除太尉兼陇右节度。圣朝以公有辅佐之勋，特赐车马金银缯䌽万数，皆寘诸廊下，令将士裁用之，一金不入私室，其廉洁有如此者。积功劳迁特进开府仪同三司持节陇州诸军事陇州刺史上柱国南阳县开国伯。顷为羌戎骚动，甿庶不安，征戍者望烟尘，农耕者带弓矢，下车之后，□□□□□□，令而农夫击壤明斥候，而军人卧皷，其政术有如此者。时属骄阳，□□□□□□□□公询诸灵迹，欲往祈之。境内有二姑神，素多灵验，祈者必应，公虔心祷请，许□□□香才焚而阴云满空，酒再酹而甘雨盈尺，遂减己俸，特建妆楼，今存焉，其诚有如此者。呜呼，运有修短，时有兴废，梦入两楹，灾成二竖，染感疾缠，终于私第，享年六十七。嗣子佋，次子侠，琼玉连枝，皆禀淳孝，绝□□□，泣血扶护还乡，永贞元年冬十一月廿五日庚寅，窆于幽州良乡县阎沟山原，礼也。镇守副使御史大夫道晏痛天伦之永别，抚诸孤而犹子，命刊贞珉，终天地焉。

大房东，泸水西，云漠漠兮风凄凄。乹罡引气兮掩重溪，黄泉九重兮山峨峨。郁郁青龙盘兮白虎屈，三阳返照兮神藏兽没。拱木千春敛幽魂兮累主成坟，铭勋克石玄堂兮天地永隔。高岸为谷兮深谷为陵，庆流百代兮子孙绳绳。

碑刻说明

唐刻。拓片为周肇祥旧藏，长58厘米，宽57厘米。

原出土于良乡西门外。民国十三年（1924）《良乡县志·卷八·艺文志·志铭》："按此墓已无形迹，邑人未有知之者。民国十二年，在城民人王怀，于西门外地中掘土，既而发现砖块，又深掘之，棺木乌有，而得墓志，上下两方。审视则，唐张公道升卜葬地也。考之家礼，凡古人丧葬，皆有石志。此石行间虽间有阙文，而确为古墓无疑，由唐至今，已更数代，而不先不后，适见于修志之时，岂鬼神式凭不欲久而湮没欤？民国甲子春月识。"

墓志考释

此墓志载张道升生平，结合墓志考《唐书·朱泚传》：

张道升，唐幽州良乡（今房山区）人，汉留侯张良后裔，晋代司空张华十七代孙。"洪勋茂绩，谱牒详焉。"看来，张良为张道升始祖，是有谱牒为据的。

张道升出身将门，曾祖父张彻为朝义郎守檀州（治今北京密云区）司马，张道升祖父张克明为朝散大夫行妫州（治今河北涿鹿县，后移治今河北怀来县）长史，父张令晖骠骑大将军持节亳州（治今安徽亳州市）刺史。张道升为张令晖长子，他自幼读书习武，受到良好的教育，尤攻史书和兵书。他承袭武将家风，最初在幽州卢龙军节度使朱泚麾下任节度副将转左金吾卫大将军，不久升任左厢步军大将军兼节度押衙，成为朱泚手下的一员干将。

晚唐时期，世居青藏高原的吐蕃强大起来，而唐王朝经安史之乱国势日衰，吐蕃乘秋高马肥，出兵进扰唐朝边地，唐藩镇遣兵助防，时称"防秋"。唐代宗大历九年（774），张道升以行营兼兵马使的军职，随幽州卢龙军节度使朱泚率精骑两万从幽州出发长途跋涉来长安入朝"防秋"。

朱泚入朝以后，唐代宗即派他统领汴宋、淄青"防秋"兵以陕吐蕃。大历十一年（776），朱泚加同中书门下平章事，出屯奉天（今陕西乾县）。十二年（777），代李抱玉为陇右（今青海乐都）节度使。德宗建中元年（780），泾州（今甘肃泾川北）将刘文喜叛，唐以朱泚兼四镇北庭行营泾原节度使将刘文喜讨平，朱泚因军功加封太尉。其间张道升一直随朱泚于军中，德宗念他辅佐朱泚征战之劳，赏赐他车马、金银、彩缯数万，张道升全部放在屋廊下，任手下将士取用，自己一金不取。在"防秋"和平叛战事中，张道升屡立战功，特进开府仪同三司、持节陇州诸军事、陇州刺史、上柱国、南阳县开国伯，成为手握要柄的封疆大吏。

当时，吐蕃势盛，边地惊扰不堪，边事警急，耕田的人都随身携带弓箭武器，一旦吐蕃来犯，便各自为战。张道升率军征戍，令防地农夫击壤明斥候警戒，令兵士卧鼓而眠，严阵以待。由于常年的军旅征战，积劳成疾，张道升卒于军中，终年67岁。二子张佋、张侠"泣血扶护还乡"。永贞元年（805）十一月葬于幽州良乡县阎沟山原，此时距朱泚叛亡已经21年。

建中三年（782），朱泚弟朱滔谋反，朱泚被软禁在京城，不再被唐王朝信任，致使其与淮西节度使李希烈叛唐，直至兴元元年（784）六月，为部将梁廷芬等所杀。在朱泚叛乱中，张道升显然没有附叛，所以得以善终。

民国十二年（1923）良乡城内人王怀在西门外掘地，发现了张道升的砖室墓和墓志，得知此地为张道升的葬所。墓志说：张道升"窆于幽州良乡县阎沟山原"。故知良乡城古地名阎沟，这和《旧五代史》赵德钧"于阎沟筑垒"的记载相吻合。张道升礼葬的永贞元年（805），良乡县治所在大石河畔的窦店，此地为良乡县北境之阎沟，尚为一片荒原，127年后的长兴三年（932），良乡县才移治于此。良乡移治后，张道升墓恰在县治西门之外。若不了解良乡县的来龙去脉，张道墓葬西门外，似不合情理，殊不知，当年卜此地而葬，并无良乡城。

○○二　良乡县重修城隍庙碑

顺天府所隶县曰良乡，去京师西南七十里，为万方朝会陆道辐辏之冲烦。且剧视他县倍蓰。县西南隅，旧有城隍庙在焉。景泰二年，因始筑城，而庙乃隔于城之外，县大夫及民庶有事庙下者咸谓不便，且地势庳隘，栋宇倾颓，所以妥奉神灵者亦弗称焉。诸官僚酬应纷纭，殆无虚日，虽欲修葺移徙，莫或遑也。浔阳郑公智来为主簿，焦神劳力，以佐庶务，方欲锐然经理，深虑劳民费财，乃谋于知县贾襫，县丞马骥、李谦，典史陈永通曰："窃闻政之体在治民事神而已，吾侪神所当事者莫要于城隍，凡祀社稷山川雷雨，皆以城隍为配；水旱疾疫祷禳，皆以城隍为先。而其庙值于城之外，无乃不可乎？"贾公然之，马、李诸公佐之，爰择地于城内之乾隅，衷广计之总若干寻丈，先捐己俸为之倡，好善乐施者翕然倾助。遂市材取砺，召匠僦佣，建正殿寝殿，翼两庑，外为重门，以显巍翼，凡二十有六神之像设，雕塑藻绘，焕然聿新。他若周垣修术，器物之需，罔不毕备。兴役于景泰六年二月二十五日，而以七年九月望日收工。始终劾劳，盖主簿公居多。而厥配王氏，亦脱簪珥，于庙左右建九天卫房圣母，及虾蚼神堂各一。县之耆老吏民佥谓，庙之凋敝已甚，而鼎新实肇于今，匪砮石登载，何以垂示来者？乃请余为之记，余惟自昔建郡邑者必依险以为固，地之险，山川丘陵是也，故或因山与邱陵以为城，若平地则垒土筑城以拟乎山之险焉。或因川以为隍，若燥地则掘土浚隍以拟乎川之险焉。余闲尝考之《礼经》，无祀城隍之文，然古者山林川泽丘陵坟衍防庸莫不载诸祀典，况乎高城深隍以捍寇敌，以卫人民，其功甚大，而可弗祀之哉？今郡县各有城隍庙，是即所谓礼。虽先王未之有，而有以义起之者也。庙在良乡者，适仍岁水旱之余，帑藏空虚之日，而能大其规制，役不劳民，则郑公有为之才过于人也，概可见矣。庸次第书之，俾刻石昭示焉。施钱与助者之名氏，具列于石玥，兹不赘。

大明景泰七年立

碑刻说明
明刻。在良乡老城西门内街北城隍庙。

碑文考释
民国十三年（1924）《良乡县志·卷六·纪幽志·祠庙》："城隍庙，在西门内迤北。"

据此碑，城隍庙原在良乡县城西南隅，景泰二年（1451）始筑城，城隍庙隔在城外，士庶进香多有不便，加之地势低下狭小，栋宇倾颓，景泰六年（1455）二月二十五日，良乡县主簿郑智，与知县贾襫，县丞马骥、李谦，典史陈永通相谋重建，卜地于城内西北隅，"建正殿寝殿，翼两庑，外为重门，以显巍翼，凡二十有六神之像设，雕塑藻绘，焕然聿新"。景泰七年（1456）九月十五日告竣。移建城隍庙乃主簿郑智首倡，其妻王氏又捐簪珥之资，在城隍庙左右，建九天卫房圣母殿，好蚄神堂各1间。景泰七年（1456）立碑记事。

知县贾襫，民国十三年（1924）《良乡县志·卷四·官师志·知县》："贾襫，景泰七年任。"据此碑，明景泰六年（1455）二月，重修城隍庙时知县贾襫正在任，故县志记载有误。

县丞马骥、李谦，民国十三年（1924）《良乡县志·卷四·官师志·掾属·明县丞》："马骥、李谦，以上景泰年任。"

典史陈永通，民国十三年（1924）《良乡县志·卷四·官师志·掾属·典史》："陈永通，以上景泰年任。"

主簿郑智，民国十三年（1924）《良乡县志·卷四·官师志·掾属·明主簿》："郑智。"

〇〇三　重修城隍庙碑记

城隍庙□□□□今历有年所矣，其神像之庄严，工程之浩大，我邑中之寺院无出其右者。而且宣感异常，香火□□□□□□□□□士女云集□□□以有易无，来此交通咸从便焉。乃光绪十六年既被水灾，至二十六年后□□□□中□□□□□□□□□牌楼、□房、过厅等处或偶像摧残，或栋宇倾圮，不足以壮观也久矣。前者几次募化，几次修葺，非不欲以复旧观而□□□□□□永□其如财力之不及何？今会众人等竭尽绵薄，又行劝捐，从经始以至告竣凡越数月，而始观厥成，自兹神像重塑，而风雨调顺，一方资保障之功，庙貌一新，则金碧辉煌合邑庆，外观有懼然，而经营者劳苦不□，□□者□□不□，其功德之无量，岂可泯没而不彰哉？于是勒碑记，使后世有所考焉。

民国十二年夏历癸亥七月谷旦　己酉拔贡山西□□县知事谟尔根保撰文　春泉雷庆堂书

赞成员张乃安、张澍、宋文荣、秦永年、翁宝、张□

经理募化员孙槐森、王怀、赵栩、张玉山、张□、□□棠、曹钧、张长清、曹珍、□□、苏□志、张泰、李殿荣、王永顺、郭顺、夏昆、闫振德、王□、姚绍先、赵秀岩、彭世昌、雷玉德、毕寿亭、张绍增、郭荣，会末六房、四班。

瓦匠任茂林、木匠高□纯、石匠□□恒、画匠李德瑞。

住持道人马元通。

良乡县知事周志中助洋拾元，县佐王永中助洋叁元，商会助洋柒拾元。

□□□□洋二元，□□□□洋一元，□□□□洋一元，□□□□洋一元，□□□□洋二元，□□□□洋一元，□□□□洋一元，□□□□洋□元，□□□□洋□元，□□□□洋□元，□□□□洋□元，□北□会洋□元，□□□会洋捌元，□□□会洋拾伍元，□□村公会洋拾贰元，□□□公会洋拾贰元，□□□公会洋拾元，□□公会洋一元，□□公会洋二元，□□公会洋一元，□□公会洋□元，□□公会洋拾□元，□□公会洋拾□元，□□公会洋拾元，□□公会洋拾元，□□公会洋拾元，□□公会洋六元，□□公会洋柒元，□□公会洋六元，□□公会洋六元，□□公会洋□元，□□公会洋五元，□□公会洋拾元，□□公会洋□元。

□□□、赵卿、□文三、□文臣、邵□仁、邵纯义、闫□达、□□□，以上三元。

□永号、臧记、□启洋、李成杰、李成溪、晋利通、张□一、史卿、刘奉先、张书田、吴仲□、孙懋、薛德勤、诸怀芝、恪丰厚、吕文德、刘□仲、王连仲、明记毛厂、冠文尉、王连升、□德□、□□□、薛懋勒、魏□骧、杨兴、王荣、韩锡元、邢惠、邢德贵、□□荣、褚□、魏庆□、李绵、樊行坡、史文章、张澍、徐跻、元昌号、□绸工司、宝丰公司、义□皮局、祥义兴、王绍□、焦庆周，以上贰元。

李殿忠、马吉祥、杨桂、于凤翔、苏纯、王金、李殿荣、李相荣、任□信、□□□、孙□□、魏□、同□成、张□顺、何理元、李文周、高二太太、张淑元、张海、刘亿、迈景荣、郑熙祥、王□、王庆元、张子衡、王□□、张明岩、史少仙、郑福明、史华甫、史大奶奶、史茂、张乃勤、王□起、王永安、李永贵、张俊兴、王□政、李□贵、张勋、戴德水、李禧祥、□□公、崔海波、李□堂、刘珍、张华甫、刘肇均、宁守先、翁鉴、翁镶、张乃安、白文华、□□、薛广勤、金品三、李珩、□贵、李合、薛志勤、□□亭、张殿选、薛在勤、薛自勤、陈仪、张德勇、□□茂、□□□、□□堂、张□□、陈寿昌、褚□、三槐堂王、杨麻花铺、王宗禹、刘玉山、王□堂、张□、万飞□、义聚永、高缯、于□荣、闫文瀚、樊荣、尹文元、邢德顺、张葆元、苏□、李永□、洪□山、赵玉海、赵明、王□、□□□、□□□、唐□□、冀□□、张立□、唐□□、□溪桥、□□□、陈德□、□□□、杨□□、尹□、张振、王瑞、赵福田、刘士其、左□□、赵清溪、胡志仁、褚□、王杰、恒玉□坊、王山、闫于卿、傅兆元、□永德、李□□、张□、梁善□、□明□、李廷熙、赵凤鸣、□玉、李□□、赵□忱、赵明、厚□顺、□□□□、□星元、吕秉录、韩□、耿殿臣、陈祥、白国□、丁竹山、李宝全、王玉德、张绅、田□店、王□□、王顺□、□□□、刘□□、□□□、李□店、黄士奇、孙瑞、□□□、张□□、闫俊仁、义顺兴、张殿□、胡森、王国□、唐□□、王彤□、□和□、张稚斋、于□□、□□□、张□元、□□□、□□□、许承□、张□□、大顺元、杨□□、侯玉祥、□□□□、杨□元、□士荣、张士□，以上一元。

□□堂、□□□、□□□、王云、□□□、□□昌、黄辛庄、□□元、门□□、□□□□、闫□□、□□□，以上□元。

□德海、张□□、闫□□、刘□□、闫仲仁、高顾勋、闫如□、杨□、杨明、闫俊、周永□、高殿□、刘山、□□，以上壹元。

□□□、□□、□□□、□□□、刘□□、刘□，以上□□元。

东关王砖窑助洋贰元，□□行王怀助洋八拾元，鲁班会助洋五元，同义兴估衣铺献绿□袍一件，南二村董长里助石碑一座。

碑刻说明

民国刻。在良乡城西门外，拓片高138厘米，宽83厘米。碑额正书"永垂不朽"。

碑文考释

碑载，城隍庙"神像之庄严，工程之浩大，我邑中之寺院无出其右者"。可见，城隍庙规模宏敞，甲于良乡古城。光绪十六年（1890）水灾，洪水涌进西门，城隍庙被淹。光绪二十六年（1900），庚子之难，法兵炮轰良乡城，城隍庙神像摧残，栋宇倾圮。此后，几次募化修缮，均因财力不及，未能改观。民国十二年（1923），孙槐森、王怀、赵栩、张玉山等25人发起募化重修，县署官员积极参与，良乡县知事周志中助洋10元，县佐王永中助洋3元，商会助洋70元，各界人士250余人捐资，各村公会、各商号捐资不等。记事石碑，由南二村捐助。

〇〇四　重修良乡县署碑

刑部主事刘武臣撰

良乡古燕中都地，今为畿辅第一剧县。路控东西南三方，内外大小臣工之宣纳诏令者，禀承职事者，朝者，贺者，往返必信宿焉，将迎无虚日，令以下，若丞，若簿，若典史，皆分属诸路以候，及暮始归，秉烛视事，抚几文移山积于前，命吏抽检取其利害之尤切且近者料理而已，帑藏竭于供馈，车徒困于奔驰，民不能支，至转徙他郡。若是者皆不暇问也，而况于县署乎？良乡县署，正统中前令王君实建之，迄今余六十寒暑，日就敝陋，令于兹者非不欲新之也，皆坐剧不能耳。孟君德厚以乡进士来令兹县，叹曰："此亦天子辇毂之下，而县署乃尔，岂所以壮京师示多方哉！虽然，当先其急者。遂锐然抑豪强，去奸宄，祛弊蠹，雪冤滞，赈穷乏未。几竭者足，困者起，转徙者还，四境之内，协然大治。乃撤县署而新之，自瓦砖锻砺以及竹木，凡营构所需者，如取诸左右然，群匠皆骇愕相顾以为异，盖君自履任来，已属心于此，官府有羡辄储之，而人不及知也。工凡九阅月而完，总若干楹宇，其高翼翼，其整炳炳，其黝垩，加于旧规信数倍不啻矣。始县署之未新也，士民惧其将厉矣，颇以为念。至是欢甚益德君，谋勒石图不朽，且以为将来者劝。

大明正德元年立

碑刻说明

明刻。在良乡老城西门内街南良乡县衙内。

碑文考释

民国十三年（1924）《良乡县志·卷二·建置·公署》："县署，在城内西偏。旧志，明正统中知县王弼建，正德中知县孟纯重葺。清仍之。其堂为'忠爱堂'。康熙十年知县李庆祖修，乾隆三十四年知县吴鳌修，道光四年知县包骙修，十四年知县彭世昌修，光绪六年知县彭庆扬修。光绪十九年知县刘浚修，旋以事去职，继任范履福始落其成。"

撰文者刘武臣，明成化年举人，明弘治六年（1493）癸丑科进士，正德元年（1506）任刑部主事，二年（1507）任贵州省镇远府知府。任内"爱民不扰，政暇亲课诸生"，去职之后，贵州人对他感念不已，将他纳入祠堂纪念，其事迹载入《贵州名宦志》。

此碑记述正德元年（1506）重修县署事。碑载，良乡县署，"正统中前令王君实建之"，考民国十三年（1924）《良乡县志·卷二·建置·公署》，"王君"即良乡知县王弼。按，良乡县五代唐长兴三年（932），称治于此，历辽金元，均应有县署，正统年间王弼应属重修，或因元末战乱，良乡县署摧毁，明初无暇顾及，故至英宗正统年间才得重建。良乡城亦为元末战乱毁及，王弼重修县署稍后的景泰二年（1451）重筑。

距王弼重建县署60余年后，至正德元年（1506），知县孟纯，字德厚，再次重修。当年县署历年久远，日就敝陋。孟纯就任后，留心此事，官府但有余资便储存起来，水到渠成，动工修缮县署，历时9个月而告竣。

碑文云："良乡古燕中都地，今为畿辅第一剧县。路控东西南三方，内外大小臣工之宣纳诏令者，禀承职事者，朝者，贺者，往返必信宿焉，将迎无虚日，令以下，若丞，若簿，若典史，皆分属诸路以候，及暮始归，秉烛视事，抚几文移山积于前，命吏抽检取其利害之尤切且近者料理而已，帑藏竭于供馈，车徒困于奔驰，民不能支，至转徙他郡。若是者皆不暇问也，而况于县署乎？"这段文字，真实反映了明代良乡县自知县以下官吏，送往迎来，不遑启处之状。百姓更疲于差役，困于奔驰，以至背井离乡，转徙他郡。

〇〇五　创修良乡西门瓮城碑

　　良邑旧无城，隆庆初，贵阳安邑侯始城之。城有四门，皆设重关以为固，故必有瓮城焉。方城之时，东南北三门皆完，西门独缺。垂二十年，济阳王公至始完之。公以才能自香河移治兹邑，务在修废蠲弊，与民更始。尝巡城至西方，凭堞顾瞻者久之。乃外指山原而询父老曰："山水时涨，此门得无患乎？"对曰："水至则灌溢而入君侯之床。"还顾城中而谓父老曰："是门也于县治察院独不迩乎？匪直虞心库狱，即宾至而征关尹，其何说之词？彼大者，且城矣奚为独弗竟此也？"父老曰："南东二关，冠盖必出之途，饰之以为观美，而加以将迎脯资之勤，则足以逭谴诃而冀有誉，斯固非所及者。"公太息曰："非我其谁完此？吾捐俸以为资，僚属效力，庶几其办之哉。"爰鸠工庀材，授二尹张君以素而使董其役，备捐方具，士民争相谓曰："吾父母独为邑完西门，微独严于县治，而防水冲，吾侪亦可以安枕矣。"民竞释耰锄而赴，工学、士大夫咸遣丁壮从事，县著姓之尚义者，更饶出夫，至数十百名，公悉劳来之，乃为戒于众曰："若独无私事乎？吾不忍久以吾事劳尔也，户出役三日即休，无复更事勤苦。"民笑相语曰："为吾良完城，而侯自以为事，可谓无间形骸于我也，何忍辍此而去。"于是至者日益众，张君戴星出入，劳苦于版干之间，登登冯冯，甫阅月而工告讫矣。墉厚二丈八尺，高三丈六尺，袤三十余丈。键阎雉堞咸具，焕然甲于他门，而为完城焉。公名道定，字怀田，济阳人。张君名滚，字蒙泉，亦山东人。

　　杨守鲁撰

碑刻说明

明刻。在良乡老城西门瓮城内。应立于万历年间。

碑文考释

良乡城毁于元末，明景泰二年（1451）始筑土城。

"良邑旧无城，隆庆初，贵阳安邑侯始城之。城有四门，皆设重关以为固，故必有瓮城焉。方城之时，东、南、北三门皆完，西门独缺。垂二十年，济阳王公至始完之。"说良邑无城，应是明景泰二年（1451）所筑土城至隆庆初，历117年，倾圮已尽。

安邑侯为贵州举人安守鲁。民国十三年（1924）《良乡县志·卷四·官师志·知县》："安守鲁，贵州举人。隆庆二年任。"隆庆间还有王伟、王鸿儒两任知县。隆庆年号只有六年，安守鲁建城，或在其任职的隆庆二年（1568）。安守鲁建城，东、南、北三门均有瓮城，唯独西门无瓮城，或是因财力不济。直到20年后，大约万历十五年（1587），良乡知县"济阳王公，至始完之"。

济阳王公，王定道，字怀田，济阳人，岁贡生。《良乡县志·卷四·官师志·名宦》："王定道，山东济阳人。岁贡，万历六年知香河县，万历十一年调知良乡……良乡无城，隆庆初，知县安守鲁城之。东、南、北皆有瓮城，西门独缺垂二十年，定道捐俸鸠工，县丞张滚董其役。"

万历十一年（1583）王定道由香河知县调任良乡，看到西门瓮城缺失，于万历十五年（1587）捐俸筑之，为时一个月告竣，城厚2丈8尺，高3丈6尺，长30余丈。"键阊雉堞咸具，焕然甲于他门。"

○○六　重修良乡通气院前路碑记

凡村居丘壑，道非冲衢则往来者稀或少，可以不筑不修，乃若良乡之通气院前，路当城道，往来行旅，车轨马迹，终日不绝者相继如织，然旱久则成坑，雨至则成淤，人患寨裳，车绵覆辙，马惜锦韈，泥而不过。至此者皆视为畏途，吾虑其裹足而不前矣。余恭司土，念切民瘼，急为之捐俸倡议，约斯□之善士募积金□费之□□□□，遂鸠工运石，畚铺具兴，未几转而为周行，以示我矣。请为之记，奈余经□□□驱驰关塞，何暇虑此乎？然余情之不忍恝然者，吾愿斯乡之编氓善士无□□□□则终身让路让畔，勿有穷余之泣，则慰也。

时在康熙三十年岁次辛未中和日
□昌等处地方兼理屯田驿传粮饷事务山西按察司佥事加七级许兆麟撰
前文林郎知良乡县事李阴龙、前文林郎知良乡县事张弘毅同建
迪功郎王授荏

良乡营千总石廉

儒学教谕王有功、训导杨天擢

典史陈相可

固节驿丞梁颜

碑刻说明

清刻。在良乡城南门外，拓片高125厘米，宽80厘米。

碑文考释

良乡之通气院前，路临城道，往来行旅，车轨马迹，终日不绝。旱久则成坑，雨至则成淤，行人不便，车马难行。康熙三十年（1691），良乡知县等地方官员捐俸首倡，募化修缮。

前文林郎知良乡县事李阴龙，民国十三年（1924）《良乡县志·卷四·官师志·知县·清》："李阴龙。"

前文林郎知良乡县事张弘毅，民国十三年（1924）《良乡县志·卷四·官师志·知县·清》："张弘毅，建固节驿、义学。"

教谕王有功，民国十三年（1924）《良乡县志·卷四·官师志·掾属·清教谕》："王有功，康熙二十一年任。"

训导杨天擢，民国十三年（1924）《良乡县志·卷四·官师志·掾属·清训导》："杨天擢，沧州岁贡，康熙二十九年任。"

典史陈相可，民国十三年（1924）《良乡县志·卷四·官师志·掾属·清典史》："陈相可，康熙年任。"

固节驿丞梁颜，民国十三年（1924）《良乡县志·卷四·官师志·掾属·清驿丞》："梁颜。"

〇〇七　永保堂记

政贵乎有恒，泽要于可久。宗忝以忠厚世吾家，犹忆弱齿过庭时，我先君子尝呼而教之曰："程子有言，'一命之士苟存心于爱物，于人必有所济。'尔吏材也，异日出身加民尚毋忘斯训。"宗元谨志之，而穷居特无以藉乎。自曩岁作宰，斥业摄官洺水，惟不敢以恩市，而凡有益于人者，觉匪殚吾力为之，则心有未安，即于分有未尽。未几奉调来良，良为三辅门户，而扼之乎五省之咽喉，毂声肩摩，土著少而流寓往来者多，故人鲜恒业，其生无以自存，死莫为□□者所在不免。虽以刻薄然之乎，未有爱养之责，目睹其惨，当亦为之动心，况余禀承有素，且食大家□保，以父母斯民，而顾袖手作局外观不忍，于是为之谋果其腹，为之谋蔽其体。清俸可分，奈何爱焉？□□□□心，圣主以如儒庆念，而□贤大臣承流宣化□□以□□□为己忧，余小吏敢不加勉？顾从来治土，能□者或不能业□□如□□，岂能终居此而岁岁□之计？于是贵须以计长久，节常俸之所入，□同善之所□，得有成报，□为恒□□之方外，而官仍积其用□□□如□，庶几□为□□□□下之川泽，使后起者得毋闻于畏难，而不至以鲜克有终贻诮也。□□□当故普贤声也。而额以"永保"，盖志循名责实之意。爰以事之端末勒之于石，以垂不朽，以传来兹，庸更不无小补云尔。

知良乡县事元和宋宗元撰并书

乾隆十有一年夏四月　吴□朱维龙刻

碑刻说明

清刻。在良乡城南门外，拓片高148厘米，宽69厘米。宋宗元撰并正书，朱维龙刻。

碑文考释

乾隆十一年（1746），知良乡县事元和宋宗元建永保堂以济民。

民国十三年（1924）《良乡县志·卷四·官师志·知县·清》："吴鏊，乾隆十年任。杨乔，乾隆二十年任。"县志乾隆十一年（1746）至乾隆十九年（1754）漏载。据《永保堂记》，宋宗元为乾隆十一年（1746）任，前任是吴鏊。

"自曩岁作宰，斥业摄官洺水，惟不敢以恩市，而凡有益于人者，觉匪殚吾力为之，则心有未安，即于分有未尽。未几奉调来良。"宋宗元先在"洺水"即威县任知县，后调任良乡县知县。威县（今属河北邢台市），清代属直隶省广平府（今属河北邯郸市）。境有洺水，金元为洺水县。

○○八　良乡杨子英县尊裁革车徭德政碑记

自古爱民之官，固无一事不爱乎民，无一时不爱乎民也。惟理良邑车政之官，则往往欲除弊而未能者，岂时事使然？官顾不爱乎民哉？考之舆图，良邑为京畿首站，十八省通衢，差务络绎，需车浩繁，正款无多，价不敷用，官民受累，善莫能策。前以军书旁午，房吏远患，诿逊其事于差役，创名目曰："车头"。从此官事日愈坏，民病日愈深。领项竭蹶，办理失措，力田之骡马，户户充公，行路之轮蹄，条条绕道。上不能禁而姑容，下不聊生而忍。过斯境者咸叹有此车差，若几无爱民之官矣。阅自光绪四年，杨子英县尊由固安任来署斯邑，甫下车已洞见车差积弊，欲加整顿，而不遑者。原以暂权县篆，先举行宾馆积仓诸大政，未暇及此，旋即奉调回任，邑民蹙首若有所失。今幸矣，幸夫子英县尊实授良邑，理兹车政，当必有异矣。乃犹是纷纷差务也，莅任未久，旧政焕然一新。声辚辚曰官之车也，鸣萧萧曰官之马也。执鞭揽辔舆夫喧填曰官之仆御也。道路改观，风尘变色，望而讶之者，走相告语，举首加额，为斯邑庆，以为民何修而得此官？官何术而有此政乎？夫治法非难也，治人难。治人何难？难在不图乎。人之治以为治耳，积二百年之弊病，忽起复于一旦，此诚非煦煦之仁、孑孑之义所能奏其效也。感者听之，怨者听之，只此为民除害，不留余憾之心，足以格斯民而信。上宪具详，禀裁车头，发明示，设公局，且置备车骡以应差，除过兵旧有详章外，余差不藉民力，概无贻误，立法之良，未有逾此者也。尹宪嘉其善，悯其劳，委能员以襄之，筹津贴以助之，虽试办已行，少取之而不为虐，第恐责有旁贷，日久仍蹈故辙，乃悉举而辞焉，统核所用年款，仅得生息银七百余两，尚亏银款甚巨，尽数皆出自县官，于本县人民及过往车驼丝毫不扰，未事而不与人商，既事更不求人谅。申牒详文，立成定案，俾再来新令尹不告而知。大哉其德也乎，大哉其德也乎！今者厂役星散矣，客车远来矣。昔之充公者不悮农事矣，昔之绕道者直驱荡平矣。口碑传颂姑不遽论，即穷乡僻壤之间，杖鸠白叟，竹马黄童，咸欣欣然乐道其事，况实惠均沾同深感激者，乌能已于言哉。阖邑士民，谨将德政形诸笔墨，泐于贞珉，非敢作谀词也，抑以愿居是邑、过是邑不受扰累者，日后知所由来，道盛德至善，垂诸永久于不忘云尔。

诰封奉政大夫内务府笔帖式长馨拜撰

府学文生员铨荣敬书

翰林院待诏恒祥、薛藩　候选训导郑耀林、赵玉田　经理

光绪十一年岁次乙酉仲冬月　谷旦

碑刻说明

清刻。在良乡城南门外。拓片高126厘米，宽67厘米。

碑文考释

良乡县，为北京首站，十八省通衢。清代差役繁重，往往需用众多车辆，政府的财政款项严重不足。当年由于军事需要，无偿征用百姓车辆，创名目为"车头"，从此百姓耕田的骡马，户户充公，过境的车辆强征服役，故被迫绕道而行，弄得民不聊生。

光绪四年（1878），杨子英由固安县代理良乡知县，得知车差积弊，本想加以整顿，可惜奉调回固安县。后杨子英再任良乡知县，向上峰请示，言明车差病民，建议由良乡县设公局，由官方置备车马应差，除军事用处外，余差不借民力。上峰嘉其善政，委派得力人手相助，并给予财政补贴。统计所用年款，仅得生息银700余两，尚有巨额亏空，尽数由官府出，丝毫不取于本县百姓和过往车驼。立成定案。光绪十一年（1885），良乡县为其立德政碑。

○○九　太上感应篇

太上曰：祸福无门，唯人自召。善恶之报，如影随形。是以天地有司过之神依人犯轻重，以夺人算。算减则贫耗，多逢忧患，人皆恶之，刑祸随之，吉庆避之，恶星灾之，算尽则死。又有三台北斗神君，在人头上，录人罪恶，夺

其纪算。又有三尸神，在人身中，每到庚申日，辄上诣天曹，言人罪过。月晦之日，灶神亦然。凡人有过，大则夺纪，小则夺算。其过大小，有数百事，欲求长生者，先须避之。是道则进，非道则退。不履邪径，不欺暗室。积德累功，慈心于物。忠孝友悌，正己化人，矜孤恤寡，敬老怀幼。昆虫草木，犹不可伤。宜悯人之凶，乐人之善，济人之急，救人之危。见人之得，如己之得。见人之失，如己之失。不彰人短，不炫己长。遏恶扬善，推多取少。受辱不怨，受宠若惊。施恩不求报，与人不追悔。所谓善人，人皆敬之天道佑之，福禄随之。众邪远之，神灵卫之，所作必成，神仙可冀。

欲求天仙者，当立一千三百善，欲求地仙者，当立三百善。苟或非义而动，背理而行。以恶为能，忍作残害。阴贼良善，暗侮君亲。慢其先生，叛其所事。诳诸无识，谤诸同学。虚诬诈为，攻讦宗亲。刚强不仁，狠戾自用。是非不当，向背乖宜。虐下取功，谄上希旨。受恩不感，念怨不休。轻蔑天民，扰乱国政。赏及非义，刑及无辜。杀人取财，倾人取位。诛降戮服，贬正排贤。凌孤逼寡，弃法受贿。以直为曲，以曲为直。入轻为重，见杀加怒。知过不改，知善不为。自罪引他，壅塞方术。讪谤贤圣，侵凌道德。射飞逐走，发蛰惊栖。填穴覆巢，伤胎破卵。愿人有失，毁人成功。危人自安，减人自益。以恶易好，以私废公。窃人之能，蔽人之善。形人之丑，讦人之私。耗人货财，离人骨肉。侵人所爱，助人为非。逞志作威，辱人求胜。败人苗稼，破人婚姻。苟富而骄，苟免无耻。认恩推过，嫁祸卖恶。沽买虚誉，包贮险心。挫人所长，扬己所短。乘威迫胁，纵暴杀伤。无故剪裁，非礼烹宰。散弃五谷，劳扰众生。破人之家，取其财宝。决水放火，以害民居。紊乱规模，以败人功。损人器物，以穷人用。见他荣贵，愿他流贬。见他富有，愿他破散。见他色美，起心私之。负他货财，愿他身死。干求不遂，便生咒恨。见他失便，便说他过。

见他体相不具而笑之。见他才能可称而抑之。埋蛊厌人，用药杀树。恚怒师傅，抵触父兄。强取强求，好侵好夺。掳掠致富，巧诈求迁。赏罚不平，逸乐过节。苛虐其下，恐吓于他。怨天尤人，呵风骂雨。斗合争讼，妄逐朋党。用妻妾语，违父母训。得新忘故，口是心非。贪冒于财，欺罔其上。造作恶语，谗毁平人。毁人称直，骂神称正。弃顺效逆，背亲向疏。

指天地以证鄙怀，引神明而鉴猥事。施与后悔，假借不还。分外营求，力上施设。淫欲过度，心毒貌慈。秽食馁人，左道惑众。短尺狭度，轻秤小升。以伪杂真，采取奸利。压良为贱，谩蓦愚人，贪婪无厌，咒诅求直。嗜酒悖乱，骨肉忿争。男不忠良，女不柔顺。不和其室，不敬其夫。每好矜夸，常行妒忌。

无行于妻子，失礼于舅姑，轻慢先灵，违逆上命。作为无益，怀挟外心。自咒咒他，偏憎偏爱。越井越灶，跳食跳人。损子堕胎，行多隐僻。晦腊歌舞，朔旦号怒。

对北涕唾及溺，对灶吟咏及哭。又以灶火烧香，秽柴作食。夜起裸露，八节行刑。唾流星，指虹霓。指三光，久视日月。春月燎猎，对北恶骂。无故杀龟打蛇，如是等罪，司命随其轻重，夺其纪算。算尽则死，死有余责，乃殃及子孙。又诸横取人财者，乃计其妻子家口以当之，渐至死丧。若不死丧，则有水火盗贼，遗亡器物，疾病口舌诸事，以当妄取之直。又枉杀人者，是易刀兵而相杀也。

取非义之财者，譬如漏脯救饥，鸩酒止渴，非不暂饱，死亦及之。夫心起于善，善虽未为，而吉神已随之。或心起于恶，恶虽未为，而凶神已随之。其有曾行恶事，后自改悔，诸恶莫作，众善奉行，久久必获吉庆，所谓转祸为福也。故吉人语善，视善，行善。一日有三善，三年天必降之福。凶人语恶、视恶、行恶，一日有三恶，三年天必降之祸，胡不勉而行之。

太极真人曰：太上垂训，感应之篇，日诵一遍，灭罪消愆。受持一月，福禄弥坚。行之一年，七祖升天。久行不怠，寿命延绵，天神恭敬，名列诸仙。

碑刻说明

清刻。原在良乡城西门外。道光十八年（1838）五月。拓片高209厘米，宽51厘米。

碑文考释

《太上感应篇》是道教劝善文之一，简称《感应篇》，作者不详。《宋史·艺文志》收录"李昌龄《感应篇》一卷"，《正统道藏》太清部有《感应篇》三十卷，题"李昌龄传，郑清之赞"。《重刊道藏辑要》有《太上感应篇集注》等。该文思想可上溯至天师道的《赤松子章历》等书。《太上感应篇》篇幅不长，计

1200多字。主要借太上之名，阐述"天人感应"和"道教承负思想"。"由此动彼谓之感，由彼答此谓之应，应善恶感动天地，必有报应也。"太上，是指太上老君，道门至尊之称也，"太上"二字是至高无上之义。

《太上感应篇集注》云："太上者，道门至尊之称也，由此动彼谓之感，由彼答此谓之应，应善恶感动天地，必有报应也。"所谓"感应"指善恶报应，由天地神鬼根据世上人们的所作所为给以相应的奖惩。因此，开篇即以十六字"祸福无门，唯人自召。善恶之报，如影随形"为纲，宣扬"善有善报、恶有恶报"的因果观念。接着指出人要长生多福，必须行善积德，并列举了26条善行和170条恶行，作为趋善避恶的标准，最后以"诸恶莫作，众善奉行"，"一日有三善，三年天必降之福；一日有三恶，三年天必降之祸"作结。

《太上感应篇》认为，"天地有司过之神，依人所犯轻重，以夺人算"，"又有三台北斗神君，在人头上，录人罪恶，夺其纪算"，"又有三尸神，在人身中，每到庚申日，辄上诣天曹，言人罪过"，于是人们的作为通过天地鬼神来裁决。当人非义而动、背理而行时，就会"大则夺纪、小则夺算"，而算减则贫耗，多逢忧患"，最终"算尽则死"，人就离开了人世；如果死有余辜，还将殃及子孙。所谓"是道则进，非道则退"，则"天道佑之，福禄随之，众邪远之，神灵卫之，所作必成，神仙可冀"。若改恶从善，则将转祸为福。

该文中的承负观念，虽然与佛教因果报应有些相似，但又与佛教观念有一定的不同，该书则更强调现世现报，作过的最直接后果就是肉体的消亡。修身保生是道教的哲学，现世生命形式的存在是根本，要更加重视现世，更加珍惜现实存在的生命。所以"欲求长生者"，就必须回避大大小小"有数百事"的过错，而与避恶相统一的是趋善，"善"能使人达到更高的人生境界：得道成仙。因此，《感应篇》大谈行善的好处，它在道教宣扬的人生最高境界——得道成仙。

〇一〇　文昌帝君阴骘文

帝君曰：吾二十七世为士大夫身，未尝虐民酷吏。救人之难，济人之急。

悯人之孤，容人之过。广行阴骘，上格苍穹。人能如我存心，天必锡汝以福。于是训于人曰：昔于公治狱，大兴驷马之门。窦氏济人，高折五枝之桂。救蚁中状元之选，埋蛇享宰相之荣。欲广福田，须凭心地。行时时之方便，作种种之阴功。利物利人，修善修福。正直代天行化，慈祥为国救民。忠主孝亲，敬兄信友。或奉真朝斗，或拜佛念经，报答四恩，广行三教。济急如济涸辙之鱼，救危如救密罗之雀。矜孤恤寡，敬老怜贫。措衣食，周道路之饥寒。施棺椁，免尸骸之暴露。家富提携亲戚，岁饥赈济邻朋。斗秤须要公平，不可轻出重入。奴仆待之宽恕，岂宜备责苛求。印造经文，创修寺院。舍药材以拯疾苦，施茶水以解渴烦。点夜灯以照人行，造河船以济人渡。或买物而放生，或持斋而戒杀。举步常看虫蚁，禁火莫烧山林。勿登山而网禽鸟，勿临水而毒鱼虾。勿宰耕牛，勿弃字纸。勿谋人之财产，勿妒人之技能。勿淫人之妻女，勿唆人之争讼。勿坏人之名利，勿破人之婚姻。勿为私雠，使人之兄弟不和。勿因小利，使人父子不睦。勿倚权势而辱善良，勿恃富豪而欺穷困。善人则亲近之，助德行于身心。恶人则远避之，杜灾殃于眉睫。常须隐恶扬善，不可口是心非。剪碍道之荆榛，除当途之瓦石。修数百年崎岖之路，造千万人来往之桥。垂训以格人非，捐资以成人美。作事须循天理，出言要顺人心。见先哲于羹墙，慎独知于衾影。诸恶莫作，众善奉行。永无恶曜加临，常有吉神拥护。近报则在自己，远报则在儿孙。百福骈臻，千祥云集，岂不从阴骘中得来者哉？

文昌帝君圣诞二月初三日

大清道光十八年岁次戊戌五月日　士民樊赴　樊逊　樊逾　樊仲山　霍丞书　唐霖　刘冕执　马云　冯林　陈福　郑堃　李和　黄桂　孙绍文　刘琮执　绳堂玉　张国瑞恭制

碑刻说明

清刻。在良乡城西门外。拓片高209厘米，宽51厘米。

碑文考释

《文昌帝君阴骘文》简称《阴骘文》，道教重要典籍。作者不详，成书年代也难下定论。清代朱珪校定的《阴骘文注》认为，"《阴骘文》有宋郊之事，当

作于宋代。"清代还有些学者也持这种见解。

《阴骘文》是道教劝善书之一种，以通俗的形式劝人行善积阴德，久之必将得到神灵赐福。"阴骘"一词，其源盖出于《尚书·洪范》："惟天阴骘下民，相协厥居。"意谓冥冥之天在暗中保佑人们，这是古代比较简单的天命论思想。

在《阴骘文》中，"阴骘"具有天人感应的含义，要求人们多积阴德阴功，就是说行善做好事不要到处张扬，只是悄悄地去做。即使个人独处而别人不知晓的情况下，也不做坏事。以此为条件，洞察一切的文昌帝君就会暗暗保佑你，赐给你福禄寿。

此书成于《太上感应篇》之后，有各种手抄本、刊刻本，清代道士将其收入《道藏辑要》集，另外《昭代丛书别集》《三益集》均有收录。"阴骘"原指"阴德"，这里的文昌帝君就是文曲星，是读书人的偶像，一般有才华的人，如李白、包拯都被认为是文曲星下凡。

文昌帝君虽然是被列入道家神仙系统里面的一位神明，可是他并不是传播道术的，他主要就是劝导世间人广行阴骘，阴骘就是阴德，做善事。所以《阴骘文》通篇都是教人们止恶修善，不仅是在行为上要断恶修善，更要在心里，在暗室屋漏当中要懂得规范自己，不可以产生恶的念头。

文昌帝君者，何许神也？文昌本古代星名，《汉书·天文志》说："斗魁戴筐六星为文昌宫。"《晋书·天文上》："文昌六星，在北斗魁前，天之六府也，主集计天道。一曰上将，大将军建威武。二曰次将，尚书正左右。三曰贵相，太常理文绪。四曰司禄、司中，司隶赏功进。五曰司命、司怪，太史主灭咎。六曰司寇，大理佐理宝。"这时文昌尚未正式成为主管文人命运的星。北斗七星的前面四星叫天枢、天璇、天玑和天权，古人因其形状称为斗魁，斗魁背上属大熊星座的六颗星叫文昌。所谓"宫"是以地上的宫室比附此六星。即古时占星术士认为它们是吉祥富贵之星，分别命名为上将、次将、贵相、司命、司禄和司中等，用之以占人事。

帝君指梓潼帝君，即今四川梓潼县七曲山大庙中所供奉者。据说帝君叫张亚子，其先越人，因报母仇徙居七曲山，仕晋战死，人们为他立庙。自晋而后，世代显灵，特别是每当干戈纷争时。唐玄宗西狩时封左丞；唐僖宗幸蜀曾得其显神庇佑，封其济顺王；宋真宗封其英显武烈王。宋元道士作《清河内传》和

《梓潼帝君化书》，有73化和9生8化等不同说法，并称玉皇大帝委任梓潼神掌管文昌府和人间禄籍，司文人之命，且历朝降世为王侯将相。元仁宗延佑三年（1316）七月，加封梓潼神为辅元开化文昌司禄宏仁帝君，下敕说："相予泰运，则以忠孝而左右斯民；柄我坤文，则以科名而选造多士。每御救于灾患，彰感应于劝惩。贡举之令再颁，考察之藉先定。"至此，这位人和自然合体的神遂正式合璧，成为主宰中国科举教育、士大夫功名前程的文化神。许多地方建了文昌宫，士人往往于考试前向他祈祷，卜问功名前途。这些就是"文昌帝君阴骘"的含义。

〇一一　修理护城桥道暨西南二桥碑记

夫道路不治自碾□通，桥梁不修难言利涉。是以合方载于《周官》，视途辞于《国语》。周道如砥，原无覆辙之虞；长桥卧波，可免涉川之病。古世盛时固无不于桥梁道路加之意者也。我良为京畿要隘，南北通衢。冠盖不绝于往来，车马常喧于昼夜。若非履道之坦，势必临渊而兢兢。如使怨声在道，岂非邦之羞乎？乃者县之东南两关桥既倾颓，道尤低下。其南为三空之桥，其西有引河一道，当山水之涨发，每险象之环生。日暮途穷，行人裹足，为阮籍之哭者有之，为王阳之返驾者有之。睹兹景况尽焉心伤，乃集同人联合善士，祝成于义举。幸金诺而慨捐，于是鸠工庀材，筑新补旧，于民国六年春日兴工，柒月竣事。桥安若石，道履康庄，既无濡轨之凶，更鲜灭顶之险，彼向之畏三危而歌行难者，今则平九折而咏有荡矣。爰记始末，用勒贞珉，非敢云侈建筑、夸善举也，特以为输财仗义者不可使湮没弗彰尔。后之君子补葺之，重修之，庶几坦途之永固，则尤为馨香所切祷者也。

发起人良乡县长王承毂、吴锡承审王竹岩、警佐李宝忠、商会宋文荣，王立本、魏士儒、薛锡瓒、李荣斋、召振之、李延熙、姜广泽、崔兰、李维新、苏僖、张润、赵焕文、张钧、王国瑞、郭瑞、王朝恺、李玉田、卢佐元、王宝山、张宝亭、邱邵宗。

撰文人见之深

监修人邱邵宗、耿文荣、张世恩、张德阴、刘玢、苏九成

石匠王永臣、□□永、赵明

中华民国八年十月吉日立

碑刻说明

民国刻。在良乡城南门外。拓片高129厘米，宽64厘米。

碑文考释

良乡为京畿要隘，南北通衢。冠盖往来不绝，车马昼夜常喧。县城东南两关桥倾颓，道路低下。其南为三空桥，桥西有引河一道，每当山水之涨发，险象环生。良乡县长王承穀邀集吴锡承审王竹岩、警佐李宝忠、商会宋文荣，王立本、魏士儒、薛锡瓒、李荣斋、召振之、李延熙、姜广泽、崔兰、李维新、苏僖、张润、赵焕文、张钧、王国瑞、郭瑞、王朝恺、李玉田、卢佐元、王宝山、张宝亭、邱邵宗等发起，捐资修缮，筑新补旧，于民国六年（1917）春兴工，监修人邱邵宗、耿文荣、张世恩、张德阴、刘玢、苏九成。当年七月竣工。桥梁、道路一并修葺完好。

〇一二 重修天王寺碑记

天王寺我邑最古之禅院也，创建之始，询诸邑之耆老，鲜有知者。然考其遗址规模宏大，已历有年所矣。其先，有僧海秀梵修其间，后因庙产无多，不知几何时而云游不返。自兹以往，住持无人，岁久失修，栋宇渐就倾圮。光绪二十四年，幸经我邑黄君秉辰自行捐募，略为修整。彼时虽未复旧观，而正殿尚称完好。不意庚子之秋，拳匪肇乱，又被联军所焚，而庙宇佛像俱成灰烬，荡然无存矣。民国十二年春，城之东北隅旧有土地祠一座，地基为驻坊营所卖，彼建筑者不忍出于拆毁，而谋迁于他方。当斯时也，我邑急公好义诸君，心焉忧之。念精爽之无凭，欲保存而不得，于是集众公议，将彼之偶像、庙材移易于此，而重修焉。复塑以释迦、大士之像，合而祀之。则劝募资财，添购木石，经之营之，不日成之。从此庙貌巍峨，神灵赫濯，匪但崇一方之信仰，亦足壮合邑之观瞻。其功德诚无量矣。工竣将记其实，凡发起者，监修者，捐资者，书其姓名勒诸贞珉，使之流芳后世，永垂不朽焉。

拔贡谟尔根保撰文

民国十二年立

碑刻说明

民国刻。在罗府街北、天王寺街天王寺内。

碑文考释

民国十三年（1924）《良乡县志·卷六·纪幽志·祠庙》："天王寺，在城内西南，旧为僧会寺。"

天王寺是良乡城内最古之禅院，创建之始，邑中耆老鲜有知者。其遗址规模宏大，历年已久。僧人海秀在寺内焚修，后因庙产无多，云游而去。此后住持无人，栋宇渐就倾圮。光绪二十四年（1898），本县人黄秉辰自行捐募，略为修整。虽未复旧观，正殿尚算完好。光绪二十六年（1900）秋，义和团进驻良乡，法兵炮轰良乡城，天王寺俱成灰烬，荡然无存。民国十二年（1923）春，县城东北隅旧有土地祠一座，地基为驻防营买下，不忍拆毁，谋迁于他处。于是将庙材、神像迁到天王寺中，异地重建。又塑释迦佛祖、观音大士神像，与土地祠诸神像共享香火。就此劝募资财，添购木石，重建天王寺，不日落成。当年立碑寺中。

良乡文庙

在老城东南今良乡中学旁,始建于辽道宗太康年间,为辽代良乡知县大公鼎所创。历代均有修缮。金、元重修无考。明万历五年(1577)重修。清代重修6次,依次是顺治十年(1653)知县张士彪重修,康熙二十七年(1688)知县张宏毅重修,乾隆二十一年(1756)知县杨乔重修,道光十六年(1836)知县彭世昌重修,光绪二十三年(1897)知县王汝廉重修。庚子事变毁于兵燹,光绪三十年(1904)重修。

原有大成殿5间,正位祀圣先师孔子;殿前东西两庑各5间,飨四配十二哲,以先贤公孙氏以下79人、先儒公羊氏以下75人从祀。前为大成门3间,门前名宦、乡贤祠各3间,泮池1座,棂星门1座,东西戟门各1座。文庙东有崇圣祠3间、文昌殿3间、忠义祠1间。孝祠3间在斜街路北。今只存大成殿3间。

本卷共收录良乡文庙碑刻7件:清代7件,其中收录碑文7篇。

〇一三　重修良乡学宫碑记

皇帝中乂之九载，壬辰躬诣辟雍，行释奠先师礼，进更老馈肴致祝，说经义于时，褒锡诸儒臣博士弟子，仪甚厚，盖曰："惟后绥猷劝学迪谊，洽闻兴道，以京辇倡函夏：'其尔郡县守令，广厉学宫之意，咸视朕'。"夫风指所届，近者先承，良邑虽弹丸乎于京辇，则腋及之，其地较汉之三辅称扶风冯翊者甚密重，其人诵法孔子，敦说诗书，笃于文学，其天性然也。又炙天子之化，朝施而日中遍焉，为牗孔易，故良居衢涂为冲首，车书四达，罔不由之。先是，官兹邑者，督戈殳饬厨，传吏卒，缘南北界，郭望冠盖，令负笴驱道左，疲于轮蹄。年会间，甚者星饭昃，柙家而催呼，蹝簿案讼狱，董稽句考不暇理，苟办一切取支给已尔，遑问广厉为？以故子衿不嗣，学宫鞠茂草云。邑侯张公始莅，谓："簿案讼狱，董稽句考，猥务耳。迎送征敛，吏之俗者。安与诗书事？"乃数谒先师庙，肆雅课士曰："圣主右文，过高光远甚。高帝谩骂儒生，以马上得天下，安事诗书？及其过鲁，命以太牢祀孔子。光武投戈讲艺，息马论道，晚乃备三雍。今上英龄，幸学其风，天下郡县，振陶隽彦，起衰扶坠甚深且笃。予承京辇地，为郡县先，即不能如翟酺赵熹之议，复太学堂房门馆，助流盛业；及文翁韩愈、常衮之徒，设乡校广，礼让孝义于殊方。"顾睹泮水之鞠茂，忽诸爰出历俸，鸠工庀材，阖邑输作恐后，庑祊殿寝，祠楼庚涵，栌枅甃礎，朱绀雕镂，塓垩綵绚具甚。自是，学宫璀蔚倍曩时，众以功侯，侯曰："吾观前史所载讲堂，荆棘自辟，为是圣道复昌之象。桓帝末太学门自坏，襄楷叹谓斯文不振。征此，由是言之，庙之修废，教之崇替也。吾吏近畿，遵右文绍广厉，度不至如前之取办一切，置学校不务者，因为鼎新，于予之志之职允协，予遑功？邑之人则以侯之赋徭清简，字氓造俊，恤赢铲暴政，无不观厥成也。其甚者，焕圣宇而禋帝治，厥惟显哉。以质予曰："如邑人言。"侯于中乂之道，尊先师之旨甚得，厥为显哉。公讳士彪，辽阳人，戊子夏筮仕，癸巳春迁靖州牧，人重之，比于名教干城焉。

翰林院编修李昌垣撰

大清顺治十年立

碑刻说明

清刻。在良乡文庙，已佚。

碑文考释

《辽史·卷四十八·志第十七下·百官志四·南面下》："大公鼎为良乡县尹，建孔子庙。"《辽史·卷一百五·列传第三十五》："大公鼎，渤海人，先世籍辽阳率宾县。统和间，徙辽东豪右以实中京，因家于大定（今内蒙古宁城）。咸雍十年（1074），登进士第，调沈州观察判官。改良乡令，省徭役，务农桑，建孔子庙学，部民服化。累迁兴国军节度副使。"所谓"建孔子庙学"，就是建文庙，亦即学宫。大公鼎咸雍十年（1074），先调沈州观察判官，再改良乡令，故其"建孔子庙学"应在辽太康年间。大公鼎建良乡庙，房山尚未立县。金大定二十九年（1189）设立万宁县，明昌二年（1191）改奉先县，元代至元二十七年（1290）改房山县，大德元年（1297）始建文庙，至延祐元年（1314）春，历成宗、武宗、仁宗3世17年落成。良乡文庙比房山文庙早两个朝代，230余年。

戊子，清顺治五年（1648）。癸巳，顺治十年（1653）。

"公讳士彪，辽阳人，戊子夏筮仕，癸巳春迁靖州牧。"靖州，今湖南省怀化市靖州苗族侗族自治县。民国十三年（1924）《良乡县志·卷四·官师志·知县》："张士彪，辽东生员，顺治五年任。"由此知：张士彪，辽阳人（今辽宁辽阳市），清顺治五年（1648），以生员任良乡知县，顺治十年（1653）春升任靖州知府。

任内几次亲临良乡文庙，见泮水鞠茂，学宫久废。文庙之圮，当是明末之际，疏于修缮所致，张士彪捐俸重修，这是清代第一次重修。

〇一四　新建魁楼碑

　　辛亥仲秋，余补良令，谒庙毕，周视黉序，见魁楼倾圮，且迫近宫墙，兼失位次，厥法弗善，何取焉？询诸博士弟子员，佥曰："此魁楼自建迄今一无裨益，锋挫气折，见睨于有司者三十年。嗣后蜀省吴侯，建魁楼于城头巽隅，非不文峰高耸，光联奎璧，取中若携。然而面向东南，目送去水，虽应运而兴者有人，其于勋猷事业，犹恐未尽善也。语曰：'琴瑟不调，则改弦而更张之。'此其时乎？昔文翁治蜀，首先学政，而弦诵比于邹鲁；宁武子令余杭，振起胶庠，而中兴侈为美谈，况畿南首善之区，辇毂咽喉之地，可听其沉沦而不鼓舞振作之乎？"爰同邑之绅士，揆日测晷，卜吉于学外东南高平之原，创建新阁。其近宫墙者去之，峙城陴者听之，甓取其旧，材庀其新，丹髹磉础，综理精详。高举文峦，坐障逝者之波，用挹斜飞之巽水；太乙俯瞩，面纳催官之曜，遥联峻秀之辛峰。功肇于壬子暮春，落成于本年孟秋。青碧辉煌，轩窗洞辟，楼阁横空，清风直入。视昔称伟丽焉。时偕学博郝君，邑佐陈君等刲牲酬酒，展礼于下。复揖诸生而进之曰："天之所佑者善也，主司之所衡者文也，神之所效灵者顺也。人事尽于下，天时应于上，互相吻合，而始孕灵毓秀发祥而呈瑞也。若以跅弛之才、惰窳之器，悠谬荒唐，耎驾奔湍之文，而援神以助，以几幸于万一，此必不得之数也。方今圣天子广厉学宫，敕各省学臣合寓内郡县，各拔其尤，以充辟雍之选，正斯文隆盛多士竞奋之时也。邑虽蕞尔乎圈拨之余，不废礼乐，冲罢之末，尚事诗书。矧余作人之念素殷，思皇之士蔚起，识虽固陋，诚有一得之愚，宁忍吝之而不见之实事乎。犹之多士，具垂天之翼，吾为积之风使厚焉而已。多士操万斛之舟，吾为积之水，使深焉而已。将见扶摇荡漾，事相际而有成也。余也何敢贪天之功以尽为己力焉？多士其勉之。是为记。

　　良乡知县李庆祖撰

　　康熙十一年岁次壬子仲秋日立

碑刻说明

清刻。在良乡文庙东南，已佚。

碑文考释

民国十三年（1924）《良乡县志·卷二·建置志·学宫》："魁楼，在城头东南隅，旧志在学宫东，明崇正四年，前知县吴公宇英移建于此。清康熙十年，知县李公庆祖以二者皆弗善，另于学宫东南之高原建楼。乾隆四十二年，知县陆公曜，仍移建于城陴。道光二十七年，知县程公仁杰，贡生张瀚等重修。"

辛亥，清康熙十年（1671）。壬子，康熙十一年（1672）。

民国十三年（1924）《良乡县志·卷四·官师志·知县》："李庆祖，康熙十年任。详名宦。"

民国十三年（1924）《良乡县志·卷四·官师志·名宦》："李庆祖，字五福，号五龙，奉天铁岭人。恩荫，知县事，学识通敏，有吏才。其行政务，以实惠及民。又善缉逃捕盗，尝建魁楼，垦荒田，善绩所在，更仆难数，士庶有'父母神君'之颂。康熙十年任此。"

碑文载，李庆祖，于康熙十年（1671）八月补良乡知县，谒文庙，视察县儒学，见魁楼倾圮，且距文庙墙垣太近，位次也不当，故于康熙十一年（1672）三月，拆除迫近文庙的魁楼，卜地于文庙东南高平之处重建，当年七月落成。

民国十三年（1924）《良乡县志·卷二·建置志·学宫》，载为康熙十年（1671）建，实为误载。康熙十年（1671）八月，李庆祖方补良乡知县。今据《新建魁楼碑》考之正之。立碑时间亦非康熙十年（1671），而是康熙十一年（1672）。

〇一五　曹母王孺人捐置学田碑

尧舜禹汤文武周公之道，亘数千年而璨若日星，昭如云汉，显然于钟鼓俎豆之上，而未尝少变。何则，盖利每轻于君子，而义亦重于乡人。苟非喻义，乌睹钟鼓俎豆之盛，即所谓尧舜禹汤文武周公之道，留于数千年之后哉？或见君子之所为，大义之所在，莫不欣喜而乐道之。于斯见是非之犹在人心，而大道至今未坠也。良邑地当孔道，驲传倥偬。戊戌之秋，来莅兹土，恭谒文庙后，思广辟学宫，集多士，而弦诵之间阅文卷，得武生曹大成之母王孺人，愿彻己产为置学田，以备丹臒庑宇及两学师讲习之资。既以鸣于前任陆君，奉宪批而未即行也。余慨然曰："此即君子之义举哉，不为之记勒诸石，何以垂不朽？且无以鼓舞乡人，使知大义也。呜呼！非财之难，有财而善用其财实难，善用者非难，善用而出于巾帼者则尤难。且夫闺阃之中，耳不闻圣贤道德之言，目不睹钟鼓俎豆之设，一旦创此义举，为之子者善承意旨，而即以鸣之官，则其在家庭间又将何如也！若孺人与其子，虽未悟尧舜禹汤文武周公之道，抑不得为乡人中之君子乎哉？"

知良乡县事张习撰

乾隆四十三年立石

碑刻说明

清刻。在良乡文庙，已佚。

碑文考释

戊戌，清乾隆四十三年（1778）。

民国十三年（1924）《良乡县志·卷四·官师志·知县》："张习，乾隆四十四年任。"

张习所撰《曹母王孺人捐置学田碑》："戊戌之秋，来莅兹土。"戊戌，为清乾隆四十三年（1778）。那么，张习任良乡知县是在乾隆四十三年（1778）秋，而非乾隆四十四年（1779）。知县志记载之误，今以碑文正之。

张习所撰《曹母王孺人捐置学田碑》："得武生曹大成之母王孺人，愿彻己产为置学田，以备丹雘庑宇及两学师讲习之资。既以鸣于前任陆君，奉宪批而未即行也。"民国十三年（1924）《良乡县志·卷四·官师志·知县》："陆耀，仁和监生，乾隆四十一年任。"陆耀任职恰在张习之前，故"前任陆君"为陆耀。仁和，仁和县（今属杭州市）。陆耀，为浙江仁和县监生，乾隆四十一年（1776）到任，乾隆四十三年（1778）秋离任，张习接任。张习得知，在陆耀任内，良乡县武生曹大成之母王氏，曾有捐家产置学田的愿望，奉批而未行。张习肯定王氏之举是君子之行，难能可贵，于是接受了王氏的捐赠，为之立碑，以示表彰。

民国十三年（1924）《良乡县志·卷二·建置志·学校·学田》："坐落西石羊、赵家庄二村二段，计地一顷零七亩六分。前清乾隆四十四年，石羊村曹大成之母王氏捐置，张习撰碑记，详《艺文志》。又坐落任家营地一段，计五十亩，每年由学征租，移交县库，以备周恤贫生之用。按此地多被沙压，四至无考。每年止征租京制钱一十二吊八百文合之。学宫在右桑梓地，租京制钱一十六吊四百四十文。又围城地租，京制钱四十吊有奇。俱由东街高小学校征收。另款存储以为补葺学宫之用。"

〇一六　重修良乡县学宫记

昔先王顺人情以立教，知夫人情所不习，则不能责其器之备，而业之精，于是广立学宫，制之礼器，使人日游于桥门璧水之间，俎豆干羽之地，濡染其耳目，陶养其性情，久则天机与器数相习而不自知，故终身安焉。而不愿乎外上之人，九年以考其成，四十而试之仕，而士亦因之自励。故其器之备也，自简廉直温，刚塞恭愿以及中和孝友，皆能尽其微妙，而无有麤疏傲戾之气。其业之精也，自唐虞三代以下之典章，鞮译象寄之语言，以及射御操缦杂服之技，凡可为国家天下用者，皆能贯而通之，而无卤莽生涩之弊。伊古以来，学校兴则人文盛，学校废则人文衰，如影响焉，莫之爽也。我国家稽古右文，崇儒讲学，今将二百年矣，海隅之内，罔不宫墙相望，弦诵相闻。杰士才人，不择地而有，矧其在辇毂之近哉？良乡首善要地，距京师六十里许，近天子之光沐，圣人之教无甚于此者，宜才人杰士接踵而生。器无不备，业无不精，奋风云，光史策，有倍于荒甸外者。顾数十年来，声称寂若，科第蔑如。呜呼！讵非以学校荒圮久而不治之故与？夫学校荒圮，有司之责，亦绅耆之羞也。而为良邑之有司绅耆者，抑独有甚苦焉。盖幅员不及百里，户口不及数千，土田硗瘠，大半皆为旗产。故居民无土著，一乡之中，求所谓中人之产者十不得一二。士皆环堵萧然，宿舂不具。学校荒圮有蒿目焉，而无可为力者。且邑当孔道，车书辐辏，星使骙驰，有司治事外，持手版迎谒道周，而刍茭酒食，踟嚅横索之音，日填于耳。虽有长才供帐，应酬之不暇，学校之不治，所以恒不暇为也。壬辰岁杪，余奉特旨来兹土，下车谒庙，心窃伤之。会以岁饥，不克即谋修葺。逾年天又降灾，大水漂荡，民舍而官廨亦为之空。徙寓僧庐，办公无所势，又不得不急营焉。乃白之大吏，请于朝给发帑金，八阅月而后官廨告成事。于是得与胡李两广文大召生徒，共商斯举。余与两广文先割薄俸以为之倡，都人士亦皆踊跃输将继乎其后，铢积寸累，共得缗若干，鸠工庀材，择茂才数人董其事，经始于丙申二月，告成于本年月日。泮池、两庑、大成、棂星之门、乡贤名宦之祠，以及礼门、义路，次第毕举焕然改观。向之隘者今加敞，向之卑者今加崇，向之朴者今加饰，向之无者今加增。而且丹其甍楹，饰其户牖，几筵钟鼓，粲然具陈。庶几春秋释奠，济济跄跄，睹美富之宏规，作身心之严翼。此一役也，以凋敝之乡，兴久坠之业，始颇虞其难继，甚乐其易，是知人情皆善，圣贤之在人心，无敢忽也。是亦一阳来复，文明之一大转机也，安知才人杰士不自此接踵而生。器无不备，业无不精。奋风云，光史策，有大副乎国家稽古、右文、崇儒、讲学之化者。则兴废举坠，所关讵浅鲜哉！虽然，犹有憾明伦之堂，师儒所以出教也。尊经之阁，生徒所以稽古也。维时缺于赀，而未遑及，异日廉俸稍余，当与诸君子共竟斯业，庶免不全不备之憾。

知良乡县事彭世昌撰

清道光十六年岁次丙申月日

碑刻说明

清刻。在良乡文庙。

碑文考释

民国十三年（1924）《良乡县志·卷四·官师志·知县》："彭世昌，江西乐平举人，道光十五年任。"

彭世昌撰《重修良乡县学宫记》："壬辰岁杪，余奉特旨来兹土，下车谒庙，心窃伤之。"壬辰岁，即清道光十二年（1832）。由彭世昌碑中自述知其清道光十二年（1832）岁末，奉旨任良乡知县。故县志"道光十五年任"为误载，今正之。

道光十二年（1832），彭世昌任良乡知县，上任伊始，谒文庙，见官舍就荒，十分伤感。适逢年景歉收，无从修葺。一年以后又遇水灾，洪水冲入县城，民舍、官廨亦为之一空。县署一应官员，不得已暂入佛寺办公。幸好请得朝廷拨款，抢修县署，历时八个月告成。直到道光十六年（1846）才得暇重修文庙，彭世昌与属下胡广文、李广文捐俸首倡，又得到京城人士的资助，当年二月开工建设，年内告成。泮池、两庑、大成殿、棂星门，乡贤祠、名宦祠，礼门、义路，先后落成。

碑载："良邑之有司绅者，抑独有甚苦焉。盖幅员不及百里，户口不及数千，土田硗瘠，大半皆为旗产。故居民无土著，一乡之中，求所谓中人之产者十不得一二。士皆环堵萧然，宿舂不具。学校荒圮有蒿目焉，而无可为力者。"此为清代良乡县贫困状况的真实写照，对研究良乡县的社会、历史极为珍贵。

〇一七　重修良乡县文庙碑记

我朝崇儒重道，先师庙遍天下，所以端士习、正人心也。良乡距京师七十里，学宫较畿外称宏敞。光绪乙未冬，予奉命来治斯邑，下车后展拜庑下，见瓦砾杂沓，栋析榱崩，满地荒凉，不堪目睹。询诸学谕鲍君、司训逯君，始悉庙始于明万历初年，入国朝至道光丙申重修，迄今五十余年。光绪十六年山水陡发，由城西门贯入，庙址几被冲陷，兼以大雨连旬，遍形渗漏，至十九年夏，而大成殿一并倾塌矣。屡议重修，均以力未逮而止。噫，此岂所以钦圣灵哉！越明年，雨旸时若，麦复大熟。爰捐俸赀集邑绅耆，谋更新象，亦与予有同志踊跃争输，不日集若干金，用是鸠工庀材，阅数月而大成殿、两庑暨名宦、乡贤、文昌各祠焕然一新。观瞻于是肃矣。仰企门墙，临流泮水，吾愿博学弟子，瞻先圣之崇严曰："是吾夫子道全德备，师表古今，所以尊拟天地也。"观两庑之配享曰："是某某文章勋业，炳耀乾坤，所以俎豆千秋也。"辨名宦、乡贤之崇祠曰："是某某泽被生民，功垂桑梓，所以馨香百世也。他日为名儒，为纯臣，为孝子，悌弟留人心于不没，揭圣教以常新，不负圣天子寿考作人之至意，予有厚望焉。"斯役也，经始于三月十三日，落成于十月十五日。予尤喜功成之速，而邑之士庶勇于向义也。谨详始末，用勒贞珉。

知县王汝廉撰

大清光绪二十三年冬月立石

碑刻说明

清刻。在良乡文庙。

碑文考释

此碑记清光绪二十三年（1897）文庙重修事，重修者为良乡知县王汝廉。民国十三年（1924）《良乡县志·卷二·建置志·学宫》："光绪二十三年知县王汝廉俱复修葺"。

"光绪乙未冬，予奉命来治斯邑，下车后展拜庑下，见瓦砾杂沓，栋析榱崩，满地荒凉，不堪目睹。"光绪乙未，光绪二十一年（1895）。民国十三年（1924）《良乡县志·卷四·官师志·知县》："王汝廉，光绪二十二年任。"据碑文，知县志误载，王汝廉任良乡知实为光绪二十一年（1895）冬。

良乡县文庙在北京周边各县尚"称宏敞"。光绪二十一年（1895）冬，知县王汝廉到任，文庙由于自道光十六年（1836）以来失修，"瓦砾杂沓，栋析榱崩，满地荒凉，不堪目睹。"光绪十六年（1890）山水暴发，由城西门贯入，庙址险被冲陷，大雨下了几十天，殿宇全部渗漏。到光绪十九年（1893）夏，大成殿倾塌。县人屡议重修，因财力不逮而止。

王汝廉到任的第二年，即光绪二十二年（1896），风调雨顺，年景丰收。王汝廉捐俸首倡，又募集士绅耆老，筹备重修。清光绪二十三年（1897）三月十三日兴工，当年十月十五日落成。大成殿、两庑暨名宦、乡贤、文昌各祠焕然一新。

〇一八　独力创修节孝祠碑记

节孝，隆名也。节孝而入祠，盛典也。其始也，必得荐绅先生为之采访、禀请，然后能以次上闻，迨奉旨旌表而为之。后者或无力以建坊立祠，或有力而不肯为。虽曰节孝，久之将有湮没弗彰者。惟良乡王节妇，有其孙王志为之先建坊，后立祠。可谓克垂久远，毫无遗憾焉。节妇姓徐氏，邑之兴隆庄人，年二十五岁，适同邑王俊为继室。越二年，一女生，而夫亡矣。家无恒产，志矢靡他，因携其女归依母家，仗十指以为生居，恒寡言笑而善居积。不数年，已称小康。及女长，适五品护卫李公名佩璋之室。氏念独居非计，扶持无人，乃抚其前室之孙，即名王志者，以教以养，视若亲生焉。又数十年，田园日增，孙曾满堂。维时已合请旌之例，经邑绅举人徐端、岁贡游观易、护卫李佩璋，为之联名具禀。得旨后，即于本村建坊矣。寿至八十三岁，无疾而终，丧葬具如礼。伏思，节妇青年守寡，苦节自砺乎柏舟。白发全归，遗徽得标于彤管。求之古人，殆共姜之流亚欤？至光绪丁酉年，良乡县重修圣庙，王志奉其祖母之遗命，倡捐银二百两，并帮修文昌祠钱三百吊。蒙邑侯王公详禀上宪，奖给五品顶戴。又因节孝祠向在文昌西庑下，其仅一间，非特规模狭隘，亦甚不合体制。乃于祠之东偏，购隙地一所，独力创修正殿三间，周围垣墙，门楼一座。落成之日，奉其祖母之牌位，并合邑节妇之先列祠典者，咸移入焉，用以永昭贞节，而共享馨香。呜呼，若王志者，可谓克尽孝思者矣，可谓力成善举者矣。世有坐拥厚赀，忍听其亲之苦节芳名日就湮没者不知凡几。见王志之所为，其亦惭然愧，奋然兴否耶？事有关于风化，理宜勒诸贞珉。

良乡县训导逯凤图撰

碑刻说明

清刻。今存，在良乡文庙东。

碑文考释

此碑载王志创建节孝祠事，兼及王徐氏生平。

王徐氏，良乡县兴隆庄人，25岁嫁同县王俊为继室。结婚二年，生一女，王俊病逝。王俊没有留下家产，王徐氏无以为生，带着幼女回娘家，靠双手劳动为生，寡言笑，善积蓄。几年以后，生活改善，称小康。女儿成年，嫁五品护卫李佩璋为妻。

王徐氏独居，于是抚养王俊与前妻之孙王志，教育培养，视若亲生。又过数十年，田园日增，孙曾满堂。经良乡县乡绅举人徐端、岁贡游观易、护卫李佩璋，联名具禀。得旨旌表，在兴隆庄村建贞节牌坊。寿至83岁，无疾而终。

清光绪十五年（1889）《良乡县志·卷五·人物志·列女》："徐氏，兴隆庄王某妻。夫故后，坚志守节，且善治生。家仅自给，恒乐施与。生平不苟言笑，冰霜自矢，尤为众口交称。举人徐南村为请旌，建坊于本村。"民国十三年（1924）《良乡县志·卷五·人物志·列女》："徐氏，王俊妻，年十八归兴隆庄。王夫故后，坚志守节，且善治生。家仅自给，恒乐施与。生平不苟言笑，冰霜自矢，尤为众口交称。举人徐南村为请旌，事在同治十年"。据以上记载，举人徐端、岁贡游观易、护卫李佩璋，联名具禀时为同治十年（1871），清穆宗同治皇帝降旨旌表。民国十三年（1924）《良乡县志·卷五·人物志·进士举贡表》："徐端，字南村，同治七年保加五品衔，同治辛未科大挑二等，选授奉天府教授。"

清光绪丁酉年即光绪二十三年（1897），良乡县重修文庙，王徐氏孙王志捐银200两，又为文昌祠助捐300吊。为此良乡知县王汝廉特为其请，奖给五品顶戴。

王志见节孝祠在文昌祠西庑下，仅1间，规模狭隘，也不合体制，便出钱买下文昌祠东一块空地，独力出资创修正殿3间及周围垣墙、门楼1座。将祖母王徐氏牌位和良乡一县的节妇在原节孝祠供奉的，都移到重建的节孝祠供奉。

民国十三年（1914）《良乡县志·卷八·艺文志·碑文·王徐氏碑记》："夫懿行可传，何必不出于巾帼？休声是播，何必不起于闺帷？节妇王徐氏自夫逝世，非不愿为摩笄之刺，化石之贞，因遗孤待抚，幼女无依，再四思维，不守苦节固无以立名，不留余生更何以启后，由是来兴隆庄母家，得所依归。笃乃鞠育，迨遗孤稍长，出嗣夫兄，幼女稍长，宜尔室家。乃立长孙治承嗣，脉延一线，计在百年，为之立门户，使其以垂久远。并得俾随时致祭，创垂悉备，缔造维艰。又念及母家邻里徭役，民不聊生，夫差几无以应，捐自置民地若干，以供夫差之需，好善乐施，出自天性为然。值兹旌表之膺，牌坊之建，为述生平，以见不朽，自有真也。举人徐端撰文。清光绪十一年五月立。"

〇一九 补修良乡县文庙记

良邑文庙自光绪丁酉年大修后，庙貌壮丽，洵称巨观。乃甫阅二年，遭庚子兵燹，法兵分驻南门内，肆行蹂躏，始则取大成殿之梁木以为薪，遂将神龛供案及阖庙之门窗悉行取去。并将东西两庑、大成殿摧拆过半，其完善者仅棂星门耳。一片荒凉，伤心惨目，奈之何哉？迨和议成，洋兵撤，邑之士绅谋有以修补之，而需款之为数不赀矣。仰赖圣德高深，人心踊跃，共乐输将，遂得集款千余金。于是鸠工庀材，经始于癸卯闰五月，落成于甲辰六月，而庙貌又焕然一新。斯则先圣先贤之所以食报于后人也，而人心景仰之诚，亦自有不容没者耳。

教谕郑荣桂

光绪二十八年四月

碑刻说明

清刻。在良乡文庙。

碑文考释

光绪二十三年（1897）重修文庙后，仅仅过了两年，到光绪二十六年（1900），庚子事变，法国兵驻在良乡南门内，肆行蹂躏，拆毁大成殿，取梁木为柴，将神龛、供案及文庙的门窗，全部拆走。东西两庑、大成殿拆毁过半，整座文庙建筑仅剩一座棂星门没被破坏。事变过后，法国兵撤走，合县士绅谋议修补，"人心踊跃，共乐输将，遂得集款千余金"。光绪二十九年（1903）闰五月兴工，光绪三十年（1904）六月落成。

梅花庄

在拱辰街道东北。原名梅家庄，由梅花庄和塔洼两个自然村组成。东北邻小西庄，西邻良乡火车站，南邻良乡昊天塔，北邻后店村。

明代已有塔洼村，名"塔湾"村，而无梅花庄。万历三十九年（1611）袁宏道《良乡三教寺十方院碑记》："偶同客步小石冈，过塔湾，村店四十余家，墟烟尽处，碧瓦参差。"当年还是只有40余户的小村。

清代早期称塔洼村，仍无梅花庄村。清康熙四十年（1701）《良乡县志·卷一·舆地志·村店》："塔洼村，治东北三里。"

清晚期，出现梅家庄，塔洼（作"塔弯"），二村并存。清光绪十五年（1889）《良乡县志·卷一·舆地志·村店》："塔弯村，距城三里。梅家庄，距城三里。"

民国时期，梅家庄改梅花庄。民国四年（1915），良乡县划为八区，塔洼村、梅花庄村同属第一中区。后分三区，梅花庄属第一区。今属房山区拱辰街道。

本卷共收录梅花庄碑刻3件：明代1件、清代2件，其中收录碑文3篇，附录碑文2篇、附录文章1篇。

○二○　良乡三教寺十方院碑记

赐进士第通议大夫经筵日讲官吏部右侍郎兼翰林院侍读学士教习庶吉士掌院事西京王图篆

赐进士吏部考功清吏司员外郎袁宏道撰

赐进士第广东道监察御史前中书舍人苏惟霖书

庚子八月，余以使事过良乡，迟三弟中道不至，寄居东关外。偶同客步小石冈，过塔湾，村店四十余家，墟烟尽处，碧瓦参差。路人曰："三教寺也。"遂扣扉，良久，履声则则从内出，一僧面癯而黝，发寸余不剪，对客语甚健。问之，曰："江夏僧体空也。"余因谓："荒街绝侣，飞埃蔽道，马驴丁丁之声，穷昼夜不绝，喧嚣荒恶，奈何庵此？"僧曰："余本行脚老头陀，自入燕来，昼则挟册讲肆，夜则墙间树下，剪爪无工，何暇圆室？忆往岁曾与数开士，道出此乡，饥渴困乏，风霰交至，乃至求一盂饭不得，求一椽地暂止亦不得，饥疮内逼，寒鬼外虐，酸苦之际，此愿勃发。僧自是乞得一笠地，编茶棚半间，以待十方衲子。七八年间，赖诸侍中大檀之力，遂成精蓝。北参南询之侣，至者如归，官邮之使，络绎于门，汤茶之供无宁晷，辘轳之声，从鸣鸡达丙夜不休。此山僧藉手诸檀信之惠，以了行脚一念者也。地之喧寂，不暇计也。"余周视殿庑禅室僧廊，备体而微，凡丛林中所宜有者，无不具。因叹曰："贤哉僧也！使天下之为僧者皆如汝，天下之为儒与道士者皆如汝，郡邑之中，刹宇相望，贮廪以待饥，空室以伺往来，仁让相先，贫富相助，何至使凶年有沟壑之民，有司持筹展转不及也？今道士之纤啬不足论。余儒者也，一钱不与，文曰'俭德'，但惧伤惠不恤伤，忍怀市井锥刀之心，背先圣立人之教，沟中之瘠，宁复挂念？嗟乎，余之愧汝多矣！"体空名真圆。檀信名例书碑阴，不具载。

万历三十九年五月吉旦

碑阴

文林郎、知良乡县事庄之龙、魏之干、艾友芝、陈熺、傅偕、牛象坤，教谕张文教，递运所大使胡㦗，训导史梦琪，固节驿驿丞张俊，僧会司僧官大祥；主簿闵习成，县丞郑应奎，典史庄士表，县丞陈焯，县丞郭宽；文林郎知良乡县事李庭梧，典史张有□；惜薪司总理御马监太监杨致中，景皇陵金书御马监太监张其，内官监总理太监马谦，固节驿驿丞张应泰；文林郎知良乡县事濩泽阳城杨瀚，文林郎知良乡县事古越周洪才，县丞余廉，主簿庄明臣，典史詹廷相；锦衣卫街道房掌房正千户沈承官，锦衣卫指挥使李盛；济州卫管理屯政金吾右卫指挥使宋宗杰，济州卫管理屯政指挥使徐锦；钦差守备涿州等处地方都指挥李时华，金书指挥陈以忠、李得培；兴州中屯卫军政掌印指挥李呈芳，巡捕指挥李承爵、刘芳声。

各衙门太监等官靳思忠、关诚、刘寅、周朝；刘忠、丁进、毕□、贾朝；刘安、高选、夏忠、胡仲；张忠、董尚礼、兴秀、蔡坤；刘本、刘奉、李文朝、王升；王玉、杜进成、李天成、梁得时；南宗顺、刘贵、张随、王胜；樊升、刘选、徐春、张进德；王添寿、常春、高用、李添寿；周玉、张祥、张集、谷荣；崔登、杨朝、李升、王斌；张登、李进喜、蒋暹、崔钦；孙进朝、于进、赵进、刘明；刘奉、乔成、赵永福、刘褒；张朝用、陶文、周宠、龚兴；秦升、刘儒、杨松、王德；董暹、杨进朝、魏朝奉、翁宦；王德、李朝、唐臣、任进；刘宗、□进暹、曹奉、杜进；许成、周用、王奉、毛润；崔承德、李暹、张升、阴升；徐朝、黄恩、田忠、王忠；赵举、尹进忠、李进、杨大桐；李忠、赵国泰、李用、邢用。

胡宁村省祭官胡良勋、涿州东北沙窝村会首信士王□相；信官高允忠、信官李世用、信官刘楫、信官何宗舜、信士毛富、信士吴桐、信士林尚德、信士王思学、信官□增文、信士莫登科、信士叶有学、信士萧大用、信士廖宗武、信士梅天佐、信士梅仲道、信士郭添爵、信士翟□官；后朝海、后从珍、周守仁、后从佩、后从珠、后从瑚、后从瑶、王大勋、王廷甫、孙胡勋、赵之光、朱得祺、刘思慧、白□□。

开山第一代住持真圆、徒如秀、孙性添。

官中置买香火地二顷四十七亩五分。内，皇亲地一段，十八亩。济州卫新添地壹段，拾陆亩；又壹段叁亩；济州卫地五段，共六十五亩。兴州卫新添地

壹段，伍亩；兴州卫地六段，共一顷六十四亩五分。以上地为永远焚修。

碑刻说明

明刻。在梅花庄村。拓片碑高184厘米，宽85厘米。碑额篆书"三教寺碑"。

碑文考释

据碑载，三教寺由僧人江夏（今湖北武汉市江夏区）行脚老头陀体空号真圆所创，明万历某年，体空云游，来到北京一带，白天在佛寺讲堂落脚，夜晚寻墙间树下栖身。一天，体空和几僧高僧路过此地，饥渴困乏，风霰交加，求一口饭、求一间屋栖身而不得，饥寒交迫之际，就此发愿创建伽蓝一所。僧体空乞得一小块地，搭建茶棚半间，供往来僧众歇脚。体空得到信众施助，七八年间，终于建成三教寺十方院。就此成为往来僧侣挂单、各路官邮茶歇之所。

万历庚子八月，即万历二十八年（1600）八月，袁宏道"奉使周藩"，行到良乡县，因胞弟袁中道未至，在良乡县东关外住下等候。闲暇无事，与几个客人一同散步，路过塔湾村，在村北见到一座佛寺"碧瓦参差"，在与住持体空的交谈中，得知此寺创建经过。同月，赴河南途中，袁宏道创作《良乡三教寺十方院记》。该文实则是一篇优美的散文，原本不是为三教寺撰写的碑文。

袁宏道，字中郎，号石公，湖北省公安县长安里人，明穆宗隆庆二年（1568）十二月六日生，万历二十年（1592）进士，历任吴县知县、礼部主事、吏部验封司主事、稽勋郎中、国子博士等职。明万历公安派领袖，与兄袁宗道、弟袁中道并有才名，史称公安三袁。万历三十八年（1610），袁宏道以吏部验封司郎中告归。此时公安正值大水，他卜居沙市，筑砚北楼，以便晚年在此"息影卧游"，游艺诗书，"疏瀹性灵"，不久息病不起，竟于同年九月六日遽然去世，终年43岁。

《良乡三教寺十方院碑记》落款"万历三十九年五月吉旦"。此时，距袁宏道访三教寺已经11年，袁宏道已于1年前去世。

书碑者苏惟霖，字云浦，号潜夫，湖北江陵县（今属潜江市）龙湾苏家台人，明万历二十六年（1598）进士，官至监察御史，曾到两淮巡视，巡按山西，后做过一任河南按察副使。辞官归里后，在龙湾苏家台兴建小宅一间，号曰"凌光阁"。平时赋诗饮酒，优游于苏家台附近的小龙湖（今名冯家湖）。著有《两淮游草》《西游草》。

苏惟霖是袁宏道的好友。《袁宏道集校笺》（1981年上海古籍出版社）中，有8首与苏惟霖有关的诗，可见二人情谊之笃。万历二十二年甲午（1594），袁宏道在北京作《挽苏母》，悼念苏惟霖母亲的去世。据《江陵县志》记载：袁宏道逝后，苏惟霖迁念袁宏道遗孤，把自己的女儿许袁宏道次子袁岳年，聘袁宏道长女为媳，袁宏道次女许聘其弟苏惟沾长子。

"良乡三教寺十方院碑"的刊立，应与书碑者苏惟霖相关。以苏惟霖与袁宏道的交谊，袁宏道逝后一年，苏惟霖不辞千里北上，将袁宏道良乡三教寺遗作《良乡三教寺十方院记》，更名《良乡三教寺十方院碑记》，镌于贞珉，立碑寺中，以示对这位挚友的追念。

《良乡三教寺十方院碑》："檀信名例书碑阴，不具载。"碑阴所载建寺施助檀信，以三教寺所在地良乡县官员为主，官职有知县、教谕、训导、县丞、主簿、典史、驿丞、大使。与其他县相比，良乡有固节驿，故有固节驿丞一职。良乡为京都首邑，来往转运之差繁于他邑，故多递运大使一职。其中知县有九任：文林郎知良乡县事艾友芝、庄之龙、魏之干、陈熺、傅偕、牛象坤、李庭梧、杨瀚、周洪才；教谕有张文教，训导有史梦琪，县丞有郑应奎、陈焯、郭宽、余廉；主簿有闵习成、庄明臣；典史有庄士表、张有□、詹廷相；递运所大使胡慄；固节驿驿丞张俊、张应泰。

另外一些施助主体是明廷太监：惜薪司总理御马监太监杨致中、景皇陵佥书御马监太监张其、内官监总理太监马谦及靳思忠、关诚、刘寅、周朝等各衙门太监99人。

其他明廷官员如锦衣卫街道房掌房正千户沈承官，锦衣卫指挥使李盛，济州卫管理屯政金吾右卫指挥使宋宗杰，济州卫管理屯政指挥使徐锦，钦差守备涿州等处地方都指挥李时华，佥书指挥陈以忠、李得培，兴州中屯卫军政掌印指挥李呈芳，巡捕指挥李承爵、刘芳声。

地方百姓有涿州胡宁村、沙窝村2村省祭官和信士33人。胡宁村，今属河北涿州市孙庄乡；沙窝村，今属河北涿州市码头镇。

自三教寺创建，到袁宏道临访的万历二十八年（1600），再到立碑的万历三十九年（1611），开山住持体空名真圆尚在，下有弟子如秀、徒孙性添。

三教寺有官置买香火地2顷47亩5分，包括：皇亲地1段，18亩；济州卫新添地1段，16亩；又1段3亩；济州卫地5段，共65亩；兴州卫新添地1段，5亩；兴州卫地6段，共1顷64亩5分。堪称上京畿名刹，良邑精蓝。

此碑篆额者王图，字则之，陕西耀州人。万历十四年（1586）进士。初授翰林院检讨，以右中允掌南京翰林院事，充东宫讲官。屡迁詹事，进吏部侍郎。王图政敌诬告其子、宝坻县令王淑汴"贪赃巨万"。此案虽经皇帝下诏追查，及时处分了诬告生事者，怛仍遭到政敌接连攻击，王图上章告老，致仕回乡。天启三年（1623），召用旧官，王图因复职，任礼部尚书，协理詹事府。翌年，复遭魏忠贤亲信刘弘先弹劾，被削籍回乡，未久即卒于家。崇祯初，赠太子太保，谥文肃。子王淑汴，万历进士，官至户部郎中。

在为此碑篆额前两年，即明万历三十七年（1609），房山县立重修文庙碑，王图撰《重修房山县学记》署衔同为"赐进士第通义大夫吏部左侍郎兼翰林院侍读学士纪注起居经筵日讲官编玉牒副总裁兼教习庶吉士掌院事"。

○二一　重修寿因寺碑记

国家久道化成，河海清晏，皇帝于万几余闲，时巡畿甸，所以修武事，省耕敛，所无逸也。道路经过，遇招提洞府，间亦流览憩息，或命修造，锡名悬额，以为祝福。凡大小丛林，得邀宸翰，则万众观瞻，远近辐辏，坛场香火，为之益胜。良乡县北古十方院，肇自明时，历有年所，栋宇倾颓，丹青漫漶。庚子春，随驾过此，捐赀重修，为皇帝祝釐。康熙六十一年壬寅三月朔落成，蒙赐御书匾额曰"花台止水"，大悲坛曰"大悲慈航"，易院为寺，曰"寿因"。天章璀璨，凤舞龙飞，佛日增辉，宗风丕振。于以祝皇图之巩固，绵圣历于万年。广祇树之福因，登斯民于仁寿者，庶其有助欤。是为记。

康熙六十一年壬寅夏六月朔日　皇十六子允禄奉敕谨书

碑刻说明

清刻。在梅花庄村。拓片碑高184厘米，宽70厘米。

拱辰街道、西潞街道、长阳镇、良乡镇
阎村镇、新镇街道、窦店镇、琉璃河镇

碑文考释

允禄所撰碑文述称：庚子春，即清康熙五十九年（1720）春，允禄随圣祖康熙帝驾，路过三教寺十方院，知其创自明万年，见"栋宇倾颓，丹青漫漶"，捐资重修，康熙六十一年（1722）三月初一日落成，蒙康熙帝赐御书匾额"花台止水"，大悲坛匾额"大悲慈航"，改寺名"寿因寺"。是年六月初一日立碑。皇十六子允禄奉敕撰文并书。

民国十三年（1924）《良乡县志·卷六·纪幽志·招提》："寿因寺，在县北三里许塔湾村。明万历中僧人体空募建。原名十方院。前清康熙庚子，亲王随驾过此，捐资重修，易今名。颁赐御书匾额二，正殿曰'花台止水'，大悲殿曰'大悲慈航'。寺内院宇幽深，花木繁盛，往来星使多驻节于此。"

〇二二　静默寺和尚海宽小传

和尚海宽，字沛天，直隶易州人，俗姓崔氏，九岁祝发于定兴弥陀寺，质素钝，□□□，礼佛不辍。一夕端坐室中，忽觉窗左洞明，心地朗彻，自是习经不忘。后入京师，居关帝庙，在西华门北长街之西，创自前代，岁久摧剥，难为□□，宽粗葺之。禄居之暇，则受《八要》及《唯识论》于宝通寺僧贯六，受《维摩经》于兴城寺僧墨如，受《法华经》于大佛堂僧正音，遂博通禅乘，掩关却扫，绝□□户外事。见俗僧以斋□为利□□，慨然叹曰：末□，比丘贩鬻如来经藏，此佛所诃也。故宽为人，若每作佛事，概无所取。康熙四十九年，圣祖仁皇帝念是庙近在宫垣外，不可听其颓废，特命重建，并发帑金印造经藏，五十一年落成。越明年，赐名静默寺，又赐御书"璇枢转福"四字额。时恭值万寿圣节，予奉同皇十五子，命宽讲楞严一百日，四方捐施无算，宽于供费外，俱辞不受，余者则以赒给贫乏。宽为人敦朴，且默习法门典故，以是受知圣祖。历世宗宪皇帝暨今皇上，并阐明正觉不废，宗门以予略知净理，尝命总统象教诸务，而予每嘱宽，措画畦畦，井井得宜，予未曾不称美也。雍正十年，唐古特进梵经至，奉敕译成汉文，宽于弘仁寺恭译旬有六日而成。十一年，敕修赵州观音院，宽为画，殿宇堂寮之制，皆合法式。其后，予承命校南来书本藏经，又专校华严经，更正文义五十余条。又以旧刻藏经舛错，集义学沙门四十余人，开馆校刊，以宽检勘之力居多。今皇上尝命将全藏咒语用满洲、蒙古、西番《同文韵统》字样编辑，予复以委宽。嘉其老而勤也，奏请以僧禄司印务命宽摄之。方冀其住世正长，庶几足为彼法中模楷，而宽忽以甲戌春不守世，寿七十有五。宽虽入空门，然其葬父也，躬亲畚锸，十指尽秃；居母兄丧，亦尽礼尽哀，颇有儒者风，远近士大夫俱嗟赏焉。又性好利济，尝构良乡县寿因寺茶棚，建房山县岗洼村石桥，以惠行旅，亦其生平之卓卓可述者。所著有《彐解便蒙》若干卷、《瑜珈施食仪》若干卷，传于时。赞曰：静默寺之兴也，曩时之暗粗陈丹，今皆为金绳宝地，其我国家之崇敬正神，而福祚鸿远，兹不足见其一端欤。而宽实□为此寺住持，卓锡挂衲者，几及四十年，数被诏旨译经，□寺号为老梦宿，一旦化去，可惜也！且寺初构，予已作记，刻石于前殿北隅。其后，宽又屡从予游，故予于此寺及宽，尤有不能忘情者，□□之大略为之传，盖不欲使之泯之云。

时乾隆十九年岁次甲戌腊月初八日

和硕庄亲王爱月居士题并书

碑刻说明

清刻。在梅花庄村。拓片碑高158厘米，宽86厘米。碑文草书。

碑文考释

海宽，清贤首宗高僧，传贤首宗第三十世。清代释祖旺辑《贤首传灯录·沛天海宽》清光绪八年（1882）刻本，（清）释兴宗、释景林合辑《宝通贤首传灯录》卷下《贤首第三十世沛天海宽法师传》清光绪八年（1882）刻本、《西庄始存稿·卷三十八·静默寺僧海宽塔铭》，均载其生平事迹。结合诸文献记载，解读和硕庄亲王允禄《静默寺和尚海宽小传》，综述海宽生平如下：

和尚海宽，字沛天，直隶易州人（今河北易县），俗姓崔氏，9岁祝发于定兴（今河北定兴县）弥陀寺。20岁来到北京，在广济寺圆具，精研毗尼，游诸讲肆，究心大乘经论，圆解勃发，悬辩如流，所到之处，为众所望。康熙四十三年（1704），海宽住锡西华门北长街关帝庙。此庙创于元，明崇祯元年

（1628）重修，岁久破败。海宽慕滨如性洪法师教铎，投礼东城柏林寺，朝请夕咨，尽得经蕴。康熙四十八年（1709）秋，蒙付贤首宗旨。其间，受《八要》及《唯识论》于宝通寺僧贯六，受《维摩经》于兴城寺僧墨如，受《法华经》于大佛堂僧正音，于是足不出户，探阅竺典，潜修观行，遂博通禅乘。

康熙四十九年（1710），圣祖康熙念关帝庙近在宫垣之外，不可任其颓毁，特命重建，并发帑金为正在建造的寺院印造《大经藏》。康熙五十一年（1712）落成。翌年，赐名静默寺，康熙帝钦赐御书匾额三面，一曰"敕建静默寺"，一曰"静默寺"，一曰"璇枢转福"，特命皇子十五胤祸、十六皇子允禄亲临悬挂。时值万寿圣节，海宽受命在新落成的静默寺讲《楞严经》百日，四方捐施除供费外，海宽一概辞而不受，转而赒给贫苦人。此后，年年开讲《楞严经》，四辩风生，十方云集。

海宽为人敦朴，熟知法门掌故，因此受知圣祖、雍正、乾隆三朝，康熙帝称赞他诚实。雍正元年（1723）三月，十六皇子允禄承袭庄亲王爵。雍正帝因庄亲允禄熟悉佛教事务，让他管理佛教事务，但凡要事，允禄必倚重海宽。

雍正十年（1732），西藏进献梵文经书，雍正帝降旨，敕命海宽在弘仁寺将梵文经译成汉文，海宽只花16天时间，译完全部经卷。弘仁寺，为藏传佛教寺院，在西皇城根南侧，建于康熙五年（1666）。

雍正十一年（1733），敕修赵州观音院，命海宽规划，殿宇堂寮之制皆中法式。庄亲王受命校南来书本藏经，又专校《华严经》，均由海宽承担，更正文义50余条。同年，雍正皇帝敕令雕印《大藏经》（又称《龙藏》或《清藏》），由庄亲王爱新觉罗允禄、和亲王爱新觉罗弘昼主持，海宽是襄助校刊的四大高僧之一，其余三人是贤良寺住持临济宗超盛、万寿寺住持临济宗超广、大慈观音寺住持贤首宗兼慈恩宗自垠。

清代吴振棫《养吉斋丛录·余录卷三》余："雍正十二年，重刻藏经，诏简积学沙门四十余人，开馆校勘，以沛天上人总其事。沛天，名海宽，俗姓崔，易州人。住持西安门内静默寺。"这部大藏经至乾隆三年（1738）完成，故又称《乾隆版大藏经》。

至乾隆当政，敕命将全藏咒语用满洲、蒙古、西番《同文韵统》字样编辑，庄亲王又委任海宽承担。历次统校经卷，海宽检勘之力居多。庄亲王嘉其老而勤奋，奏请乾隆帝，由海宽主持僧禄司印务。负笈来谒、恭敬围绕者，常履满户外，至室无所容。

乾隆十九年（1754）春，海宽圆寂于本寺，住静默寺50年，世寿75岁。海宽性好济物，曾构良乡县寿因寺茶棚，建房山县南岗洼村石桥。著《日解便蒙》《瑜珈施食仪》若干卷。付法弟子无量慧海、量周海观、洞元寂观、千月明旺，分主拈花寺、弥勒院、广通寺、万寿寺、寿因寺、静默寺、慧福寺诸刹。

庄亲王允禄与海宽交谊甚厚，两人长期合作承担佛经的翻译、校刊，以及大藏经的刊印。故海宽圆寂，允禄亲为其书碑立传。海宽碑为何立在寿因寺呢？寿因寺有海宽施构的茶棚。岗洼村石桥，于北京至良乡寿因寺途中，海宽捐修此桥，应与他往来寿因寺不无关系。海宽生前应与该寺有密切往来，多是应寺僧之请，允禄为海宽立传书碑，由寺僧勒之贞珉，立于寺内。据《贤首传灯录·沛天海宽传》，其门下弟子洞元寂观，继海宽主静默寺法席，之后退居寿因寺，洞元寂观多参与立碑事宜。

附录碑文

沛天上人传

沛天上人，名海宽，俗姓崔氏，直隶易州人。为京师讲经大师，住持静默寺，近宫城，圣祖仁皇帝敕建，皇子数即事焉，众以为荣观。冠盖往来，晨夕无顷暇，而上人处之若无事者。虽皂隶必使各得其意以去，而王公贵人无加礼。余尝托宿寺中见而异之。遂假馆淹留数月，每人事休息辄邀余坐庭堦，玩景光间，及民生利病并世人物，其胸中炯然，语皆有称量，窃叹如此人若为大夫，于世非无所损益，而惜乎其游方之外也。情至孝，作室寺之左方，迎其母而养焉。居母与兄之丧，一遵儒书，服既终，颜色戚容尚有异于众人。丧其本师，诚敬亦如之。好士，友羁旅者投之如归，久而不怠。每闻忠良正士凋丧摧伤，辄悄然不乐。语或及之，则气结泪欲下。雍正年间，内府有疑狱，大小司寇会寺中事待事，或叩佛氏，天堂地狱之说，上人曰："在公等一念，公私忍恕间耳。"中有以深刻为能者面赤而色怩，曰："方外人何难？为此言，居官者能自主乎？"上人曰："能视禄位少轻，则无难矣。"众皆默然。时禁妇女入庙，胥吏因缘设诈构陷以吓众，而取所求，上人首议发其奸。于政府营田之兴吏强建，闻于安肃之瀑河，村落数十，仍岁流漂。上人见往来寺中人，即指画地势及民庶饥殍状。久之，语闻于河督，奏复其初。十有二年重刻藏经。诏简积学沙门四十余人开馆校勘，命上人执其总，量才授事，立法程工，有条而不紊。观上人笃于人纪，不忘斯民，而才足以立事如此，皆先圣先贤所谆复而有望于后儒者也。而儒之徒未数数然也。朱子尝忧吾道之衰，以为性质则明者多不能屈心以蒙俗之尘垢，而藏身于二氏。期言也，盖信而有征矣。故专录期儒行而推阐佛说以张其师教者，概不著于篇，盖其徒某某之所谱具矣。

《沛天上人传》，清乾隆三年（1738）八月刻。在北京西城区北长街。一高36厘米，一高34厘米，均宽101厘米。方苞撰，湛富正书。帖式刻。

《西庄始存稿·卷三十八·静默寺僧海宽塔铭》

静默寺，在西华门北长街之西故关帝庙也，已颓废。康熙四十九年，圣祖皇帝念是庙近在宫垣外，不可听其倾圮，特命重修，并发帑金印造藏经，五十一年落成。越明年，赐今名。又赐御书"璇枢转福"四字额，于是僧海宽实奉命住是寺。海宽者，字沛天，直隶易州人，俗崔氏，九岁祝发于定兴弥陀寺，其后入京师习《维摩》《法华》及《唯识论》，性敦朴，且熟晓法门掌故，以故受知，圣祖尝以诚实称之。暨世宗宪皇帝，今上皇帝，并不废禅宗，以庄亲王通净理，命统摄象教，王尝倚宽集其事。雍正十年，唐古特进梵经至，敕于宏仁寺译汉文旬有六日而成。十一年，命修赵州观音院，宽所画殿宇堂寮之制皆中法式。其后命校南来书本藏经，于《华严经》尤详，更定文义五十余条，又以旧刻藏经多舛讹，集义学沙门五十余人开馆校刊。今上皇帝复命取全藏咒语用满洲、蒙古、西番《同文韵统》字纂编辑。先后凡有统校，宽检勘之力居多。庄亲王奏以僧录司印务，命宽摄之。甲戌春，宽卒，凡住静默五十年，世寿七十有五。宽虽归空门，然葬其父于青杨山，躬势畚锸，居母兄丧能哀，远近儒者多称之。性好济物，斋施之余，辄给饿者。良乡县寿因寺茶棚、房山县南岗洼村石桥，皆其所构也。所著《日解便蒙》《瑜珈施命仪》若干卷。铭曰：

蒙恩三朝，居然古德。诚实之褒，缁衲是式。今安往哉，石火奄熄。饶舌无嫌，荒辞用刻。

（清）王鸣盛《西庄始存稿》，三十九卷。凡颂、赋一卷，律赋、试帖一卷，古近体诗十五卷，词一卷，《洪范后案》二卷，《周礼军赋说》三卷，各体文十六卷。有清乾隆三十一年刻本，上海古籍出版社《续修四库全书》据以影印。

《贤首传灯录·沛天海宽》

师讳海宽，字沛天，直隶易水崔氏子。幼从净业寺体公得度。康熙己卯（1699），受戒于京都广济律堂，习学毘尼，寻游讲肆，究心大乘经论。圆解既发，悬辩如流，凡所至处，为众所望。于四十三年甲申（1704），犹慕寄幻老人教铎，恭投法座，不数年间，尽得经蕴。四十八年己丑（1709）秋，老人遂以贤首宗旨付嘱焉。于是日事键户，探阅竺典，潜修观行，道香自蔼。于康熙四十九年庚寅（1710），特奉大内构图修治之命，即日展拓旧基，不越苔年，殿宇讲堂飞檐耸翠，金辉碧耀。又沐皇恩赐御书匾额三面面，一曰"敕建静默寺"，一曰"静默寺"，一曰"璇枢转福"，特命皇十五殿下、十六殿下亲临高悬，钦赐龙藏法宝，真可谓奎章壁彩，凤翥鸾骞，缁素瞻仰，叹为希有。至五十二年癸巳（1713），万寿吉日，赐御书金刚经宝塔一轴、宝幡六枝、宫花二瓶。至甲午（1714）春，皇十五殿下、十六殿下，恭祝皇上万寿，命讲《楞严尊经》道场。所谓一音初唱，六辩呈祥。四辩风生，显妙心于七处；十方云集，领真见于八还。莫不恭敬围绕，悉使身心踊跃。猗欤盛哉！自此师之讲经，岁无虚日。高宗纯皇帝御极，命师管理僧录司印务，十方学者负笈往参，至室无所容。师仰思佛恩圣恩，实难酬报，惟事讲演，恭祝圣寿无疆云尔。嗣法弟子：

无量慧海法师　兴法拈花寺

千月明望法师　开法慧福寺

量周海观法师　开法弥勒院兴法广通万寿

洞元寂观法师　继静默寺法席退居寿因寺

湛若志如法师　陕西韩城县人

（清）释祖旺辑《贤首传灯录·沛天海宽》，清光绪八年（1882）刻本。

东羊庄

在良乡城东,原名东杨家庄。东邻良乡高教园区,西邻纸房村,南邻徐庄村,北邻梅花庄村。

清代中早期无此村,清康熙四十(1701)《良乡县志卷一·舆地志·村店》,收录良乡县村庄76个,无此村。

成村于清晚期。清光绪十五年(1889)《良乡县志卷一·舆地志·村店·南关》:"东杨家庄,距城一里。"之所以叫东杨家庄,因良乡城西另有一个杨家庄,故分别以东、西称之。民国时期,始称东羊庄。民国四年(1915),良乡县划为八区,东羊庄属第一中区。后分三区,仍属第一区。今东羊庄属房山区拱辰街道。

本卷共收录东羊庄碑刻1件:民国1件,其中收录碑文1篇。

〇二三　旌表节孝王太孺人墓表

太孺人姓王氏，良邑庠生书山公之胞妹、樾堂之胞姑母也。生禀懿□，慕礼义若弗及，年十八归于同邑冯辑之公，逮事姑刘太孺人。家贫，辑之公贾于塞北，终岁卒卒在外，不遑问家政，太孺人奉姑益处，周旋黾勉，人无间言。性淑慎，待伯姒以礼，门庭之内翼翼如也。既而辑之公抱病归里，孺人朝夕侍疾，阅数年无倦容。病笃焚香告天，祈以身代其死，割股肉疗疾，和药以进而不绠辑之公，知辑之公病益久，心益躁急，偶不如意，辄加以呵斥，太孺人引咎不遑，侍奉益加谨。辑之公既殁，欲以身殉，姑刘太孺人泣谓曰："汝夫既死，汝又欲死。吾何生为？"太孺人乃止。当是时，家业凋零，一贫如洗。萧然四壁，备极趁趄，于是缩衣贬食，操作益勋，竭十物之力以瞻所不给。恐无以为继，乃鬻其妆奁，得资以贷诸人而取其息，由是刻意居积，资财渐饶，旨甘有所出，其姑若竟忘家之贫窭，即伯与姒亦若忘家道之艰也。及伯姒殁，既为之立嗣，经营葬事，井然有条。姑殁，葬祭皆如礼。光绪十六年，朝廷旌其节孝，并准其建坊入祠，乡党皆以为荣。太孺人以中华民国五年六月十五日终，生于道光二十年正月初四日辰时，年七十有七。女一幼殇，无子，以叔之子景祥为嗣。乃于本年六月三十日葬太孺人于先茔，与辑之公合葬，礼也。夫使太孺人当是殉夫而死，何当不以节烈称？乃以不忍弃其姑，欲死而不果死，卒至养生送死，无一不厌人心，直为伯姒与夫择所立以为后，使无子者即有子，祖宗之嗣绝而复延。然后知其人当日之不死，乃合于礼义之当然，而可为后世法。视烈妇之奋身从夫，一瞑而弗顾者，相去殆不可以道里计也。呜呼！可以风矣。太孺人律己严，接物宽待，亲族必敬必□，行奉俭约而好施与，乐道人之善，尝举古人懿行嘉言，津津称之不绝口。故太孺人殁，里中人无疏近智愚□无□沐涕而不可止云。杰素蒙太孺人垂爱，知之较详，谨将生平概略，揭于其墓，以告后之人，传闻风者知所劝焉，庶几以名节相砥砺，而彝教终不至沦胥以亡也。

满城训导辛卯举人愚表侄吴士杰拜撰

高等小学校长岁贡生见之深篆额

自治毕业小学校教员增广生左登瀛书丹

碑刻说明

民国刻。在东羊庄村。拓片碑高118厘米，宽61厘米。碑额篆书"永垂贞珉"。

碑文考释

王氏，良乡县庠生王书山胞妹，18岁嫁冯瑞，家贫，冯瑞靠在口外做小生意维持生计，常年在外，无暇顾家，王氏独立支撑，奉侍冯母。后来，冯瑞抱病回家，王氏朝夕服侍，数年无倦。乃至祈以身代，割肉疗疾，和药以进。冯瑞亡，欲以身殉，冯母泣劝方止。家业凋零，一贫如洗，王氏卖掉嫁妆，借贷生息，省吃俭用，家境渐饶。礼葬冯母、伯嫂。光绪十六年（1890），清廷旌表，准建坊入祠。中华民国五年（1916）六月十五日以寿终，生于道光二十年（1840）正月初四日，终年77岁。女一幼殇，无子，以叔之子景祥为嗣。本年六月三十日葬于先茔。

民国十三年（1924）《良乡县志·卷五·人物志·列女》："王氏，东羊庄冯瑞妻，夫病氏割肉和药以进，及瑞卒，矢死不渝。以族侄冯景祥为嗣，计苦守已三十余年。"

大南关

在拱辰街道西南。东北邻南关村、纸房村,东与京广铁路相连,村北有刺猬河。古无此村。村中有郊劳台,清乾隆二十五年(1760),兆惠、富德平定准噶尔回部凯旋,乾隆皇帝行临台郊劳礼。乾隆四十一年(1776)大将军阿桂平定大小金川凯旋,乾隆帝再行郊劳礼。当年,这里是一片田畴,无人居住。清康熙、光绪及民国《良乡县志》均无此村。大约在民国中后期,此处有少量村居,归属南关村。1958年3月,成立良乡人民公社,此地为南关村的一个生产队。后来,为了便于管理,由南关村分出,成立大南关村。20纪80年代,村庄还在郊劳台以南,郊劳台以北为菜地农田。

本卷共收录大南关碑刻1件:清代1件,其中收录诗1首。

〇二四　郊劳出征将军兆惠、富德及诸将士礼成纪事诗碑

京县郊南亲劳军，圜坛陈纛谢成勋。出师本意聊尝试（西陲之役，始以厄鲁特诸台吉率众款附，请兵甚力。我喀尔喀牧圉势不可以错处，滋患无宁。及其锋而偏师尝试特计，因其地以抚之，故祃旗命将之典概未举行，语具乙亥告成碑记。兹准夷既平，而回中诸部以次勘定，实荷上苍宗社鸿庥，非敢谓先时逆睹及此也。），奏凯今朝备礼文。释甲弢戈罢征伐，论功行赏策忠勤。膝前抱见询经历（国朝旧制：凡出征将领成功还者，行抱膝跪见礼，以示优异，今即遵行。），一瞬五年戚以欣。同心万里那暌违！毕竟欢言赋采薇。勇将归来兼福将，鹴衣着得解戎衣。漫称偃武修文日，恐即嬉文恬武机。饮至宁夸畅和乐，持盈益厥慎几微。

庚辰二月二十七日郊劳出征将军兆惠、富德及诸将士礼成纪事　乾隆御笔

碑刻说明

清刻。在大南关村。拓片碑高130厘米，宽175厘米。汉满合璧，阴蒙（古）回文合璧。汉文后有乾隆御印两方"乾隆宸翰""陶冶性灵"。

碑文考释

郊劳台遗址在良乡大南关村东，乃乾隆二十五年（1760）初，富德为清高宗爱新觉罗·弘历郊南劳师而筑。据文献记载，郊劳台为一圆形石台，高7尺，直径5丈。台北面有大理石碑亭一座，上有盖，下有基，中有石碑，上刻乾隆《郊劳出征将军兆惠、富德及诸将士礼成纪事诗》。外围四周筑有围墙，墙高7尺，厚1尺1寸，东西宽16丈，南北长48丈，东、西、北3面各有大门1座。墙外四周种树3层。墙之西侧还建有寺庙1处，名为"有庆寺"。

乾隆二十五年（1760）二月，将军兆惠、富德等平定准噶尔回部凯旋，清高宗偕文武百官、王公大臣从京城出发到郊南劳师。劳师之前，君臣人等驻跸良乡城北的黄辛庄行宫。高宗降旨，命刚刚凯旋的富德在良乡南筑郊劳台。二月二十七日，清高宗驾临郊劳台行郊劳礼。劳师之前，在郊劳台北设1顶黄幄（高宗御帐），黄幄东西，各设8道青幕。郊劳台中央设帝拜褥，供高宗行礼用，拜褥左右各设1根下马红柱。

郊劳伊始，把将军参赞得胜纛（军旗）立在郊劳台左右，行拜纛礼。高宗身着龙衮缓步升阶，台下锣号齐鸣，奏铙歌乐。兆惠及从征诸将士身披甲胄跪于下马红柱之外，高宗步临，众将士起立，向高宗行注目礼。高宗登二郊劳台，在帝拜褥前立定，兆惠等随高宗步升郊劳台，分别立于高宗左右。此时，鸿胪寺赞礼官唱赞："跪！"高宗及群臣一同下跪，赞礼官又唱赞："叩。"君臣拜天，三跪九叩。

拜纛礼成，高宗退入郊劳台北黄幄升座，兆惠等进幄东青幕暂息。少许，随赞礼官进黄幄，趋至高宗座前行抱见礼。按清朝旧制，凡出征将领成功还者，行抱膝跪见礼以示优异。高宗各加抚慰，赐座赐茶。劳师完毕，兆惠及出征诸将士扈从高宗回黄辛庄行宫。

当年，高宗对出征将士赏赐优厚，封兆惠为一等公，封富德为一等侯。其余封赏不一。

高宗特御制郊劳礼成纪事诗，并勒石1方，立在郊劳台正北侧，又在碑顶建起1座石亭，此即郊劳台御碑亭。同时，富德还奉旨建有庆寺于郊劳台西侧。

16年后，乾隆四十一年（1776）四月，将军阿桂等平定两金川凯旋。四月二十七日，高宗再度驾临郊劳台劳师，始末同前。高宗因阿桂为金川之役首功，特赐其四团龙补，并赐阿桂及副将军丰升额、参赞海兰察御用鞍马乘以扈行。

如今，郊劳台和有庆寺均圮无存，御碑亭尚存，亭顶因清庚子事变，被法兵摧毁，近年修复。

平定准噶尔回部叛乱　清太宗天聪九年（1635）十月，新疆卫拉特蒙古的盟主固始汗，遣使归顺清朝后，去青藏高原发展，把和硕特首领兼卫拉特盟主的位子交予大侄子鄂齐尔图汗。康熙十四年（1675），准噶尔部首领噶尔丹策零派兵击败鄂齐尔图汗，建立准噶尔汗国，康熙皇帝三征噶尔丹策零。乾隆初

年，清廷和噶尔丹策零议和告成，双方划定牧场，息兵罢战。噶尔丹策零死后，准噶尔部上层为争夺汗位发生内讧，乾隆帝于乾隆二十年（1755）、二十二年（1757），先后平定了达瓦齐、阿睦尔撒纳叛乱。

阿睦尔撒纳叛乱之际，大小和卓兄弟乘机控制了喀什噶尔、叶尔羌等地。霍集占杀死清军副都统阿敏道，举兵自立。乾隆二十三年（1758），乾隆皇帝命定边将军兆惠，由伊犁出师天山南路，征讨大小和卓，在库车、叶尔羌、和阗等地与大小和卓交战。乾隆二十四年（1759），大小和卓兵败西逃，经葱岭进入阿富汗东北部的巴达克山，被巴达克山首领素勒坦沙擒杀，叛乱遂平。

平定大小金川叛乱　乾隆初，大金川土司莎罗奔夺取小金川泽旺印信，"意欲并吞诸蕃"，又攻明正土司。乾隆十二年（1747），清军3万人分两路进讨，久而无功，川陕总督张广泗被清廷处死，改派岳钟琪为总兵，刻期进讨。乾隆十四年（1749），莎罗奔请降，大金川战事初告平息。

以后，大小金川之间常有冲突。到18世纪60年代，金川局势再度紧张，又一次引起清王朝的关注。乾隆三十一年（1766），清廷派四川总督阿尔泰联合九家土司会攻大金川，小金川土司僧格桑（泽旺子）却与大金川土司索诺木（莎罗奔侄孙）联合反清。乾隆三十六年（1771）清军败绩，清廷将阿尔泰革职，派温福入川督师，向金川进兵，第二次金川之役由此开始。乾隆三十八年（1773），温福战死，清廷又派阿桂为将军，增兵金川。经多次血战，清军死伤众多，于乾隆四十一年（1776）年初取胜。历时5年、死伤逾万人、耗银7000万两，第二次金川之役至此结束。

房山碑刻通志

西潞街道

**房山碑刻通志·卷八· 拱辰街道、西潞街道、长阳镇、良乡镇
阎村镇、新镇街道、窦店镇、琉璃河镇**

　　古地名阎沟。西周至战国为古燕国地。西汉设广阳县，属广阳县。北齐天保七年（556），广阳、良乡两县并入蓟县，属蓟县。北齐武平六年（575），恢复良乡县的设置，属良乡县，此后历代均属良乡县。1949年10月中华人民共和国成立，属河北省良乡县。1955年设良乡镇。1958年3月，撤销良乡县、房山县，合并成立周口店区，划归北京市。同年撤销良乡镇，成立良乡人民公社，属周口店区。1960年改周口店区为房山县，属房山县。1966年，析良乡人民公社，增设良乡镇，社镇并存。镇、社合并，仍为良乡人民公社。1980年3月，改良乡人民公社为良乡镇。1987年，房山县与燕山区合并建房山区，良乡镇属房山区。1990年2月，改良乡镇为良乡地区办事处。2002年，良乡地区办事处与官道镇合并，设立良乡镇。2006年9月，良乡镇划分为西潞街道办事处、拱辰街道办事处、良乡镇。

　　西潞街道在良乡西门以外，辖夏庄、苏庄、太平庄、詹庄村、安庄村、固村、南上岗村、东阎村8村，及域内西潞园、北潞园等社区。

　　本卷收录西潞街道碑刻1件，在太平庄村，收录碑文1篇。

太平庄

在西潞街道以北。西北邻固村,西南邻东阎村,南邻苏庄村。明初,安徽太平府赵通等户奉旨北迁,定居良乡县西北,形成村落,故名太平庄,因良乡县南亦有太平庄村,时称西太平庄。清光绪十五年(1889)《良乡县志·卷一·传舆地志·村店·西关》:"西太平庄,距城二里。"民国四年(1915),良乡县分八区,西太平庄属第一中区。后分三区,属第一区。1948年解放,合西太平庄、园子坡、羊庄、小坟、绳庄子5个小自然村,为太平庄村。今属房山区西潞街道。

本卷收录太平庄村碑刻1件:明代1件,其中收录碑文1篇。

〇二五　守朴赵公墓志铭

嘉靖丙辰夏六月乙巳，守朴先生卒于山丹卫。先是公为兵部尚书，论者斥其进为逆鸾所引，谪戍山丹。既卒，柩还其乡，将以丁巳春三月庚申，葬于良乡北郊太平庄之原。从先兆也。墓宜有铭，当得王公大人之笔以为之重，而罪废之余，礼主其减。谓维聪少尝相知，仕尝同僚，且有姻亲之好，公弟国子生金来授简焉，义不可辞，乃撮其大者如左：

公讳锦，字文卿，守朴其别号也，先世太平当涂人。高祖华玉，曾祖永安，居采石。祖通，以例北徙，今为良乡人。考宣，号乂庵。祖、父俱以公贵，赠大中大夫山西布政司右参政，祖母李氏赠淑人。妣任氏封太淑人，生二子，公其伯也。幼而好学，蚤著文誉。尝随后渠崔公、月湖杨公游月湖，公以薛文清公读书录授之，自是潜心理学，举正德癸丑乡试，登丁丑进士，授南京户部浙江主事。公司扬州钞关，镕铜为柜，窍而钥之，所入既多，则销以储库，人不得而为私焉。又创水窦于关梁之南，小舟可经出入，得以免税，迄今便之。升署郎中，调南京吏部稽勋司郎中，入为兵部武库司郎中，改武选司职方司郎中。大同军变，户部侍郎永年胡公奉命往平之，奏公为佐，归掌职方事，凡将领之贤否、边塞之险平、粮储之充耗，皆备访而默识之，有所施行，无不允惬，大司马倚重焉。由是赵郎中之名哗于人口。继为大司马疏言其专，复出为南京户部河南司郎中，升温州府知府，山东按察司副使，山西右参政，浙江按察使，擢右佥都御史，巡抚延绥赞理军务。道闻太夫人之丧而归，服阕，改大同。有忌之者，论其不可用，蒙宰力称其贤，上竟用之。总帅周尚文者，老将也，不事掊克得军士心，而果于自用，性多偏执，公以体国为念，不惮屈己与之交欢，然遇不可者，必尽忠告，周以为怨愆，且将误事，上疏求退，改甘肃。甘肃远在西陲，未几，考察巡抚，公名为所指，罢居良乡。家居略势俭约，若寒素然，忧时感事，则每致身为念，门垣户儿多所题识。公广陵有别墅，或劝之往，公依依不忍，曰："昔人云穷达恋主，耕桑近郊。"公之意盖如此。公既不肯忘世，世亦未肯释公。嘉靖庚戌春，上用公为廷议，命下即日，单车就道。兼程抵镇，吊死问疾，恤孤掩骼，搜卒简将，不数月人心遂定。上疏论兵机十六事，久任夏官，历典边镇，兵机政要，阅历有素，事至立决，无壅滞者，晨兴入部，日晏方归，不以寒暑少废，司属敬服，军士感悦。以功荫一子，锦衣卫百户加太子少保。公在甘肃大同，与仇鸾同事，入京之后，颇相乖忤，过从笑语，乃人情之不免者。山丹之行，惟悼臣道之不成，仰圣恩之宏，贷无几徵见于颜色。呜呼！岂惟公哉？蔡邕之于卓，龟山之于京，其不幸亦犹是也。公为人谦和，每事从厚，尤友爱诸弟，俸入之余，皆以委之，别无私藏。从弟金观之如同出，以例为国子生。赒恤宗族姻党，不惜劳费。酷好经史，闲居手不释卷，著论议若干卷，目录若干卷，诗文若干卷，年六十有九。配陈赠淑人，继配张封淑人。女三，长侯孺人所出，适永清左卫指挥同知周佐；次郑孺人所出，适维聪弟之子文稷，固安庠生也；次金孺人所出，适同邑监生张维厚弟锐。子二，伯世官，即受荫者，先公卒；仲世录，迩嗣前荫。公之行实，其纪载具于国史，称述在于乡评。一介书生，致位八座，虽老而荷戈，为国殒命亦其愿也。孤魂万里，识与不识皆所痛惜，而况如聪者哉。铭曰：

于惟先生，间气之英。艺苑挺秀，理学研精。芥拾青紫，世冈遂婴。郎署允阅，藩臬荐更。三典边镇，再陟孤卿。徊翔中外，舍藏用行。硎发利刃，惟才之宏。忠实贯日，惟志之诚。一德匪懈，指天为贞。溘死流亡，不怨不惊。太平之庄，郁郁佳城。卿云瑞霭，耿耿常横。

碑刻说明

明刻。在太平庄村。

墓志考释

赵锦，字文卿，号守朴，良乡县（今房山区良乡）人，明成化二十三年（1487）生，祖籍安徽太平府当涂（今安徽省当涂县）。高祖赵华玉、曾祖赵永安居采石（今安徽当涂县北），祖父赵通于明初北迁，定居良乡。父亲赵宣，号义庵。赵锦为赵宣长子，幼而好学，早著文誉，26岁举正德八年（1513）乡试。正德十二年（1517），30岁登进士第，授南京户部浙江主事。赵锦掌管扬州钞关，即掌管朝廷在扬州关卡的征税事务，他铸造一具铜柜，铜柜上锁，只留一个入钱孔，过往商人把所缴关税放入钱孔，税金满一柜，便用钥匙将柜打开，取出税金，放在金库里，从而杜绝了钞关人员私贪关税的现象。又在关梁南侧开小水门一座，一些小船可以从中经过，得以免税。赵锦由此升任属郎中，又调南京吏部稽勋司郎中。

由南京吏部稽勋司郎中入朝任兵部武库司郎中，改武选司、职方司郎中。嘉靖三年（1524），巡抚都御史张文锦令镇卒在大同城北90里筑5座堡，并迁徙2005家镇卒往守。镇卒以无安全保障，不肯服从，发动兵变。明廷命户部左侍郎胡瓒负责宣府、大同军务，任命都督鲁纲为总兵官，前往平叛。胡瓒奏请赵锦随军出征，任职方司郎中。赵锦深入军中，将领的优劣、边塞形势的险易、军粮储备的盈虚，他都一一了解，记在心上。在平叛中，赵锦所施得力，深得上司赏识和倚重。平叛之后，赵锦出任南京户部河南司郎中。此后，历任温州府知府、山东按察司副使、山西右参政、浙江按察使，由浙江按察使升为右佥都御史巡抚延绥赞理军务。母丧改任大同，大同总兵周尚文是一员老将，行事专断，个性偏执。赵锦屈己与之交欢，但是每逢周尚文处事不当，赵锦必坦言规诫，周尚文终究对赵锦不满，将要贻误公事，赵锦不得已上疏明世宗请求辞职。明世宗没有接受他的辞呈，改任他甘肃巡抚。不久，朝廷考察巡抚官员，赵锦被罢免，退居良乡。

嘉靖二十八年（1549），俺答阿不孩率领鞑靼大军数十万，大举进攻居庸关，兵部右侍郎兼右佥都御史、总督宣大保川陕晋军务翁万达率兵击败敌军，京师赖以为安。此役之后，世宗任命翁万达为兵部尚书。翁万达的父亲在潮州病逝，他旋即丁忧回乡。嘉靖二十九年（1550）秋天，大同和古北口相继被鞑靼兵攻陷，京畿震动。世宗发3道金牌，下诏复任翁万达为兵部尚书。因军务紧急，加上奸党严嵩进谗言，改用王邦端任兵部尚书。王邦端临机不利，世宗起用在良乡赋闲的赵锦为兵部尚书。赵锦临危受命，即赴前线，调兵选将，从容应敌，数月以后，人心遂定。赵锦上疏世宗，论兵机十六事。他久任军职，历守边镇，兵机政要，阅历有素。临机决断，毫无壅滞。每天早早起身，前往兵部上班，

晚上很晚才回家。兵部僚属非常敬服他，军士们对他更是非常感戴。

嘉靖三十一年（1552）十月，赵锦以附仇鸾罪，被革去兵部尚书的职务，蒙冤发山丹（今甘肃省山丹县）戍边，时年65岁。仇鸾，明陕西镇原（今属甘肃）人，字伯翔。出身将门，嘉靖二十九年（1550）任平虏大将军，迎战鞑靼俺答军时溃败，敌军既退，又讳败冒功，加至太子太保，深受世宗宠信。后与严嵩争宠失和，嘉靖三十一年（1552）被陆炳揭其私及不轨之事，革职忧惧而死。赵锦在大同、甘肃任职时，仇鸾为甘肃总兵，两人为军中同僚。后来赵锦任兵部尚书，仇鸾为平虏大将军，两人并不相合，只是碍于往时的情面，相见时互相笑着打个招呼。但是，赵锦却因此罹罪。嘉靖三十五年（1556）六月，赵锦卒于山丹戍所，享年69岁。翌年三月，归葬故里良乡县西北郊太平庄（今房山区西潞街道太平庄村）。

房山碑刻通志

长阳镇

古为燕国地，西汉高祖六年（前201）设广阳县，属燕国。广阳城遗址，位于长阳镇广阳城村。汉武帝元朔元年（前128），燕国废，设燕郡，广阳县遂属燕郡。元狩元年（前122）燕国复设，广阳县又属燕国。此后，广阳县先后属广阳郡、广阳国、上谷郡。历三国、西晋、北朝，至北齐天保七年（556），并入蓟县；武平六年（575），属良乡县。此后历代，均属良乡县。

清代，今长阳镇境内有19村。小清河以西，鱼管营、水碾屯、广阳城、长羊（今长阳村）、雅河（今哑叭河村）、篱笆房、葫芦垡村、赵庄村、黄管屯、小西庄村10村属良乡县；小清河以东，高店（今高佃村）、稻田村、军流庄村（今军留庄）、朱家岗（今朱岗子村）、阎仙垡、下场村（今夏场）、佛家村、满州村、公议庄9村属宛平县。民国时期未变。后来佛家村、满州村合并，称佛满村。

1949年6月，划归良乡县四区。1953年6月，域内设广阳城、长阳、高佃、杨庄子4个乡。1956年9月，杨庄子、高佃二乡合并称稻田乡，广阳城与徐庄二乡合并称水碾屯乡，长阳与南岗洼二乡合并称南岗洼乡。1958年3月，撤销良乡县、房山县，合并成立周口店区，划归北京市，属周口店区。1958年3月，建立长辛店农场。同年4月，稻田乡与南岗洼乡划归丰台区。同年8月稻田乡和南岗洼乡所辖哑叭河、黄管屯、篱笆房、长阳村与长辛店农场划归周口店区管辖。同年9月长辛店农场与良乡人民公社合并，翌年3月分开，12月再次合并。1960年，周口店区改称房山县，属房山县，农场与良乡公社再度分开。1961年6月，正式命名长阳人民公社（长阳农场）。同年，良乡人民公社葫芦垡管理区分出，建立葫芦垡公社。1971年，长阳人民公社命名为"长阳中柬友好人民公社"。1983年4月，改长阳人民公社为长阳乡，属房山县、北京市农场局共管。1987年，房山县与燕山区合并，成立房山区，改属房山区。1990年2月改长阳乡为长阳镇。1998年，长阳农场并入长阳镇。2002年，葫芦垡乡并入长阳镇。

本卷收录长阳镇碑刻2件，分布于长阳村、哑叭河2村，其中长阳村1件、哑叭河村1件。收录碑文2篇。

长阳村

在长阳镇西南、良乡老城东北，原是京南古代军事信息传递的结点，是良乡县境内9座烟墩即烽火台之一。后信息传递由烟墩改驿递，易墩为铺，在此设急递铺，为良乡县境内5个急递铺之一。清代在铺内驻兵，兵额5人。随着军事传递功能的消失，始聚民成村。

长阳村，初名长羊村，形成于清晚期。清康熙《良乡县志》无此村，清光绪十五年（1889）《良乡县志·卷一·舆地志·村店》有载，作"长羊村"："长羊村，距城八里。"民国四年（1915），良乡县划为八区，长阳村时名"长羊村"属第八北区。后分三区，仍名长羊村，属第一区。今名长阳村，属房山区长阳镇。

本卷收录长阳村碑刻1件：民国1件，其中收录碑文1篇。

○二六　重修长阳村石桥碑记

良乡为京西首站，北界长羊，系十八省之通衢，旧有石桥四座，他桥虽残缺，尚可缓修，惟村中有长桥一座，名保安桥，两头缺石甚多，每日过往车辆不下数百，行人不止数千，重车至此，困于难行，迟延甚久。村人目睹行旅艰难，每欲兴功，苦于无款。适本村绅士王启瑞，向都中富商大贾求其捐资助款，村人又筹款若干，但此桥系国家创造，理宜禀之于官，绅等遂联名禀于王县长，县长批云："绅等热心公益，进行不已，不独本知事乐观厥成，即良乡合邑，亦应闻风交誉。"绅等遂即日兴工经营，不遗余力，不及两旬，大工告成。适沈大京兆巡视来良，步履桥端曰："此处地势洼下，幸赖此桥。"登览之，顷叹羡不已。因将修桥始末勒于贞珉，以垂久远焉。

邑人生员王朝凯

民国四年六月

碑刻说明

民国刻。在长阳村。

碑文考释

此碑载重修长阳村石桥事。

长阳，地当京南官道，为十八省之通衢，原有石桥四座，均历久残缺。村中有长桥一座，名保安桥，两头缺石甚多，每天过往车辆不下数百，行人不止数千，重车至此，困顿难行。村民目睹行旅艰难，每欲兴工修缮，苦于财力不支。民国四年（1915），本村绅士王启瑞，向北京城内有钱商人募捐，村民又筹款若干，联名请示王县长获准，即日兴工经营，十余日告成。

王县长，名承榖。民国十三年（1924）《良乡县志·卷四·官师志·知县》："王承榖，民国四年三月任。"

长阳村桥，跨广阳河，名永安桥，由来已久，清初已经存在。康熙、民国县志均有记载：康熙四十（1701）《良乡县志·卷二·建置志·桥梁》："长阳桥，在县东北十里，为广阳水设。"

哑叭河

在长阳镇以西，东与长阳村相邻，清代称雅河，民国始称哑叭河。村旁有河，名哑叭河，村以河得名。哑叭河，《水经注》为福禄水，唐五代称盐沟，亦称阎沟。良乡古称阎沟，即因此河得名。

清康熙《良乡县志》无载。清光绪十五年（1889）《良乡县志·卷一·舆地志·村店》："雅河，长羊甲长代管。"可见，清中早期无此村，成村于清末。

民国，村名由雅河改为哑叭河。民国四年（1915）良乡县划为八区，哑叭河属第八北区。后分三区，属第一区。今属房山区长阳镇。

本卷收录哑叭河碑刻1件：民国1件，其中收录碑文1篇。

〇二七　哑叭河桥碑文

哑叭河，在良乡迤北，距城八里。村东原有南北河，引东西桥一座。我良为京西首，十八省通衢，行人往来，络绎不绝。后因河改东西，此桥作废。于是阖村公同商酌，按地筹款，移无用之桥改为有用，且有急公好义，数邻村相聚面商，出资相助。惟桥工关系綦重，民人不敢擅为，因公禀县长，准予兴工。阖村踊跃从公，舍家事而不顾，旬余间大工告竣。积数十年之障碍，忽然交通于一旦，昔之绕道者，今则颂声载道，直往而前矣。试思经营此事，心力俱劳。谨将始末并各村协助芳名勒于贞珉，以垂久远，庶后世得所稽考焉。

民国十三年立

碑刻说明

民国刻。在哑叭河村。

碑文考释

此碑载哑叭河桥碑事。

哑叭河桥，地当京南官道，清末即有。清光绪十五年（1889）《良乡县志·卷二·建置志·桥梁》："雅河桥，治北八里。"

此桥，原东西向。民国年间，由于河流改道，桥废不用。民国十三年（1924），哑叭河村民与邻村共商集资改建。经请示良乡县县长获准，历时十余天告竣。

考民国县长，县长时为周志忠。民国十三年（1924）《良乡县志·卷四·官师志·知县》："周志中，奉天新民副贡。民国十年九月任。"

清光绪十五年（1889）《良乡县志·卷一·舆地志·山川》："雅河，县治北，旧名盐沟河,即《水经注》福禄水也。源出宛平县之龙门口,由房山县新庄窠村入境,东南流经御路大路,至水碾屯西,又里许经徐家庄东,又里许经葫芦垡西,又里许经梨村入牤牛河。清同治十年,永定河溢,此道淤塞,水势南趋,经于管营、梨村始与牤牛河会。十一年,知县高建勋借民力浚之,奈岸为沙淤,筑堤不能坚,工竣后河水冲刷,两岸坍溜,前功尽弃,惜哉。又支河一道,由米家庄西北分流东行,经长阳村,顺大路旁南下,至济阳桥与正河会。"

房山碑刻通志

良乡镇

古燕国地，西汉高祖六年（前201）设良乡县，属良乡县。北齐天保七年（556），良乡县并入蓟县，属蓟县。武平六年（575），北齐再设良乡县，属良乡县。此后，历辽、金、元、明、清、民国，历代均属良乡县。

1948年解放，属河北省良乡县。1955年在良乡县城建良乡镇。1958年3月，良乡县与房山县合并，划归北京市，改为周口店区。同年撤销良乡镇，成立良乡人民公社，属周口店区。1960年，改周口店区为房山县，属房山县。同年析良乡人民公社南境诸村，建官道人民公社。1980年，改官道人民公社为官道乡。1987年，房山县与燕山区合并，设立房山区，官道乡属房山区。1998年，官道乡改为官道镇。2002年，官道镇与良乡地区办事处合并，成立良乡镇。2006年9月，良乡镇划分为拱辰街道办事处、西潞街道办事处、良乡镇。良乡镇管辖原官道镇所辖区域。

本卷收录良乡镇碑刻10件，分布于西石羊等4村，其中西石羊1件、小营村1件、鲁村4件、富庄村4件。收录碑文5篇、额题1则、墓题3则、题联1对。

西石羊

在良乡镇东部,原名石羊村。后来村北、村东先后形成聚落,分别称为后石羊、东石羊,因有东石羊,原石羊村在东石羊西,便改称西石羊。三石羊村,西石羊最早。以石羊命名,因该村曾有古墓存在,石羊为辽金时期墓地神道石像生。由此推断,该村形成于辽金以后。

清康熙时期,称石羊村,无后石羊和东石羊。康熙四十年(1701)《良乡县志·卷一·舆地志·村店》:"石羊村,治东南六里。"清光绪早期已称西石羊,同时载有后石羊、东石羊。清光绪十五年(1889)《良乡县志·卷一·舆地志·村店》:"后石羊,距城十二里;西石羊,距城十二里;东石羊,距城十二里。"由县志记载可知,先有西石羊,清代晚期才出现后石羊和东石羊。

康熙县志称6里,光绪县志称12里。都是概数,良乡老城与西石羊的距离,光绪县志更接近,故康熙县志6里为误。

民国四年(1915),良乡县划为八区,西石羊属第二东一区。后分三区,西石羊属第二区。今属房山区良乡镇。村内有白衣庵一座。

本卷收录西石羊碑刻1件:清代1件,其中收录碑文1篇。

〇二八　良乡县治石羊村重修白衣庵戏楼碑记

石羊村之西南偏，旧有白衣菩萨梵宇一所，山门迤西有舞楼三楹，向为村民演剧祭赛之处。以宏佛教，以答神庥，礼也。祇以岁月变迁，风雨剥蚀，象驾俱损，狮坐无存。不惟主持香火之黄冠尽登阿耨，即使扫地打钟之行者亦遇维那。当事之人不忍坐视，乃招行脚有待合尖，每思鸠工庀材，工程大作，讵意落成创始，耗费繁多，顿阻初心，遂成中止。有志未逮，迄今已数十年矣。因循至去岁孟秋，风雹骤至，栋宇俱倾。往日之壮观仅存故址，前朝之盛迹竟剩颓基。首善诸公因见事之不容再缓也，是故合词具疏，募助多方，周行不舍之檀大作无遮之会，深幸十方长者再世宰官，或挥上以流泉，或掌中而雨宝，共襄善举，顿还旧观瞻，轮奂于琳宫，庶得渡迷之楫，具衣冠于优孟。谁知警世之心，爰操笔而为之词，因勒碑而记其事，昭兹来许，永世弗忘。是为记。

经理人沈良、刘成江、于儒、郭禄、王德、曹玉山、黄葆真、杨振基、卢兴、戴德馨、王汉、黄保昌、崔荆、白玉贵、李永茂、白玉林、张希仲、王文聪、郑作霖、王永福、王永顺、高埔、曹尽臣、许邦荣、王福、郑学良、孟得江、许芝、冯德全、郭钧、郑永鸿、曹凤岐、李文芳、张文佩、增合庄、王治身、李德亮、曹德隆、郭□、高斌。

邑人优增生游从侣撰文　生员郑云庆书丹

大清宣统三年九月初二日

碑刻说明

清刻。在西石羊村。拓片碑高 97 厘米，宽 58 厘米。碑额正书，双勾题"永垂不朽"。

碑文考释

清宣统年间，西石羊仍习惯称石羊村。该村村西有白衣庵一座，白衣庵山门西有戏楼3间，岁月变迁，风雨剥蚀。自光绪年间，象驾俱损，狮坐无存，庵空无人。村民有重修之意，因耗费繁多，顿阻初心，力有未逮而止。宣统二年（1910）秋，风雹骤至，栋宇俱倾。翌年，募捐重修。

经理人沈良、刘成江、于儒、郭禄、王德、曹玉山、黄葆真、杨振基、卢兴、戴德馨、王汉、黄保昌、崔荆、白玉贵、李永茂、白玉林、张希仲、王文聪、郑作霖、王永福、王永顺、高墉、曹尽臣、许邦荣、王福、郑学良、孟得江、许芝、冯德全、郭钧、郑永鸿、曹凤歧、李文芳、张文佩、增合庄、王治身、李德亮、曹德隆、郭□、高斌。

小营村

在良乡镇北。东临刺猬河，北邻鲁村。明代已有此村。康熙四十年（1701）《良乡县志·卷一·舆地志·村店》："小营村，治东南八里。"民国四年（1915）良乡县划为八区，小营属第二东一区。后分三区，属第二区。今属房山区良乡镇。村中有三大士庙。

本卷收录小营村碑刻1件：民国1件，其中收录碑文1篇。

〇二九　重修三大士庙碑文记

盖自众生之普度也，善男信女共仰佛法之深，自众志之成城也。父老绅耆，确知人心之果毅，今以人心之果毅，愈见佛法之宏深，故事有多日言之，举未征诸实事，适由有人倡之，遂乃表其焕新焉。吾村东南隅，旧有三大士庙一座，正殿三楹，佛像数尊，年久失修，日就颓废，风剥雨蚀，神销月满之容；栋折榱崩，屋惨天光之露。慨荒凉之在目，发起筑之宏心。乃麋集夫士绅，以谋其始，乃鸠工于胜地，以庀其材。事不逾期，工已告竣。贯虽在于仍旧，势不啻于维新。于是乎，俾法轮之永转，世尽载以慈航；仰慧日之常悬，人共登于彼岸矣。用引数言以志爰始云。

阎从仁撰文　赵明德书丹　赵崇德篆额

赵杰　周茂　杨景祥　张祯　张熙元　梁全　经理

中华民国十五年岁次丙寅夏历冬月　日谷旦立

石工刘永荣　续和

碑刻说明

民国刻。在小营村。拓片碑高97厘米，宽58厘米。

碑文考释

三大士庙，在小营村东。坐北朝南，有正殿3间，年久失修，日就颓废，民国十五年（1916）重修。

碑阴载施助者姓名和金额。

赵致祥同子杰助洋200元，周茂助洋5元，杨魁助洋5元，张河助洋5元，张祯助洋4元，张珍助洋3元，龚锡山助洋3元，罗云汉助洋3元，龚增福助洋2元，郝瑞助洋2元，梁全助洋2元，以下64人助洋1元至5毛。源丰润助洋5元5毛6仙，新泰银号助洋5元5毛2仙，万源昌、信昌助洋8元3毛1仙，杨天祥号助洋2元7毛8仙，源丰合助洋2元，协润源助洋1元，万源震助洋1元。合计洋520元。本村布施洋298元1毛。合洋548元7毛。

合村龚增福等21户骡马牛工作152工日。张义等32人助工。

开支：砖瓦等，洋154元4毛。石头，洋37元2毛7仙。木料，洋314元8毛4仙。塑画神像工饭，洋50元。开光等，洋8元9毛2仙。颜料赤金叶等，洋77元。□一方，洋16元9毛。石匠工饭，洋40元。木匠工饭，洋49元2毛。瓦匠工饭，洋80元。青白灰，洋27元4毛4仙。修理庙墙等，洋54元9毛。拆庙打更饭，费洋10元零9毛5仙。席绳、洋钉等洋28元4毛。刻碑工料花费，洋70元。共合洋1020元零2毛2仙。剩余现洋48元4毛8仙。此款移归公会项下。

鲁村

在良乡镇北。东邻梨村,北邻常庄,西邻黑古台,南邻小营村。成村不晚于金代,因鲁姓先民在村中居住而得名。康熙四十年(1701)《良乡县志·卷一·舆地志·村店》:"鲁村,治东南六里。"民国四年(1915)良乡县划为八区,鲁村属第二东一区。后分三区,属第二区。今属房山区良乡镇。

本卷收录鲁村碑刻4件:元代1件、明代1件、清代2件,其中收录碑文3篇、额题1则、墓题1则。

 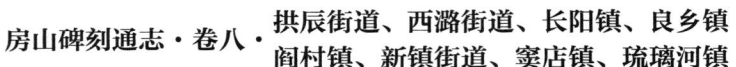

○三○　鲁翁墓碑

牒奉敕可追封忠翊校尉前卫新军屯田百户鲁公之坟

碑阴

大元国大都路良乡县西鲁村□□鲁翁碣铭

工匠□宗忠刊　同□匠孙□

先代□氏以来兴出未则已，自当今兴隆，壬子年签垒为军，守镇江淮，收复大宋已宁，至至元十五年，奉圣旨健卫，选拣为事卫亲军，以鲁用次男君玉敕授前卫右平屯田百户，官封进议副尉。是以建碣光昭先祖，扬于后代。

　　大元泰定□□□□□□□□□□十日建

碑刻说明

元刻。良乡镇鲁村出土。碑高113厘米，宽70厘米，厚7厘米。碑额正书"大元"。

碑文考释

鲁氏一族，世居鲁村。金宣宗贞祐三年（1215）五月，蒙古人攻破中都，鲁村沦为蒙古人统治。元太宗五年（1234），宋蒙联合灭金。七年（1235），蒙古入侵南宋，南宋军民拼死抵抗。至是年，鲁村沦为蒙古元人统治20年。壬子，即元宪宗二年（1252），蒙古攻宋整整17年，灭宋之战到了关键年头，鲁用次子鲁君玉应征入伍，镇守江淮。元世祖至元十三年（1276），临安府被攻占，此时，鲁君玉随军征战24年。两年以后，元世祖至元十五年（1278），元世祖建立事卫亲军，选为事卫亲军，护卫于元世祖左右。元世祖敕授鲁君玉为前卫右平屯田百户，官封进议副尉。翌年（1279），灭宋之战最后一役——崖山海战，宋军战败，陆秀夫背着宋末帝赵昺跳海而亡，南宋覆灭。

鲁君玉解甲归田，历成宗、武宗、仁宗、英宗至泰定帝泰定年间，大元一统约 50 年，鲁君玉等为光宗耀祖，特地为先祖"鲁翁"墓立碑，碑阴略记入蒙军征战事，及身为元世祖亲军的殊荣。

《鲁翁墓碑》，是研究鲁村历史的重要文献，尽管字迹残缺，如"鲁翁"名字缺失，但仍有不可或缺的价值。"壬子年签垒为军"，说明鲁村历史悠久，早在蒙元占领中都时，该村已经存在。由此可断，鲁村为重要的良乡古村，村名由来，当以鲁氏居此村而得。另，见证了蒙元占领中都后，曾强征中都汉民从军参战，其中就有良乡县丁壮。

〇三一　关帝阁石额

关帝阁

崇祯壬午孟夏吉旦立

康熙壬寅重修吉旦立

碑刻说明

明刻。在良乡镇鲁村关帝阁。无题，题为添加。

碑文考释

崇祯壬午，崇祯十五年（1642）。康熙壬寅，康熙元年（1662）。

从题额看，鲁村关帝阁始建于明末的崇祯十五年（1642），清初的康熙元年（1662）重修。

关帝阁坐东朝西，据古寺院建筑格局判断，关帝阁对面应该是对称的一阁，两阁正北，应该有坐北朝南大殿一所。此处应为一座巨刹。山门南向，山门内至少尚有一进大殿，左右当各有配殿。或亦在钟鼓楼在前。此判断俟到村民印证。

〇三二　安氏佳城碑记

安氏佳城者，安氏新建之祖茔也。安氏世家长白，国家龙兴，朗公，公讳翁格，清旧以赵为姓，从龙之始，外同驰骋，内则侍帏幄，历有奇勋，已纪版策，每赞画等，必以根本为先。逮收辽沈，私喜曰：此汉始之关中也，不实仓廪六军何资？不先稼穑，仓廪何实？于是屯法始设。是以经营中夏，运用无缺，公有与谋也。而辽沈之民因之以安。国家奄有四方，定鼎燕京。敛戈释马之日，公曰："自秦氏擅废井田，古圣帝千古良法，百世殆不可复。今天命维新之际，盍因沈之法屯之近畿？抑亦井地之半也。"复有与谋焉，遂为万世定一之谟，而天下因之以安。公又曰："夫古人从龙而起，勋绩虽烈，功名茅土不过一时之荣，曾不再传而除，每有不终其身者，顾不能效赤松之托，亦可求参司屯者。非仕非农，上可勤国，下亦裕家，易为求公私两得，盍请之？"遂请而得畿西良邑之鲁村膏地近百顷。既而庶事乃备，公又怡然而喜曰："吾事皆竣，心则泰然而安矣。思古人每以地、以官、以事为氏，吾赞言辽安，中土安，今身家亦安，是贻子孙以安。盍以安为氏？"乃命众族咸以安为姓而命名少子曰安泰。公又怃然曰："吾无不安，独先人之墓远在一方，不能伏腊祭享，何心哉？然吾老亦无及矣，此则子孙之责也。"后以寿而卒。公一世鹰扬，赞画功烈，不可胜纪，而性生倜傥侠慨，朝野金钦，且其韬光退让，尤人所不及者。此公一世之事实也。嗣君三人，皆岐嶷俊伟，或供职内廷，或任事王田，绍先人之业而光大之。遂于宅西之近土，竟获牛眠而建斯茔焉。今其子而孙，曾而玄，济济彬彬，内登显职，外乐田园，何其盛与！皆公之德得地之祥有以致之也。猗欤休哉，人目之曰："安氏佳城，而世永安。"盖不虚云。因叙其渊源，复为之铭曰：

佳城巍峨，郁郁苍苍。卜云其吉，匪德易襄。宗派衍止，惟善斯昌。馨香维谨，安之无疆。

赐进士第陕西丙午科经魁癸丑岁会魁桥山张凤翀撰

大清康熙七年岁次戊午季夏谷旦

碑刻说明

清刻。在鲁村安氏家族墓地。拓片碑高129厘米，宽73厘米。

碑文考释

据此碑，墓主名翁格，世居长白山，原随汉姓，姓赵。从清太祖征战，外同驰骋，内侍帏幄，历有奇勋，当是太祖近臣。"每赞画筹，必以根本为先。"翁格有勇有谋，非一般庸臣可比。清太祖占领辽沈后，翁格认为，此地可比西汉肇兴的关中，可屯田积仓，为兵马征战之用。他提出建议，清人始设屯田法。后来，清军入关，平定天下，粮草充足，就是采纳了翁格的主张。清定鼎北京，翁格参议将辽沈屯田之法在北京周边推广。翁格效古贤，功成身退，向皇帝请得京南良乡县鲁村良田百顷，解甲归田，择鲁村而居。想起古人每以地、以官、以事为氏，今天下安定，身家亦安，将把平安留给子孙，便让家族改"安"为姓，为年幼的儿子取名"安泰"，后以寿终。碑文赞他"倜傥侠慨，朝野佥钦，且其韬光退让，尤人所不及者。"当非溢美之辞。那么，翁格应为清开国功臣，为清初的重要人物。

翁格死后，卜鲁村村西吉地葬之。翁格有三子，有的在内廷供职，有的居家耕养。翁格卒年碑中无载，碑立于清康熙七年（1668）六月，抑或卒于是年。

此碑反映了清初旗人圈占良田，迁居京郊的史实，为研究房良地区人口的迁移提供了重要史证。

安氏一族姓氏的来源，为房良姓氏的研究提供了难得的史料。

○三三　安氏新茔记

介然安公讳富，康侯太翁子嗣。太翁本贯长白，从龙发迹，自我朝初收辽沈，遂家辽沈。逮国家奄有四方，定鼎燕都，翁则迁之畿辅，受土良邑，遂家良邑。良邑迤南五里曰鲁村，翁之宅筑此。宅之西里许，其土润，其脉永，风藏气聚，目之深吉，故安氏先茔俱在焉。介然公性生恬静，而孤介与俗无竞，以良善自全。虽门第不次，公则自为生聚，以田园来计然之术，当□其伯仲叔以及子侄仕者，处者，在朝，在野。公惟尽埙篪之雅，敦父兄之慈，他无所预焉。别居于良西之村，水环山映，淡然自慰。睹村之西不百步，有地数亩，其间阜起方容丈，复有所自来，乐其脉益永益远，起伏之势如贯珠然，然结穴于斯，左右环抱之形，叠叠朝拱，前筏峰岸，照壁完美逸伦，且仅可一穴，不受纷扰。公每憩于此，必喟然曰："余后人自有先茔，他日得自寝其地，是可静养乎九原也。"公兄坦然公亦心可者。久之，不意乙酉之春公先以寿终，坦然公为之治殁。将殡曰："是有地，乃吾弟之所□也，盍遂其所志？"故为之经营，封之树之，竖石以志之。望之者金曰："佳哉茔乎，郁郁葱葱，顾非天与善人？与之福，与之寿。即没焉，与之地，以昌其后。将翼原茔之力而益以昌大其族云"。乃铭之曰：

结地之形，全天之气。亦相亦卜，乃经乃纬。融乎而含，蕴乎而蔚。神要嗣兴，益昌益贵。

赐进士第翰林院庶吉士宛平王景曾顿首拜撰

康熙四十五年岁次丙戌和月谷旦

碑刻说明

清刻。在鲁村。拓片高116厘米，宽58厘米。

碑文考释

据碑载，安富，字介然，翁格之子。翁格原籍长白，这和翁格碑记载吻合。从清太祖征战发迹。清收攻占辽沈，翁格一家迁居辽沈。清平定天下，定鼎北京。翁格一家，从辽沈迁居京畿良乡县，得到皇帝赏赐的土地，在良乡县南5里的鲁村筑宅落土。阴宅择村西里许，土润脉永，藏风聚气，翁格死后葬于此地。安介然恬静孤介，与俗无争，务农为生。几个兄弟和子侄，有的做官，有的不仕，唯独安介然尽埙篪之雅，敦父兄之慈，不问世事。居鲁村田园，水环山映，淡然自娱。

安介然看中村西几亩大的一块地，一阜隆起，方仅容丈，来脉有源，益永益远，起伏之势连绵如串珠，若在此结穴，左右环抱之形，叠叠朝拱，前筏峰岸，照壁完美绝伦，况仅容一穴，不受纷扰。安富每逢在此安歇，总是感慨地说："我的后人自有先茔在，他日终老，我愿独自在此安寝，静养九原。"其兄安坦然对他的想法很是赞同。乙酉之春，即康熙二十年（1681）春，安介然寿终，安坦然根据他的遗愿，将他葬于此地。时隔25年，即康熙四十五年（1706）立碑于墓地。

安介然碑与其父翁格碑两相参照,可更清晰安氏一族的来历,与其在良乡鲁村的生活。

富庄村

在良乡镇西北，元代成村，为回民村。东邻黑古台，西北邻拱辰街道大南关村，村北有望诸君墓。清康熙县志有载。康熙四十（1701）《良乡县志·卷一·舆地志·村店》："富庄村，治南五里。"民国四年（1915），良乡县划为八区，富庄村属第四西一区。后分三区，属第二区。今属房山区良乡镇。

本卷收录富庄村碑刻4件：清代1件、民国3件，其中收录墓题2件、题联1对。

○三四　王梁父母墓碑

钦命总督淮阳等处地方提督漕运海防军务兼理粮饷兵部右侍郎兼都察院右副都御史王梁考妣之墓

岂康熙叁十叁年岁次甲戌孟冬谷旦　孝男梁建立

碑刻说明

清刻。在富庄村。拓片高200厘米，宽67厘米。无题，题为添加。

碑文考释

顺治二年（1645）五月，清廷以兵部右侍郎兼都察院右副都御史，总督淮扬等处提督漕运海防军务，兼理粮饷。

《钦定四库全书·河南通志·卷三十五·职官六》："王梁，正黄旗人，兵部右侍郎兼都察院副都御史。康熙三十三年任。"

清顺治初，兵部设左、右侍郎，满、汉各1人。正三品。都察院右副都御史，正三品，为都察院右都御史的副职。

综上，王梁，正黄旗人。康熙三十三年（1694）升任兵部右侍郎兼都察院右副都御史。正三品。是年十月，为父母立墓碑于富庄村墓地。

○三五　乐毅墓碑

望诸君墓

中华民国四年月日立

碑刻说明

民国刻。在富庄村。碑型方首方座，高 310 厘米，宽 79 厘米，厚 25 厘米。首刻云雕。无题，题为添加。

碑文考释

民国十三年（1924）《良乡县志·卷六·纪幽志·丘垄》："乐将军毅墓，旧志在县南三里许。按《史记》，毅奔赵，赵封为望诸君。燕惠王惧，复立其子闲为昌国君。由是毅复通燕，后卒于赵。良燕地也，今有君之墓，意者其返葬于此欤？中华民国四年（1915），王知事承谷修筑牌坊，题'千秋景仰'额一方，十一年周知事志中撰石联云：'偏师下七十城旷世奇勋往迹空嗟昙影幻，崇祠亘三千载而今遗爱此邦独系枣花深。'"

乐毅墓在官道乡富庄村北，占地近 2400 平方米，高约 10 米，苍然蓊郁，为一方之观。只是墓地建筑均已无存。世称"管乐之才"，乐就是乐毅。乐毅乃战国时期燕国名将，燕昭王二十八年（前 284），乐毅统燕军破齐，连下 70 余城，使战国诸雄为之震惊。燕惠王继位，乐毅出奔赵国，封望诸君。所以，乐毅墓名曰望诸君墓。

乐毅墓建于战国时期，关于乐毅墓碑的记载，初见于唐柳宗元的《吊乐生文并序》："燕之南有墓焉，其志曰乐生之墓。"

乐毅墓早期墓碑被人载去筑堤，此事载于（明）胡俨《颐庵文选》，其《望诸君墓》一诗云："高丘枕长坂，吊古起遐思。义感先王重，书存烈士悲。落花萦碧草，幽树语黄鹂。欲问当年事，卢沟有断碑。"其中"卢沟有断碑"句自注云："近卢沟堤决，闻役夫舆墓碑筑堤，恐后无征，故末句识之。"其诗题《望诸君墓》自注云："在良乡县治南三里。"故知胡氏所赋为良乡富庄村乐毅墓。

胡俨，字若思，南昌人。通览天文、地理、律历、卜算等，尤对天文纬候学有较深造诣。洪武年间考中举人。明成祖朱棣称帝后，以翰林检讨直文渊阁，迁侍讲。永乐二年（1404）累拜国子监祭酒。明宣宗朱瞻基即位后，胡俨辞官归里。那么，胡俨《望诸君墓》一诗，作于明永乐时，"役夫舆墓碑筑堤"亦在明永乐时。

现存墓碑为民国四年（1915）所立，在墓冢西侧。此碑方形碑座，云纹首，碑面镌馆阁体"望诸君墓"。碑侧原有石供桌三，一大二小。大桌上列石五供：香炉一，香瓶、烛台各一对，五供上雕云龙图案。

乐毅墓祭祠在墓西偏南，3间规制。北魏卢道将为燕郡太守，树墓表于乐毅墓侧，并创祭祠于此。《魏书·卢玄传》：卢道将为燕郡太守，"下车表乐毅霍原之墓，并为之立祠"。

卢道将所立墓表，于清咸丰十年（1860）英法联军入侵时，被地方汉奸勾结侵略军头目强行窃走。祭祠中原奉有乐毅木制雕像，左右两侧二侍者手捧剑印。该祠自北魏创建后，几经兴废，民国末年倾圮，残基毁于今世。

乐毅墓坊为汉白玉石坊，在乐毅墓西，民国四年（1915），良乡知事王承毂立，并题额"千秋景仰"。民国十一年（1922），良乡知事周志中为墓坊补撰石联："偏师下七十城旷世奇勋往迹空嗟昙影幻，崇祠亘三千载而今遗爱此邦独系枣花深。"

周令称乐毅"下七十城"为"旷世奇勋"并非过誉，而"往迹空嗟昙影幻"却道出了世事沧桑的悲凉。乐毅墓坊亦毁于今世。

王令题额"千秋景仰"，可谓名副其实。古往今来，乐毅深为世人敬仰。唐代散文家柳宗元有《吊乐生文并序》，序云："许纵自燕来，曰燕之南有墓焉，其志曰乐生之墓。其返也，与之文使吊焉……"柳宗元撰文付人千里为吊，足见这位散文大家对乐毅的至崇至敬。唐代另一位文豪、与柳宗元并称的韩愈，在其《送董邵南序》中，也曾寄语去燕地游宦的董邵南："为我吊望诸君墓"。明代大戏曲家汤显祖曾亲谒乐毅墓，并赋诗凭吊："昭王灵气久疏芜，今日登台吊望诸。一自蒯生流涕后，几人曾读报燕书。"

汤公此诗感叹像燕昭王那样的明主贤君太少了，感叹乐毅的耿耿忠心没于千古。此公于万历十九年（1591），因上疏抨击时政和廷臣，被贬往雷州徐闻县做典史，他谒墓赋诗或在此时。难怪其诗如此慷慨痛切。

〇三六　乐毅墓石联

中华民国十二年三月朔

偏师下七十城旷世奇勋往迹空嗟昙影幻

崇祠亘三千载而今遗爱此邦独系枣花深

良乡县知事周志中撰并书

碑刻说明

民国刻。在富庄村乐毅墓，刻两石。

碑文考释

民国十三年（1924）《良乡县志·卷四·官师志·知县》："周志中，奉天新民副贡。民国十年九月任。"

房山碑刻通志

阎村镇

古燕国地，西汉高祖六年（前201）设良乡县，属良乡县。北齐天保七年（556），良乡县并入蓟县，属蓟县。武平六年（575），北齐又恢复良乡县设置，属良乡县。此后，历辽、金、元、明、清、民国，历代均属良乡县。

金明昌二年（1191），阎村镇的公主坟、南坊两村之境，划归奉先县，当时无此二村。1948年，成立良乡县人民政府。1949年10月，公主坟、南坊村划归良乡县。1955年，良乡县设立良乡镇，今阎村镇属良乡县良乡镇。1958年3月，撤销良乡县、房山县，合并成立周口店区，划归北京市。同年撤销良乡镇，成立良乡人民公社，为良乡人民公社大紫坞管理区，属周口店区。1960年1月撤销周口店区，恢复房山县，属房山县。1961年，以大紫坞管理区建大紫草坞人民公社。1983年改大紫草坞人民公社为大紫草坞乡。1987年，房山县与燕山区合并设立房山区，属房山区。1995年，撤销大紫草坞乡，成立阎村镇。

本卷收录阎村镇碑刻16件，分布于大董村等8村，其中：大董村1件、大十三里3件、后十三里2件、肖庄村3件、大紫草坞1件、开古庄1件、公主坟3件、南坊村2件。收录碑文16篇。

大董村

在阎村镇西,原名董村,唐代有此村,因姓得名。唐长庆三年(823)《唐故妫州怀戎县令杨府君、夫人河南达奚氏墓志铭并序》:"即长庆三年十月廿八日葬于良乡董村原,礼也。"

唐代,董村属良乡县复芋乡。武宗时,村民捐刻房山石经。《佛说三品弟子经》题记:"良乡县复芋乡展傅、常遇……会昌二年四月八日建。"(《房山石经题记汇编》262页)

金代名东董村,民村曾捐刻房山石经。《金刚顶经曼殊室利菩萨五字心陀罗尼》条13、14题记:"施主良乡县东董村苏宝成,为先亡父母成造经碑。天会十四年四月日办。"(《房山石经题记汇编》416页)

自唐,历辽、金、元、明至清早中期属良乡县,清晚至民国属房山县。

清早中期仍称董村。清康熙四十年(1701)《良乡县志卷一·舆地志·村店》:"董村,治西十三里。"清晚期始分大董村、小董村。大董村属房山县,小董村属良乡县。光绪十二年(1886)《顺天府志·卷二十九·地理志十一·村镇三·房山县》:"十二里,大董村。"清光绪十五年(1889)《良乡县志·卷一·舆地志·村店》:"小董村,距县十五里。"

民国初,房山县划分五区,大董村属第一区。民国五年(1916)二月,房山区分九区,大董村仍属第一区。民国十七年(1928)《房山县志·卷二·乡村》:"大董村,东北一二里,九五户,七三八口,平地,五谷白薯。"今大董村属房山区阎村镇。

本卷收录大董村碑刻1件:唐代1件,其中收录碑文1篇。

○三七 唐故妫州怀戎县令杨府君、夫人河南达奚氏墓志铭并序

第三犹子摄卢龙节度巡官赏紫金鱼袋弘正悲述

府君讳鏻，字鏻，弘农华阴人也。汉太尉震廿一世孙，隋司徒越国公素七世孙。曾祖王父讳维方，官至库部郎中，赠司仪少卿。祖大王父讳志确，高蹈不仕。烈考讳仿，湖州长城主簿。府君即长城府君第三子，文行忠信，为世所推。燕伯再辟为莫州清苑县尉歔事，见于公府，又辟为蓟县尉。三辟为良乡主簿，四命为蓟县丞，五命为妫州怀戎县令。□□蹇运，直竟未申。屈命与时，圣亦何辩？以长庆元年三月六日□□□□□□官舍，即长庆三年十月廿八日葬于良乡董村原，礼也。夫人□□□父觊，华州司户。叔祖恂，礼部侍郎，制《华山赋》，布在人口。夫人□□□□于夫族，其行可知。先君府而终，会葬于良乡玄寝。有子一人安石，竭贫护丧。女一人，纯孝所至，誓不从人。身桂法衣，以终丧事。三年有期，此哀不绝。安石初命，便践先官。君子曰：天附善人，宜其有后。力贫归葬，至于玄堂。有力如归，无惑斯志。其词曰：

良乡之原，寿堂所在。后祔大茔，无迷年载。

碑刻说明

唐刻。现存于房山区文物管理所院内。1992年6月，紫草坞乡（今阎村镇）大十三里村平整土地时发现。墓已残。墓志长52厘米，宽52厘米，厚23厘米，志周线刻几何框饰，字间刻丝栏；盖仅存多半，残长52厘米，宽40厘米。盖篆"杨公墓志"，四周线刻十二生肖人持兽。志文首题"唐故妫州怀戎县令杨府君、夫人河南达奚氏墓志铭并序"，第三犹子摄卢龙节度巡官赏紫金鱼袋弘正悲述。志文载："长庆三年十月廿八葬于良乡董村原"。由此可知，阎村镇大董村聚落的形成和村名源起，不会晚于唐代。

墓志考释

墓主杨鏻，字鏻，弘农华阴人也。汉太尉杨震21世孙，隋司徒越国公杨素7世孙。其高祖为杨素曾孙，曾祖杨维方为杨素玄孙，官至库部郎中，赠司仪少卿。祖父杨志确，高蹈不仕。父杨仿，湖州长城主簿。

杨鏻系杨仿第三子，初为莫州清苑县（治今河北保定清苑区）尉歃事，升蓟县（治今天津蓟州区）尉、良乡（治今房山区窦店镇）主簿、蓟县丞，至妫州怀戎县（治今河北张家口市涿鹿县保岱镇）令。以长庆元年（821）三月六日卒于官舍，长庆三年（823）十月廿八日葬于良乡董村。有子杨安石，竭贫护丧。杨鏻曾仕良乡县，任良乡县主簿，故家于良乡县董村。杨鏻卒于妫州怀戎县令任上，其子杨安石，"力贫归葬，至于玄堂"，今大董村或有其后人？

杨鏻夫人，达溪氏，鲜卑族。其叔祖父达奚恂，又作达奚珣，字子美，司州洛阳（今河南洛阳市）人。进士出身，唐开元时官至礼部侍郎。有《华山赋》传世。达奚氏父亲达奚觊，曾任华州司户。达奚氏先于杨鏻卒，杨鏻下葬时与杨鏻合葬。

大十三里

在阎村镇东南,古重义里所在,属良乡县房仙乡,辽代已有此地。该村出土的辽天庆七年(1117)孟初墓志:"天庆七年十一月一日,作招魂辞,具衣衾,葬于良乡县房仙乡重义里。"后改重义为重义,直至明清,相沿属重义里。清康熙四十年(1701)《良乡县志·卷一·舆地志·里屯》:"重义里,县治西十三里。"后世县志亦载如是。

自良乡老城至该村,整整13华里,故村名由"重义"改名十三里。清康熙四十年(1701)《良乡县志·卷一·舆地志·村店》:"十三里,治西南十三里。"清代晚期改大十三里。清光绪十五年(1889)《良乡县志·卷一·舆地志·村店》:"大十三里距城十里(为十三里之误)。"大十三里,古居京南官道,迄辽至金、元、明、清,为良乡县境内的所设九烟墩之一。清末设五急递铺,其中重义铺就设在大十三里村,铺名取自古名村。

民国四年(1915)良乡县设八区,大十三里属第五西二区。后分五区,属第二区。今属房山区阎村镇。

本卷收录大十三里村碑刻3件:辽代1件、清代2件,其中收录碑文3篇。

○三八　大辽故翰林学士金紫崇禄大夫行尚书提点大理寺上护军平昌侯开国公食邑二千户诸路汉军□□孟公墓志铭并序

昭文馆直学士知枢密直学士权翰林学士虞仲文撰

天庆四年，挹娄渤海秽种，首尾畔换。天子赫怒，方议剪覆，□□国中可与言兵者，得翰林孟公为副帅。师出不数月，捷问络绎不绝，赐御札嘉激。公率部下乘胜转战，直抵寇所窃邑。邑城漂摇，拔在朝夕。会天大雨，河水暴涨，班师驻沈州。贼出近甸，我师玩而无备，公马还泞，殁于贼中。天子闻之震悼，诏赠宣政殿学士，赐其子宝谦内供奉班祇候。天庆七年十一月一日，作招魂辞，具衣衾，葬于良乡县房仙乡重义里。公讳初，字子元，世为上谷龙门人。皇曾祖彬，不仕。皇祖克忠，不仕。父载，故开远军节度副使，官至将作少监，为时闻人。公生七岁，善属文，读书经目便诵。尝夜于暗室中，见押韵注字，知者以为精神发于文字中，他日不减词翰器。道宗宣懿皇后召试诗，诗成，赐金赏之。当时名公争与推挽，如故翰林学士杨公辅之，称有崖岸，一见许为忘年交。故观书殿学士王公虚中亦曰："此子不生，如吾道何？"其见重如此。大康九年登进士第，授秘书省校书郎。大安二年，授涿州军事判官。三年，徙永州观察判官。六年，知劝农县事，举制策入优等，超授右拾遗。未几，授史馆修撰应奉阁下文字，加尚书左司员外郎。丁母忧，差中京银绢库都监。寿昌元年，起复史馆修撰，迁司勋郎中，尚书左司郎中，俄超授乾文阁待制，权勾当史馆修撰事。三年，迎伴南宋贺生辰人使，授知制诰，拜中书舍人。今上即位，诏使高丽，为其国主生日。乾统三年，同知礼部贡举。举人中不逞辈，造作谤语。上虽素知公无是过，不得已而黜所居官。四年，起为乾文阁待制。八年，充昭文馆直学士，职如故。十年，改授知制诰，加左谏议大夫，进封开国公。天庆二年，提点大理寺，奉使南宋，寻受礼部侍郎，擢翰林侍读学士，依前提点大理寺，别诏经历馆阁文字。十二月，管押中京路汉军，戍黄龙府。五年，扈驾东征勾当诸路汉军。六年，授翰林学士，仍提点大理寺。公生平为文章，敏而有法，自布衣时，声艳□绝。三十年在台阁，每有大制诏，促召公作，纸札飞动，若不思虑。既成，则婉约可喜，往往播在人口。大率不务艰言苦思，亦常以此语开警后进。其书入能书流，当时无与掎角。性得诗酒逸，吟醉之间，别有遐韵。常怙气，每事不欲在人后。在理寺五年，剖决事讼，廷中服其明敢。初，朝廷闻公讣，士大夫知与不知，嗟惜悁悼，皆曰："公以忠力死事，与夫高堂深屋，回辟官使，饮醇茹甘，因以首疾，一旦卧华皖床簧，左手提爱妻妾，右手弄美金玉，长噫而逝，止得没于正寝，谓之得礼，吾不信也。使后世识者覆校史事，必有去取。"娶故司农卿吕庠之妹，今封东平郡夫人。故阜俗县令讳裾者，公之母弟。故枢密户房主事少府少监讳裕者，公之从弟。子宝谦，内供奉班祗候，娶妻孙氏，故殿中少监英毅女。孙一，八斤。侄一，宝臣，西京神捷军副使。仲文与公旧同史局，知之为详，且从门人耶律少卿请铭。铭曰：

物有五材，自天之生。去一不可，谁能去兵。谓不当用，世儒恒评。维公文武，不以之名。翰林大笔，将军长缨。海徼秽俗，鸥张孤鸣。天子赫怒，诏公徂征。我公之来，弓长剑轻。啴啴征车，悠悠斾旌。忠作甲胄，谋为干城。可不数日，犁贼之庭。天未厌乱，殒雨如抨。九仞之功，堕于垂成。凡在有心，谁不涕零。马革裹尸，古人壮之。公今神魂，何斯违斯。敢告文士，为招魂辞。魂之来思，不可度思。传言后来，请刻此诗。

碑刻说明

辽刻。1997年9月，在北京市房山区阎村镇大十三里村出土了辽代孟初墓志一方，墓志现藏北京市房山区文物管理所。墓志为青白石质，正方形，边长78厘米，厚8厘米。志文用楷书书写，字径2厘米，竖刻35行，满行36字，共存字1224字；字迹书写端方，笔力古朴遒劲，墓志中间略有磨砺，右边及下边略残，盖佚。该墓志主人孟初生于辽末，墓志涉及数位辽金之际的名人，特别是对辽金史书未记载的沈州之战有所记述，对此时期的文物、历史研究有重要的文献价值，可补正史之缺。

墓志考释

孟初,字子元,正史无传。墓志载,孟初是上谷龙门人,今属河北省张家口市赤城县。赤城县古属上谷郡,辽代置望云县(今赤城云州)、龙门县(今赤城龙关)。其曾祖父孟彬、祖父孟克忠,都是平民。到了父亲孟载,步入仕途,任开远军节度副使,官至将作少监。

《辽史·卷四十一·志第十一·地理志五〇·西京道》:"云内州,开远军,下,节度。本受降城地。辽初置代北云朔招讨司,改云内州。清宁初升。有威塞军、古可敦城、大同川、天安军、永济栅、安乐戌、拂云堆。兵事属西南面招讨司。"辽清宁初,设置代北云朔诏讨司,后改云内州,辖境约相当于今内蒙古自治区固阳县、土默特右旗、土默特左旗一带,治所在柔服(今土默特左旗西北)。领柔服、宁仁两县。

州节度副使,是军州的军事次官,辽代的州节使副使品级不详。

将作少监,为将作监次官。将作监,辽代官署,掌管官室建筑、金玉珠翠犀象宝贝器皿的制作和纱罗缎匹的刺绣以及各种异样器用打造。一般设监2人,从三品;少监2人,从四品下。

看来孟初父孟载,先做开远军节度副使,镇守云内州,后为将作少监,官居从四品,是个知名人士。

孟初7岁,善作文章,读书过目成诵。辽道宗时,宣懿皇后萧观音召其进宫内,命他作诗,孟初提笔而就,皇后非常高兴,当即赏赐黄金。一时有名望的贵族、达官争相与他交往。

翰林学士杨辅之称道他有操守气概,一见成忘年交。观书殿学士王虚中慨叹道:"孟初若不出生,吾道又由谁来继承呢?"大康九年(1083)登进士第,授秘书省校书郎。这是一个掌校雠典籍、订正讹误的职位。

大安二年(1086),授涿州军事判官。涿州,今河北涿州市。大安三年(1087),徙永州观察判官。永州,在今内蒙古翁牛特旗东北。大安六年(1090),升劝农县知县。劝农县,辽开泰二年(1013)析京民县置,治今内蒙古自治区宁城县西南二台子村,属中京大定府。

孟初应制策试,成绩优等,破格授右拾遗。制策,皇帝有事书之于简策以问臣下,称为"制策"。后为科举考试所采用,成为国家取士的科目之一。(唐)

刘肃《大唐新语·举贤》："张柬之，进士擢第为清源丞，年且七十余，永昌初，勉复应制策。"宋苏轼《策别七》："国家取人，有制策，有进士，有明经，有词科，有任子，有府史杂流。"《宋史·苏轼传》："轼始具草，文义粲然。复对制策，入三等。"

不久，授史馆修撰应奉阁下文字，加尚书左司员外郎。史馆修撰，负责掌修国史。应奉阁下文字，《辽史》无此职，在辽代墓志中屡见。看来《辽史》漏载此官职。尚书左司员外郎，辽代尚书省僚佐。据《辽史》，尚书省官员有：尚书令，左仆射、右仆射，左丞、右丞，左司郎中、右司郎中，左司员外郎、右司员外郎。

母亲去世，依例去官守孝，改任中京银绢库督监。寿昌元年（1095），官复史馆修撰，迁任司勋郎中。司勋郎中，吏部司勋司长官，掌校定勋绩及授予勋官告等事。不久，再次破格提拔，任乾文阁侍制，代理史馆修撰事。乾文阁侍制，为乾文阁僚佐，负责起草诏书。在这项主责外，孟初又兼主修国史。

寿昌三年（1097），任迎伴宋朝贺生辰使，授知制诰，拜中书舍人。知制诰，为翰林院僚佐。翰林院设翰林学士承旨、翰林学士、翰林祭酒、知制诰等。知制诰，掌管起草诰命。中书舍人，为中书省僚佐，为皇帝最亲密之近臣，掌管诏旨制敕与皇宫财政，负责执掌诏诰、决策政令、辅佐朝政。

至此，孟初从道宗大康九年（1083）登进士第，仅用14年时间，由秘书省校书郎一位微不足道的小吏，一步步走向辽国权力的中心。

天祚帝即位，为贺生辰使，出使高丽。乾统三年（1103），同知礼部贡举，掌礼部贡院。科举失意的举人，散布流言蜚语，造谣诽谤。天祚帝尽管素来知道孟初清白，还是不得已罢黜孟初。翌年，任用孟初为乾文阁侍制。乾统八年（1108），升昭文馆直学士。直学士，为昭文馆主官，掌详正图籍，教授生徒；参议朝廷制度沿革、礼仪轻重。

乾统十年（1110），改授知制诰，加左谏议大夫，进封开国公。左谏议大夫，门下省左谏院长官，属南面官。掌侍从赞相，规谏讽谕。仍辅佐皇帝的要臣。开国公，辽代封爵，仅次于王。

天庆二年（1112），提点大理寺，奉使南宋，授礼部侍郎，擢翰林侍读。提点大理寺，别诏经历馆阁文字。

提点大理寺，大理寺长官，专门负责刑狱案件的审理。礼部侍郎，礼部僚佐，掌礼仪、祭享、贡举之政。翰林侍读，翰林院僚佐，为皇帝进读书史，讲释经义，备顾问应对。经历馆阁文字，《辽史》无此职，或是临时应命，掌馆阁奏章、诏命的起草。

是年春，天祚帝到长春州春纳钵，千里之内的女真酋长都来朝见，头鱼宴上天祚帝令各部酋长依次起舞，唯独完颜部阿骨打抗命，天祚帝大怒，阿骨打险些惹来杀身之祸。

《辽史·卷二十七·本纪·第二十七·天祚皇帝一》："（天庆）二年春正月已未朔，如鸭子河。丁丑，五国部长来贡。二月丁酉，如春州，幸混同江钓鱼，界外生女直酋长在千里内者，以故事皆来朝。适遇'头鱼宴'，酒半酣，上临轩，命诸酋次第起舞。独阿骨打辞以不能，谕之再三，终不从。他日，上密谓枢密使萧奉先曰：'前日之燕，阿骨打意气雄豪，顾视不常，可以边事诛之。否则，必贻后患。'奉先曰：'粗人不知礼义，无大过而杀之，恐伤向化之心。假有异志，又何能为？'"由于萧奉先的劝阻，天祚帝只好作罢，事情就这样过去了。但完颜部不臣之心已明。

天庆二年（1112）十二月，孟初受命统领中京路汉军戍东陲重镇黄龙府。这说明，天祚帝对阿骨打有所防备。

此后数年女真人果然起兵抗辽。天庆四年（1114）十月，阿骨打率女真人攻破宁江州，十一月，败辽都统萧糺里、副都统挞不野步骑十万于出河店。女真将吾睹补、蒲察复败赤狗儿、萧乙薛军于祥州东。斡鲁古败辽军于咸州西，斩统军实娄于阵。完颜娄室克咸州。

天庆五年（1115）正月，阿骨打称帝立国，国号大金，改元收国。是年元月，金兵下益州，阿骨打率兵，败辽都统耶律讹里朵、左副统萧乙薛、右副统耶律张奴、都监萧谢佛留步骑二十七万于达鲁古城。八月戊戌，阿骨打亲征黄龙府。天祚帝统兵七十万亲征女真，企图一举歼灭。孟初扈驾统当诸路汉军。九月，孟初随天祚大军正在东征途中，黄龙府被阿骨打攻克。十一月，孟初随天祚帝的七十万大军行至驼门。驸马萧特末、林牙萧查剌等骑五万、步四十万抵达斡邻泺，阿骨打率兵二万迎战。十二月，阿骨打在护步答冈大破天祚帝，孟初在军中，经历了辽军的惨败。

天庆六年（1116）正月，一件不测之事发生。渤海高永昌据东京叛，自称大渤海皇帝，称隆基元年。天祚帝先是命萧乙薛、高兴顺招前去招抚，高永昌不为所动。闰正月又命萧韩家奴、张琳发兵讨伐。张琳军还算顺利，一路攻到东京辽阳城下。张琳东征高永昌，孟初在军中为将，张琳攻辽阳城失利，退守沈州，不想为女真阇母攻破，孟初与刘思温等将士惨遭杀戮，不幸遇难。张琳缒城苟免。此役，《金史》《辽史》记载甚略，《契丹国志》却有详述。

（宋）叶隆礼《契丹国志·卷之十·天祚皇帝上》："宰相张琳，沈州人也，天祚命讨之。……夏五月初，自显州进兵，渤海止备辽河三叉黎树口。张琳遣羸卒数千，疑其守兵，以精骑间道渡河趋沈州，渤海始觉，遣兵迎敌。旬日间三十余战，渤海稍却，退保东京。张琳兵距城五里，隔太子河扎寨。先遣人移文招抚，不从，传令留五日粮，决策破城。越二日，发安德州义军先渡河，次引大军齐渡，忽上流有渤海铁骑五百，突出其傍，诸军少却，退保旧寨，河路复为所断，三日不得渡，众以饥告，谋归沈州，徐图后举。初七日夜移寨，渤海骑兵尾袭，强壮者仅得入城，老幼悉被杀掠。是时军伍尚整，方议再举，忽承女真西南路都统阇母国王檄：'准渤海国王高永昌状，辽国张宰相统领大军前来讨伐，伏乞救援。当道于义，即合应援。已约五月二十一日进兵。'檄到沈州，众以渤海诈作此檄，不为备。是日，闻探东北有军掩至，将士呼曰：'女真至矣！'张琳急整军迎敌，将士望见女真兵，气已夺，遂败走入城。女真随入，先据城西南，后纵兵杀戮几尽，孟初、刘思温等死之，张琳与诸子弟等并官属缒城苟免。"

文中分明记载"女真随入，先据城西南，后纵兵杀戮几尽，孟初、刘思温等死之"。

孟初阵亡于沈州之役而墓志记载却语焉不详，对照《契丹国志》的记载，即可厘清端倪。

墓志云："国中可与言兵者，得翰林孟公为副帅。师出不数月，捷问络绎不绝，赐御札嘉激。公率部下乘胜转战，直抵寇所窃邑。邑城漂摇，拔在朝夕。会天大雨，河水暴涨，班师驻沈州。贼出近甸，我师玩而无备，公马还泞，殁于贼中。天子闻之震悼，诏赠宣政殿学士，赐其子宝谦内供奉班祗候。"

东京事变，天祚命张琳等征讨，找懂军事的官员随征，选到孟初，作为张琳的副手，"师出不数月，捷问络绎不绝，赐御札嘉激。公率部下乘胜转战，直抵寇所窃邑"。这和《契丹国志》"三十余战，渤海稍却，退保东京。张琳兵距城五里，隔太子河扎寨"的记载相吻合。

墓志："邑城漂摇，拔在朝夕。会天大雨，河水暴涨，班师驻沈州。"《契丹国志》："越二日，发安德州义军先渡河，次引大军齐渡，忽上流有渤海铁骑五百，突出其傍，诸军少却，退保旧寨，河路复为所断，三日不得渡，众以饥告，谋归沈州，徐图后举。"孟初随张琳攻辽阳京失利，退守沈州。两处记载一致。两相参照，攻城不下，退守沈州的原因更加清晰：一是初攻失利，二是粮草短缺，三是大雨引起河水暴涨。所以孟初、张琳等不得已退入沈州城内，徐图后举。

关于孟初阵亡，墓志："贼出近甸，我师玩而无备，公马还泞，殁于贼中。"《契丹国志》："檄到沈州，众以渤海诈作此檄，不为备。是日，伺探东北有军掩至，将士呼曰：'女真至矣！'张琳急整军迎敌，将士望见女真兵，气已夺，遂败走入城。女真随入，先据城西南，后纵兵杀戮几尽，孟初、刘思温等死之。"

退入沈州城后，张琳接到女真都统阇母的檄文，众将不以为意，以为是高永昌使诈，没想到女真大军真的兵临城下，张琳率兵出战，辽兵未战先怯，败归沈州城，阇母大军追杀而入，孟初时运不济，马为泥泞所陷，惨遭杀戮，女真破城西南，纵兵屠杀，辽兵死伤殆尽，张琳见大势已去，缒城逃命。

墓志载：天庆"六年，授翰林学士，仍提点大理寺"。是年，孟初随张琳闰正月出征，所授翰林学士，仍提点大理寺官职，应是天祚帝在其出征前，加官鼓励。

墓志说，天祚帝知道孟初阵亡的消息惊愕悲悼，下诏追赠他为宣政殿学士，赐其子孟宝谦为内供奉班祇候。天庆七年（1117）十一月一日，"作招魂辞，具衣衾，葬于良乡县房仙乡重乂里"。

墓志通过孟初经历，真实反映了辽末自天庆二年（1112）至天庆六年（1116）年一段真实的历史。其间，重大历史事件，都能得到印证，一些记载，弥补了正史之缺。

"良乡县房仙乡重乂里"，为今房山区阎村镇大十三里村。辽代，大十三里村属良乡县房仙乡重乂里，按照古时以村名为里名的惯例，大十三里村，在辽代村名应为重乂村。重乂里，后来"乂"，改为同音字"义"。里名由辽代一直沿用到清，历时近千年。

关于房仙乡的存在，在学术上一直存在争议。该墓志的出土，证实良乡县确有房仙乡存在。房山境内，辽代的一些乡，大多沿袭唐代而来，比如金山乡。由此看来，房仙乡或许也是自唐代就有，期待未来出土墓志等材料得到印证。

孟初阵亡沈州，尸骨丧于乱军之中。故作招魂辞，具衣衾而葬。为什么葬在良乡县呢？大安二年（1086）授涿州军事判官。而大十三里村在涿州以北，距涿州城仅60里的路程，这或许是其中的原因所在。

孟初是上谷龙门人，他没有葬在上谷龙门，而葬在涿州北的良乡县房仙乡重义里。按照古人归葬的习俗，孟初或是任涿州军事判官时定居此里？

墓志撰者虞仲文，辽国重臣。辽天祚皇帝闻金兵克中京，自鸳鸯泺逃亡到阴山。保大二年（1122），耶律淳自立于燕，废辽主天祚帝为湘阴王，改元德兴，左企弓任司徒，虞仲文参知政事，兼西京留守，同中书门下平章事，内外诸军都统。金太祖阿骨打进兵居庸关，萧德妃逃跑，都监高六叛辽，引金太祖兵入城，金太祖驻军燕京城南，左企弓、虞仲文等降金，金太祖封虞仲文枢密使、侍中、秦国公。金平定燕之后，按照与宋朝联合灭辽的约定，将燕给宋朝，但将燕京居民迁入金国，留给宋一座空城。因枢密院改设在广宁府，虞仲文等随迁，途中要路过平州，金太祖发觉守将张觉有叛金迹象，要派兵护送，左企弓等人推辞，怕因此促使兵变。路过平州时，虞仲文等人住在栗林中，被张觉发现，派人将虞仲文、左企弓等杀害。

《金史·卷七十五·列传第十三》："虞仲文字质夫，武州宁远人也。七岁知作诗，十岁能属文，日记千言，刻苦学问。第进士，累仕州县，以廉能称。举贤良方正，对策优等。擢起居郎、史馆修撰，三迁至太常少卿。宰相有左降，仲文独出饯之，或指以为党，仲文乃求养亲。久之，召复前职。宰相荐文行第一，权知制诰，除中书舍人。讨平白霫，拜枢密直学士，权翰林学士，为翰林侍讲学士。年五十五，卒，谥文正。天会七年，赠兼中书令。正隆二年，改赠特进、濮国公。"

墓志中提到的王虚中，名鼎，字虚中，《辽史》有传。《辽史·卷一百四·列传第三十四·文学下》："王鼎，字虚中，涿州人。幼好学，居太宁山数年，博通经史。时马唐俊有文名燕、蓟间，适上巳，与同志祓禊水滨，酌酒赋诗。鼎偶造席，唐俊见鼎朴野，置下坐。欲以诗困之，先出所作索赋，鼎援笔立成。唐俊惊其敏妙，因与定交。清宁五年，擢进士第。调易州观察判官，改涞水县令，累迁翰林学士。当代典章多出其手。上书言治道十事，帝以鼎达政体，事多咨访。鼎正直不阿，人有过，必面诋之。寿隆初，升观书殿学士。一日宴主第，醉与客忤，怨上不知己，坐是下吏。状闻，上大怒，杖黥夺官，流镇州。居数岁，有赦，鼎独不免。会守臣召鼎为贺表，因以诗贻使者，有'谁知天雨露，独不到孤寒'之句。上闻而怜之，即召还，复其职。乾统六年卒。鼎宰县时，憩于庭，俄有暴风举卧榻空中。鼎无惧色，但觉枕榻俱高，乃曰：'吾中朝端士，邪无干正，可徐置之。'须臾，榻复故处，风遂止。"

○三九　良乡十三里如意禅林碑记

圣朝仁摩义渐，风俗丕变，薄海内外，罔不蔚兴向化，而宫梵刹之逼邻孔道者亦加意焉。良乡，古范阳郡，迤逦而南十三里，为帝都孔道，轮蹄鳞集，负贩踵继，问途于兹者日繁有徒，董理内务大主政戴公顾而念之，谓先王送往迎来，已溺已饥之政，怜此行旅，至深且切，何忍观此贸贸者，行李困乏，枵腹宵征，竟不得一憩息之地？爰是捐输俸资，庀材鸠工，创兹祁地，殿宇廊庑，计二十八间。延僧焚修其中，兼司香火，且设迎头、受宾之职。凡灯油香供，皆出于公。又念四方游僧经过者众，入不敷出，乃置地三顷，给牛种具，夏税秋粮，悉贮于寺，以供游僧馇粥。是役也，不募一锱，不敛一粟，顾曰"如意禅林"。夫公未操民社之情，乃能破悭吝心，济无量众，供佛氏之慈悲，行吾儒之忠恕，即一事而经营，措置纤悉，周详始终，尽善如此，他日出寄封疆之任，即以是念应之政，于是乎可观矣。功成勒石，敬书以志不朽。

赐进士及第翰林院修撰汪泽撰文并书
大清康熙四十一年岁次壬午季春月谷旦

碑刻说明

清刻。在大十三里村。拓片高192厘米，宽85厘米。

碑文考释

馣（zhān），吃的意思。

碑题"良乡十三里如意禅林碑记"，说明康熙四十一年（1702），大十三里村名仍为"十三里"。至于十三里的得名，由碑文可窥其因："良乡，古范阳郡。迤逦而南十三里。"可见，十三里村，是因良乡古城至该村的里程而得名。

据碑文，十三里村如意禅林，为"董理内务大主政戴公"创建于清康熙四十年（1701）。殿宇廊庑，计28间，戴公又布地3顷，给牛种具。

碑文说明戴某创寺的原因。该村"为帝都孔道，轮蹄鳞集，负贩踵继，问途于兹者日繁有徒，……怜此行旅，至深且切，何忍观此贸贸者，行李困乏，枵腹宵征，竟不得一憩息之地？爰是捐输俸资，庀材鸠工，创兹祁地，……延僧焚修其中，兼司香火，且设迎头、受宾之职。"戴某完全是个人出资，无一分募化。这在建寺史上十分罕见。康熙四十一年（1702）春立碑记事。

建此寺的原因，乃是因为十三里村处京南官道旁，主要是为方便过往行人打尖歇脚。

○四○　创建西方庵记

盖夫龙藏象负，皆为觉岸津梁。宝殿金身，无非化城像教。故振常绘景物于精蓝，元白写形于古刹。千年□□，历万国观瞻，由来尚矣。于以知攀十地之缘，着诸天之契。夫一音之偈者，众幻回迷。住持道场，广聚□□□□，持钵建兹西方庵于良邑之十三里村，实修持之真界，亦憩息之□□。暮鼓晨钟，不无利于居士。冬易夏来，□□济于行人。善众□□，芳名斯播。□我述□□□□□。善男信女，观斯意□□□□，则□□用□□。

文林郎良乡知县□其立撰文

□□□□□□□书丹

原任知县□□□篆额

□□王朝用

生员王永福

吏员黄濵

住持王道信

康熙五十一年岁次壬辰秋七月谷旦立石

碑刻说明

清刻。在大十三里村。拓片高79厘米，宽77厘米。

碑文考释

大十三里西方庵，由王道信创建于清康熙五十一年（1712），比如意禅林整整晚十年。

"持钵建兹西方庵于良邑之十三里村"，可知，至康熙五十一年（1712），大十三里村，仍名十三里村。

后十三里

在阎村镇西南。北邻炒米店、元武屯，西南邻小十三里，西北邻南梨园，东邻大十三。辽代已有此村，时属良乡县房仙乡重义里。原与大十三里同属一村，辽代名重乂村，后改重义村。历金、元、明、清，属良乡县重义里。因自良乡古城至该村有13里路程，故改名十三里。清代晚期，十三里村一分为三，东为大十三里，西为后十三里，还有小十三里。民国四年（1915），良乡县划分八区，后十三里属第五西二区。后分三区，属第二区。今属房山区阎村镇。

本卷收录后十三里碑刻2件：辽代1件、清代1件，其中收录碑文2篇。

○四一　石刻经幢

佛说大乘圣无量寿决定光明王如来陀罗尼：曩谟婆誐嚩　帝阿播哩弭跢　愈霓野　曩素尾顪室止怛帝祖　啰惹野怛　他诐哆野　啰贺　帝三么药　讫三　没驮野怛你也　他　唵　萨　嚩僧塞迦啰波哩舜驮达　嘌么　帝诚诚曩　三母　努蘗　帝娑嚩婆　嚩尾舜弟么　贺曩野波哩嚩黎婆　嚩贺

七俱胝佛母心大准提陀罗尼：南无　飒哆喃　三藐三勃驮　俱胝喃　担侄他唵折隶　主隶　准提　娑婆诃

破地狱真言曰：唵引□啰底野娑嚩　贺

生天真言曰：唵侣　尼侣　尼娑　嚩贺

大明圣六字陀罗尼：难底黎　难底黎　难睹哩都摩哩侏　挈哩俱致摩废摩帝娑嚩贺

一字佛顶轮王陀罗尼：唵齿临

自在王治毒温陀罗尼：唵部临

碑刻说明

辽刻。在后十三里村。经幢拓片两纸，均高65厘米，宽62厘米。无题，题为添加。

幢文考释

此经幢的存在，说明该村不晚于辽代，而村中在辽代就有一座佛寺。

此幢共刻7种真言，分别是：《佛说大乘圣无量寿决定光明王如来陀罗尼》《七俱胝佛母心大准提陀罗尼》《破地狱真言》《生天真言》《大明圣六字陀罗尼》《一字佛顶轮王陀罗尼》《自在王治毒温陀罗尼》。

《佛说大乘圣无量寿决定光明王如来陀罗尼》出自《大乘圣无量寿决定光明王如来陀罗尼经》，该经为印度三藏大师法天译。

《七俱胝佛母心大准提陀罗尼》出自《佛说七俱胝佛母心大准提陀罗尼经》，大唐天竺三藏地婆诃罗译。

《破地狱真言》出自《佛说救拔焰口饿鬼陀罗尼经》，唐不空译。

《大明圣六字陀罗尼》出自《佛说圣六字大明王陀罗尼经》，宋西天北印度三藏传法大师施护奉诏译。

《一字佛顶轮王陀罗尼》出自《一字佛顶轮经》，唐菩提流志译。

《自在王治毒温陀罗尼》出自《佛顶心观世音菩萨救难神验经》，译者不详。

○四二　重修关帝庙碑记

顺天府良乡县学增广生左登瀛撰书

盖闻神道至灵，有感斯应。人性皆善，有触斯通。此其义当于余乡遇之。余乡村东旧有关圣庙一座，其肇基不知始自何年，然幸有断碑存焉。考之，由前明嘉靖间，经工部厂管事奉御郑公，及丁字库管事内官田公与李公、朱公等各捐己资，秉虔重修。后本村又置香火地四十余亩。噫！此皆已往诸公所遗诫，为乐善好施者哉。顾年代无变迁之异，人事不无兴废之虞。延至近数十年以前，遂有不堪言状者，外则经风雨摧残，倾颓几遍，内则被烟尘熏染，污秽难堪。加之迭经不肖住持，任其摧败，甚至将香火地亩典当一空。砖瓦木材抛弃殆尽，将一座辉煌宝刹，变为冷落荒墟，实有不忍目睹者。是时，本乡文生刘棠、左锈、刘文涟，武生刘文汉，民人史富、刘廉等，乃群起而相谓曰："于此关旁庙也，今者此何以栖神而妥灵乎？"于是遂慨然发心，思存宏愿。适□时积有雪花会存款四百余缗，又前数年赎回香火地，屡年之积款二百余缗，佥曰："先修正殿三楹，西禅房三间，墙垣一周，此款尚当敷用，胡弗起而重修耶？"爰即笃日兴修，鸠工庀材，不数月而功遂告成焉。此光绪二十八年事也。尤可异者，当修工将止之余，工人掘地，乃忽见金身观音像一尊，众皆愕然，时将欲再为兴修而资财告匮，而要又不可无以处。此不得已，乃于殿左设神龛焉。吁吁此举，虽系人为，其有神为之助欤！语云：至诚感神，良不诬也。后至宣统元年，又积村树款洋银一百三十元，人会款三十二元。文生刘棠、刘檀，武生刘文汉、左登瀛，民人史富、刘贞等更修观音殿一楹，东修公所三间。于是轮奂一新，神光溢彩。辉煌金碧，色色庄严，此余乡诸生之力也。因索余为记，俾勒之贞石，以垂永久焉。余虽艰于为文，而要义不可辞，故谕志之。尤愿后之乐善好施者，常为增修饰美而勿坏云。

宣统贰年孟春月日谷旦

碑刻说明

清刻。在后十三里村。拓片高98厘米，宽57厘米。碑额正书"万古流芳"。

碑文考释

碑载，后十三里村东有关圣庙一座，创建年代不详，清末宣统初，尚存断碑。考断碑，明嘉靖间，工部厂管事奉御郑公，丁字库管事内官田公与李公、朱公等捐资重修。后来本村又置香火地40余亩。

至清末，住持不善，任其摧败，将香火地亩典当一空。砖瓦木材抛弃殆尽，一座辉煌宝刹，沦为冷落荒墟。光绪二十八年（1902），本乡文生刘棠、左锈、刘文涟，武生刘文汉，乡民人史富、刘廉等，发愿重修。村中有雪花会存款400余缗，前数年赎回香火地，屡年积款200余缗，先修正殿3间，西禅房3间，及四周院墙。施工中，工人掘地，出土金身观音像一尊，本想建殿供奉，资财告尽，不得已在殿左设神龛供奉。至宣统元年（1909），村中卖树，积攒银洋130元，会款32元。文生刘棠、刘檀，武生刘文汉、左登瀛，乡民史富、刘贞等兴建观音殿1间，观音殿东，兴建公所3间。宣统二年（1910）立碑记事。

肖庄村

在阎村镇东部，古属良乡县。东邻良乡镇小营村，南邻大十三里，原名萧家庄。清康熙四十年（1701）《良乡县志·卷一·舆地志·村店》："萧家庄，治南六里。"清代晚期，仍名萧家庄。清光绪十五年（1889）《良乡县志·卷一·舆地志·村店》："萧家庄，距城五里。"（清代两版县志，在里程上有差异，因在当年无准确测量，均为概数。）民国时期始名萧庄。民国四年（1915），良乡县划分八区，萧庄属第四西一区。后分三区，萧庄属第二区。1949年以后，"萧"字简写作"肖"，故萧庄改写为肖庄。今肖庄村属房山区阎村镇。

本卷收录肖庄村碑刻3件：清代3件，其中收录碑文3篇。

肖庄村

○四三　重修关圣帝君碑

　　盖闻天开地辟，三教以兴，九流各异其门，皆其流风余韵，百家诸子未有出其范围者。至关圣帝君，忠义轶伦，功勋盖世，亦如三教祖师一揆耳。立德、立功、立言，祀非淫祀也，可不设栖神之所而壮观瞻，以承祭祀哉？山主李公见及于此，创修殿宇，堆塑神胎，并有茶棚□□□□□□之祥端，有备行旅之休息，洵一方之佳境也。无如日久年深，风霜剥落，丹青涣漫，栋宇倾颓。贫道饭甑生鱼之际，虽欲苦补而不能，敢望焕以新依如旧耶？本村有宋公者讳得荣，侠风天成，勃动重修之念，借鼎言于斗敬刘公、肉甫史公，领贫道募化好善之家，慨舍余资，共成善事。于以购料开工，告竣于嘉庆十二年十月二十四日，庙貌整齐而严肃，神光赫濯，其声湮路涂，路当孔道，尤为流憩之丹台，村附汤池，洵属发祥之仙境，金碧交辉，乾坤普照，香火为之益胜，玄门自此常新。其领袖，其檀越，功业不伟而丰乎？夫亦一朝千古矣。是为记。

　　书丹人文生孟余中

　　助缘信士刘大兴施钱壹百吊，史昕施钱壹百吊，宋德荣施钱贰百四拾叁吊四百、地拾四亩

　　大清嘉庆十三年三月初一吉日　仝秉诚立　住持道衲张来寿

碑刻说明

清刻。在肖庄村。拓片高121厘米，宽61厘米。碑额正书"重修关圣帝君碑"。

碑文考释

"山主李公见及于此，创修殿宇，堆塑神胎，并有茶棚……"知肖庄村关帝

庙创于清，由山主李某所创。李某不仅创庙，还建茶棚，以供行旅茶饮打尖休息。至嘉庆庆年间，日久年深，风霜剥落，丹青涣漫，栋宇倾颓。本村宋得荣，倡议重修，协同刘斗敬、史肉甫，与庙内住持道人张来寿募化众善重修，刘大兴施钱一百吊，史昕施钱一百吊，宋德荣施钱二百四十三吊四百。购料开工，嘉庆十二年（1807）十月二十四日告竣。庙貌整齐，金碧一辉。事竣，宋德荣再施香火地拾四亩。大清嘉庆十三年（1808）三月初一立碑。

○四四　三教堂关帝殿碑

夫让□守寂，□道为玄妙之宗。报国捐躯，圣贤立纲常之极。惟其抗名节于当世，故能振清风于后叶。我朝惇宗□礼，首重□臣。崇德报功，兼追前代。既已登之祀典，照血食于千秋。犹今众建庙堂，荐□□于百年，盖欲使义士仁人，闻风而益坚善念，亦以教乱臣贼子对此□□□□□也。良乡城南，距城五里，村名萧家庄，山主李公于嘉庆十二年创立三教堂一座，关圣殿三间。实英灵栖止之区，为□地祷祈之所。风吹雨蚀，多有历年。丹青如故涣漫，栋宇依然倾颓。先□□□上教□夫于同治四年，重修正殿之后，关圣殿益形狭隘，即有□地重修之念。无□经修□□数楹，复修村南三官庙一座。盖积已尽而□工不果，先师之志未遂也。清复钵积数年，犹约独力难成，加以募化，乃择吉于本年仲春□浣，庀材鸠工，朝夕业作，凡两阅月，关圣殿既克重修，马王殿亦遂创立。殿宇整齐，神光赫耀，兼之正殿客堂，历经彩画，前后焕然一新。此崇清之志，亦以遂先师之志也。统需千有余金，惟是急公襄义，既有赖于今善信，以至于众善好施。尤所望于后之君子，如百余年后不乏同志，则输财与输力，自且各具嘉祥，而成始与成终。□皆永垂于不朽矣。是为记。

　　□□□□□□□□□方丈高仁峒拜撰

　　□□□□□□□□管下贡生常九龄书丹

　　大清光绪十七年季夏上浣吉日　住持道戒纳□□□述

肖庄村

碑刻说明

清刻。在肖庄村。拓片高118厘米，宽68厘米。

碑文考释

"良乡城南，距城五里，村名萧家庄"，知光绪十七年（1891）肖庄村仍名萧家庄。

肖庄村三教堂，创建于嘉庆十二（1807）年，同时创建关圣殿3间。创建者为一位李姓道士。后历年久，风吹雨蚀，丹青涣漫，栋宇倾颓。同治四年（1865），重修正殿，关圣殿益显狭隘。当年还重修村南三官庙一座，苦于资金有限，关帝殿未获修缮。三教堂住持道人崇清，积攒数年，又随缘募化，于光绪十七年（1891）二月，庀材鸠工，朝夕业作，历时两个月，重修关圣殿，创建马王殿。光绪十七年（1891）六月立碑记事。

○四五　重修三官庙碑记

三官之名，见于真诰者。三有上圣之德受官，书为地下主，一说也；天有六宫，凡二宫立一官，曰三官，如今刑名职，又一说也；其在周礼，冢宰曰天官，司徒曰地官，而月令注云：少昊氏之子曰修子曰熙，为水官。然俗所谓天官、地官、水官者，其名或此。以余所闻，有功德于民则祀之，御大灾捍大患则祀之。若夫三官，其亦敛福赐福以功德及于民，而御灾捍患者欤。良邑城南萧家庄跸路之南，自国初以来，旧有三官庙，正殿三间、禅房六间、山门一间规模，既助灵武，凭祭酹祷祠，恒无虚日。惟是日远年深，不无缺漏，风剥雨蚀，无易摧残。至嘉庆十三年，本村宋公得荣，锐意重修。又有本村李公□、张公□汉，并三教堂主人春之师祖，各助资财，以劝厥缘。此庙业无三持，因工竣时，凡庙中地亩、香火之业，均归三教堂代为照管。于是，焚香奉诵历至今。兹春承先师之志，于同治二年复将禅房、山门一律重修。继因正殿狭隘，未壮观瞻，垣墉即勤奚为也，因请本村首善，商酹展地，重建正殿。众首善素重春行，无不乐为资助，然工巨费繁，骤然举办，更以屡遭歉岁，与工不果，延至本年二月，余爰诹吉于念六日经始，鸠工庀材，昕夕率作，拓其地基，修建正殿三楹，妆塑□奉三官神像、左右侍童。复置耳房两楹以及墙垣屋舍，焕然一新。殿宇已觉崇宏，地势愈形开展，神灵□昔有加，统计朴旧□□丹□之值，需银陆拾余金，本村众善喜厥功成，共助银柒拾余金，未经外募十方也。夫神道设教，拓古如兹，快非灵应之常昭，安能用人之力不以为劳，用人之财不以为费，而不功成一举，若此其速哉？至六月工竣，□□石庙左，盖以记方善乐施之心，以重千古不朽之□，尤望后人之宏□其模，两踵而增葺之也，是为记。

大清光绪十七年季夏上浣吉日

碑刻说明

清刻。在肖庄村。拓片高 115 厘米，宽 67 厘米。

碑文考释

民国十三年（1924）《良乡县志·卷六·纪幽志·招提》："三官庙凡三，一在萧家庄，一在辛立庄，一在交道村。"

三官庙奉三官大帝。三官大帝，是历史悠久的中国民间宗教信仰之一，属于道教尊奉的三位天神。三官大帝，指天官、地官和水官。中国上古就有祭天、祭地和祭水的礼仪。《仪礼》的《觐礼》篇称："祭天燔柴，祭山丘陵升，祭川沉，祭地瘗。"

"萧家庄跸路之南，自国初以来，旧有三官庙"，知肖庄村三官庙清初就有，在该村的三座庙中，是年代最久的，多创于明。该庙在村南，其规模在 3 座村庙中，也是较大的：正殿 3 间，禅房 6 间，山门 1 间，是一座完整的院落。后日远年深，风剥雨蚀，摧残缺漏。嘉庆十二年（1807）本村宋得荣倡修村中关帝庙。时隔 1 年，至嘉庆十三年（1808），宋得荣又与本村李某、张某倡修三官庙。三教堂主也出助资财。因此庙无人住持，工程告竣，庙中地亩、产业，归三教堂代管。

同治二年（1863），禅房、山门一律重修。考光绪十七年（1891）"三教堂关帝殿碑"，应在同治四年（1865）竣工。因正殿狭隘，未壮观瞻，请本村首善商议，拓展地地基，重建正殿。工巨费繁，年景歉收，拖至光绪十七年（1891）

二月六日，鸠工庀材，拓展地基，重建正殿3间，塑奉三官神像，左右二侍童，耳房各两间，墙垣屋舍，焕然一新。用银60余两，本村众善共助银70余两，未经外募十方也，当年至六月竣工。

大紫草坞

在阎村镇西北。北邻小紫草坞，南邻南梨园，西邻大董村，东北邻前阎村。

古属良乡县，辽代已有此村，名紫草务。天庆五年（1115）《大辽燕京西大安山延福寺莲花峪更改通圆通理旧庵为观音堂记并诸师实行录》："当寺故山主者，师讳弘臻，俗姓李氏，良乡县西紫草务里人也。"

金代属良乡县房仙乡，仍名紫草务。金大定十六年（1176）《大金国中都良乡县弘业寺莹公塔铭》："德莹原系本县西北房仙乡紫草务久居民也。俗姓邢氏，父讳进，妣丘氏。"

清代早期，名紫草坞。清代晚期，名大紫草坞，同时出现小紫草坞。

清康熙四十年（1701）《良乡县志·卷一·舆地志·村店》："紫草坞，治西八里。"

清光绪十五年（1889）《良乡县志·卷一·舆地志·村店》："大紫草坞，距城八里。分水岭，距城八里。小紫草坞，距城十二里。"

民国四年（1915），良乡县划分八区，大紫草坞属第八北区。后分三区，属第一区。今属房山区阎村镇。

本卷收录大紫草坞碑刻1件：清代1件，其中收录碑文1篇。

○四六 李氏宗祠碑记

《礼》天子七庙，诸侯五，大夫三，士一。隆杀不同，其所以尊祖敬宗、报本追远者一也。汉唐以来，自非帝室，则宗庙之制，不讲士大夫家，类皆法适士一庙之遗意，建祠以祀其先。吾乡土著多系明成祖时迁徙之户，无甚巨族，故建祠者寥寥。相习成风，往往有既富且贵，崇侈宫室，轮奂改观，至问其所以妥先灵者，则仍循庶人祭于寝之例，揆诸于营室，宗庙为先宫室为后之义，盖阙如也。李耀廷姻弟，家不过中人产耳，独毅然有志于此，上请命于诸父，旁参谋于族人，于光绪戊寅宗祠告成。适予久客还乡，属为记事，以予在深州修远，祖墓有同志焉故也。虽然予与耀廷志同，而力不足，曩客深州，见祖墓凌夷，墓田半鬻，不得不于笔耕，所入糊口之资，节而俭之，积三年而后成事；若建祠以祀先，则犹有志而未逮也。以视耀廷此举，能无歉然乎？李氏在前明时，为畿辅巨室，里居京东，其远祖墓在京城左安门外龙爪槐村，今犹祭扫也；其田产多在良乡县。国初定鼎，优赍从龙之将士，有占圈之例。田既入旗，人亦投旗，就耕圈地，遂移居于良乡县西大紫草坞。至康熙四十八年分拨和硕履亲王府当差，赏镶白旗满洲二甲喇入册。今徙居邑南交道村又四世矣。其里居转徙及隶入旗籍之由，家谱未载。耀廷欲以示后人，故属为附记云。

赐进士出身候选知县游观第撰文

良乡县廪膳生陈璞书

光绪十一年岁次乙酉季夏月　敬立

碑刻说明

清刻。在大紫草坞村。

碑文考释

《李氏宗祠碑记》："吾乡土著多系明成祖时迁徙之户，无甚巨族，故建祠者寥寥。"房山区大安山乡寺上村延福寺有辽天庆五年（1115）《大辽燕京西大安山延福寺莲花峪更通圆通理旧庵为观音堂记并诸师实行录》，该碑载道："当寺故山主者，师讳弘臻，俗姓李氏，良乡西紫草务里人也。"综合两碑记载，大紫草坞，原名紫草务，辽代已有此村，明永乐时曾移民此村。

碑载，李耀廷，中等人家，光绪戊寅年即光绪四年（1878），在村内建筑李氏宗祠落成。李氏在明代，为畿辅巨室，里居京东，远祖墓在京城左安门外龙爪槐村，田产多在良乡县。清室定鼎，对从龙之将士厚加赏赐，有占圈之例。李氏位于良乡的田产被圈占入旗，李氏族人也随地投旗，就耕被圈占的田地，于是移居于良乡县西大紫草坞村。至康熙四十八年（1709），拨和硕履亲王府当差，赏镶白旗满洲二甲喇入册。（清，以300人为1牛录，5牛录为1甲喇，5甲喇为1固山）。自李耀廷曾祖再由大紫草坞迁到良乡县南交道村，至李耀廷，在交道村已经是第四代。李耀廷不忘根本，回大紫草坞建李氏祠堂，该村应有李氏亲族在。光绪十一年（1885）立碑记事。

李耀廷，名佩璋，字耀廷。清光绪十五年（1889）《良乡县志》有传。

清光绪十五年（1889）《良乡县志·卷五·人物志·孝义》：

"李佩璋，字耀廷，住交道村，清履亲王府五品护卫。天资颖悟，气宇轩昂。当其幼，家道中衰，毅然以裕后光前为己任。性笃孝，对族众以义，伯父李鸣镫无依，佩璋奉养之。其堂侄李国英冲龄失怙，教以读书。族侄李国宪读书无力，佩璋助以学资，令与国英同学，同年并入旗庠。又于光绪四年，在邑西故里紫草坞村，以祖遗地基创建宗祠一所，谨勒贞珉，以垂永久。光绪甲辰年，以先世家乘久未继修，甚抱憾焉，即命其子国宾依法详慎修订。光绪十年，在本村购买商铺房一所，志在日后为本村办公地点，商之本村至戚秦煜、至友刘廷秀，协力出资，以立为交道公议局，后改为警察分所。光绪十八年，倡率本村亩捐，一则兴办地方公益，再则抵补草差徭役。后来创办女学，即以此为款，呈请批准立案，作为女学经费。该村女子得以识字者，皆此举之力也。光绪二十三年，本城重修圣庙，为监修绅董。继又劝告至戚王志，在文庙迤东购买隙地一区，独力捐资创修节孝祠3间，阖邑节烈之妇，因此得享馨香。光绪三十二年，邻人刘启源因修盖房屋地不敷用，佩璋乃以庄窠地基一区，慨然与之，并商之村人游文光与立凭证，且以示后人，文曰'其后不准违先人之命'云云。他如温恤亲邻，勉人为善，更仆难终矣。佩璋孝义兼全，乡人德之，遂公送匾额一方颜曰'望重乡闾'云。"

李耀廷在大紫草坞村创建的李氏祠堂，落成于光绪四年（1878）。光绪十一年（1885），广平府教授游观第任上回乡，李耀廷特请为祠堂作记。

游观第，号杏村，良乡县任家营人。咸丰庚申科进士，县志有传。民国十三年（1924）《良乡县志·卷五·人物志·乡贤》："游观第，号杏村，任家营人。幼聪颖，读书别有会心。及长受业张鲁平之门，学益进。咸丰乙卯领乡荐庚申进士，由知县改就教职，历任顺德、河间、广平教授。所至整学规，端士习，毅然以斯文为己任，一时名士皆从之游，前后受业者不下数百人。性和易，与人交相待以诚，无急言遽色，而义利之界，则介然不可犯。任筱沅中丞，知顺德府时重其品学，值大计吏以卓异荐得旨，在任候升后选授湖北广济县知县，因病未赴，旋卒于广平任所，年五十五岁。生平讲学以经术为根本，著述甚富，有《四书讲义》《说诗录》《古今体诗》暨《科举文》若干卷，藏于家。"

开古庄

在阎村镇西。西北邻西坟，东北邻南梨园，东南邻二合庄。据金大定十二年（1172）《中都崇孝寺俗公塔铭》考证，辽代已有此村，村中有古刹崇孝寺。

开古庄古属良乡县。金大定二十九年（1189）设万宁县，划入万宁县；明昌二年（1191）改万宁县为奉先县，属奉先县。元世祖至元二十七年（1290）改奉先县为房山县，属房山县。

明、清属房山县，村名开各庄。清康熙三年（1664）《房山县志·卷二·乡村》："开各庄，县东十二里。"光绪十二年（1886）《顺天府志·卷二十九·地理志十一·村镇三·房山县》："十五里，开各庄。"（古人编纂志书，里程为概数，不同时期县志里程有异，房、良县志均出现此种情况。）

民国时期，始名开古庄。民国十七年（1928）《房山县志·卷二·乡村》："开古庄，正东十二里，一○二户，九八二口。"

民国初，房山县划分五区，开古庄属第一区。民国五年（1916）二月，改设九区，仍属一区。今属房山区阎村镇。

本卷收录开古庄碑刻1件：金代1件，其中收录碑文1篇。

〇四七 中都崇孝寺俉公塔铭

师讳德俉，俗姓□氏，世乃良乡县房仙乡李村人也。考讳正彦，母葛氏生五男一女，师次四焉。师自童稚之□□志乐空门，九岁礼当寺澄法师为师，侍勤之暇，不逾十载，皇统二年壬戌岁，恩坛得度，具大尸罗。后固辞师，寻历诸方，习听《维识论》未终正□，常住勾请委掌钱帛，然而务役日诵《上生》《法花》《观音品》《大悲咒》《梵行品》等经以为常课，天德三年七月二十九日于良乡本家因疾而终。俗年二十九，夏腊一十四。后月初二日，以火耶，维有牙骨不灰。□□□□□聚衬以埋于祖茔之傍，待□□□□□寺前都和僧德惠，念同气连枝，遂命工礲石故瘗之耳。

大定十二年岁次壬辰四月日建

普贤菩萨陁罗尼

碑刻说明

金刻。在开古庄村。经幢拓片一纸，高50厘米，宽69厘米。先记后经，经题"普贤菩萨陁罗尼"，文为梵文。

幢文考释

德俉，俗姓□氏，世居良乡县房仙乡李村。李村，今房山区琉璃河镇李庄村。今琉璃河镇李庄村，金代大定二十九年（1189）前属良乡县房仙乡，可见金代良乡县亦有房仙乡。据辽《孟初墓志》，今房山区阎村镇大十三里村，辽代属良乡县房仙乡。故知辽金两代良乡县都有房仙乡。幢主德俉，父亲名正彦，母亲葛氏，生五男一女，德俉行四。自幼志乐空门，9岁礼当寺澄法师为师。金皇统二年（1142），恩坛得度，具大尸罗。尸罗，含有行为、习惯、性格、道德、虔敬等诸义，是六波罗蜜中的"戒行"，乃佛陀所制定，令佛弟子受持，作为防过止恶之用。

后德俉辞别澄法师，寻历诸方，习听《维识论》，日诵《上生》《法花》《观音品》《大悲咒》《梵行品》等经以为常课。金天德三年（1151）七月二十九日，在良乡本家因疾而终。俗年29岁，夏腊14。八月初二日，具荼毘礼，惟有牙骨不灰。埋于祖茔之傍，僧德惠，念同气连枝，命工砻石故瘗之。金大定十二年（1172）岁四月建幢塔立于坟茔。

以德俉天德三年（1151）示寂，29岁记，他出生于辽末的保大二年（1122），9岁在开古庄崇孝寺出家，时在金天会九年（1131）。由此，开古庄崇孝寺，创建年代不晚于辽，而开古庄，亦在辽代就有村。德俉于金皇统二年（1142）恩坛得度，时年21岁。德俉是一个有追求的僧人，非一般庸僧可比，恩坛得度后，他具大尸罗，并固辞师尊，寻历多方。可惜英年早逝。

公主坟

在阎村镇东北。北邻青龙湖镇西庄户,南邻吴庄,西南邻南坊、北坊,东南邻小紫草坞。成村不晚于明,因永乐帝女永安公主葬此而得名。

古属良乡县境。金明昌二年(1191)划归奉先县境。元世祖至元二十七年(1290)改奉先县为房山县,该地属房山县。清代县志有载。清康熙三年(1664)《房山县志·卷二·乡村》:"公主坟,县东北十五里。"民国初,房山县划分五区,公主坟属第四区。民国五年(1916)二月,改设九区,公主坟仍属第四区。今属房山区阎村镇。村中有明永安公主墓、清王国光墓。

本卷收录公主坟碑刻3件:明代1件、清代2件,其中收录碑文3篇。

○四八　永安公主墓志

公主讳玉英，今上皇帝、仁孝皇后之长女也。生洪武十年六月十五日，天资淑慧，静一端庄，恪奉圣训，笃于孝敬。二十八年九月二十七日册为永安郡主，下嫁仪宾袁容。皇帝平定内难，既正大统，永乐元年二月十八日册为永安公主，容升驸马都尉，以功封广平侯。公主虽贵而益严恭顺，虽富而益惇节俭，闺门肃睦，闲暇则讲明仁孝皇后内训，及《列女传》《女宪》等书而躬行之，盖古之贤女无以过矣。十五年正月初九日以疾薨，是年二月二十七日葬于北京顺天府涿州房山县永安乡佛仙山之原。子男一人长安，女三人：长宁宁适武安侯郑亨之嫡子郑能，次尧英、次受恩。谨用志诸幽堂。

碑刻说明

明刻。现存于公主坟村委会。墓志长 90 厘米，宽 60 厘米，厚 15 厘米。双勾体竖书两行"永安公主墓志"，志文共 234 个字。

墓志考释

民国十七年（1928）《房山县志·卷三·陵墓》："公主坟，在城东十五里公主坟村，东昔有塔，今圮。"

永安公主墓位于房山区阎村镇公主坟村。该村村北是一片丘陵地，其中一处北、东、西三面土岗成半环状绵延分布，其间地势低平，自北而南面平坦开阔，放眼望去林木茂盛，这就是永安公主墓所在。其墓为砖室墓，墓地坐北朝南，占地 10 余亩，封土高大，占地 1 亩，四周由青砖垒砌，花岗岩条石盖顶，石盖顶上铺一层厚厚的三合土，三合土方上堆积黄土冢。封土前有拱券墓道通向封土下的地宫。封土四周松柏森森，墓前原有享殿、碑楼和墓坊，均圮废无存。

永安公主名玉英，为明永乐皇帝长女，生于洪武十年（1377）七月十五日，墓志称赞她"天资淑慧，静一端庄"，先于洪武二十八年（1395）九月二十七日册为永安郡主。驸马袁容，寿州人，袁容的父亲袁洪因系开国功臣官封都督。洪武二十八年（1395），袁容选拔为燕府仪宾，并配永安公主（时封号为郡主）。靖难之役，袁容战守有功。永乐元年（1403），朱玉英由郡主进封公主，袁容被封为驸马都尉。永乐帝嘉封靖难功臣，再封袁容为广平侯，食禄1500石，给世券。由于驸马的身份，袁容深得永乐皇帝的信赖与倚重，每逢出巡离京，都命袁容居守京师。

朱玉英晋封为永安公主后，"虽贵而益严恭顺，虽富而益惇节俭，闺门肃睦"。而袁容却恃宠骄纵，有一次都指挥款台乘马从袁府门前经过，只因没有下马，就被袁容指使爪牙大动私刑，几乎将其打死。永乐皇帝闻知大怒，特地给赵王高燧写信，命高燧传旨袁容，将其辱打款台的爪牙械送京师问罪。信中怒斥："自洪武来，往来驸马门者，未闻令下马也。昔晋王敦为驸马，纵恣暴横，卒以灭亡。"震怒之情，溢于辞色。这件事，迫使袁容有所收敛。永乐十五年（1417）正月初九日，永安公主辞世，永乐皇帝辍朝四日殇祭，委派专员为其治丧。是年二月二十七日，葬于顺天府涿州房山县永安乡佛仙山之原，即今房山区阎村镇公主坟村。

20世纪60年代，永安公主墓被掘，曾出土了残骨、墓志、供桌、香炉、釉花缸等。

永安公主墓地处东西两道山丘之间，形成厚厚的黄土层，现已被夷为平地，墓前位置被村民挖成一座深深的土坑，墓址上已种了果树。

○四九　王国光谕祭碑

维康熙九年七月十三日，皇帝遣礼部右侍郎加一级曹申吉，谕祭原任太子太保广东镇海将军都统一等阿思哈尼哈番加一级，因年老有疾致仕，谥襄壮，故王国光之灵曰：

鞠躬尽瘁，臣子之芳踪。恤死报勤，国家之盛典。尔王国光，性行毕毅，效力行间。方冀遐龄，忽焉长逝。朕用悼焉，特颁祭葬，用展哀悰。於戏！宠赐重垆，庶享匪躬之报。名垂信史，聿昭不朽之荣。尔如有知，尚克歆享。

碑刻说明

清刻。在公主坟村。拓片高227厘米，宽79厘米。正书，汉满合璧。无题，题为添加。

碑文考释

民国十七年（1928）《房山县志·卷三·陵墓》："清王国光墓，在公主坟村西，公号灿斗，官广东将军，谥襄壮。"

〇五〇　原任太子太保广东镇海将军都统一等阿思哈哈番加一级因年老有疾致仕谥襄壮王国光碑文

稽古建业，躯策群力，不吝爵赏，以劝有功，昭示后世，用垂不朽，所以励忠，盖甚备也。尔王国光，性行端良，才能敏练，承袭父职，效力行间，取前屯，击西安，征湖广，克大同，俱立战功。简佐司农，克共厥职。出镇海疆，著有劳绩。因年老至仕，方期颐养。忽焉长逝，朕心甚悼，特赐尔谥曰："襄壮"。勒诸贞珉，以光泉壤。国典臣谊，庶其昭垂无斁哉！

康熙十年十一月十七日立

碑刻说明

清刻。在公主坟村。拓片高222厘米，宽77厘米。正书，汉满合璧。

碑文考释

王国光墓位于公主坟村西北1里许的高地上，坐北朝南，占地5亩。西北有丘陵环绕，东南是一条小河流淌，墓地依山傍水，环境幽静。墓地宝顶高大，前面有牌楼、石兽以及石供桌、香炉、墓碑，两侧有高耸的华表，四周是青砖

砌墙，墙内有松柏林。

王国光先世本满洲，姓完颜氏。汉军旗制定，隶属正红旗。其父王一屏在天聪八年（1634）授为二等甲喇章京。顺治元年（1644），王国光由正红旗汉军副都统升为都统。顺治六年（1649），从英亲王阿济格讨伐叛将姜琅，累进一等阿思哈尼哈番。顺治十年（1653），从定远大将军屯齐征湖广。十二年（1655），再从宁海大将军伊勒德援浙江。十三年（1656）二月，任两广总督加太子太保。两年后因疾解任。康熙帝即位后，授镇海将军，驻广东潮州。康熙三年（1664）与平南王尚可喜讨伐叛将苏利。康熙五年（1666）返京，仍任本旗都统，康熙九年（1670）卒。

20世纪60年代，王国光墓被彻底破坏夷为平地，当作生产队场院，宝顶拆毁，上面盖了一排房子，石碑、供桌做了基石。后来村民将场院承包耕种，此后又作为煤场囤煤之用。如今，墓地遗址上依稀可见被垒进院墙的华表，以及零布于地上的华表基座和墓碑龟趺。

南坊村

在阎村镇北。西北邻北坊村，东南邻吴庄村，东北邻公主坟，西南邻焦庄村。

古属良乡县地。清代县志有载。清康熙四十年（1701）《良乡县志·卷一·舆地志·村店》："南坊村，治北十八里。"清光绪十五年（1889）《良乡县志·卷一·传舆地志·村店》："南坊村，距城十八里。"民国四年（1915），良乡县划分八区，南坊村属第八北区。后分三区，属第二区。今属房山区阎村镇。村内有清善禄墓。

本卷收录南坊村碑刻2件：清代2件，其中收录碑文2篇。

〇五一　善禄谕祭碑

咸丰五年正月二十五日

皇帝遣礼部左侍郎宗室肃顺，致祭于原任绥远城将军善禄之灵曰：

朕惟任寄干城，虎节重赳桓之选。勋留册府，鸾纶嘉忠荩之忱。惟成劳克纪夫旂常，斯懋典宜隆于俎豆。尔原任绥远城将军善禄，凤储伟略，早裕英谋。始宿卫于禁庐，班陪豹尾。继分司于都阃，阵演鱼鳞。阶级泽升，游参叠晋。擢副军于畿会，橛防扦于津门。即总雄兵由江右而迁山右，寻膺专阃，自蜀西而移浙西。仰先帝之恩施，知汝材之果毅。朕眷怀宿将，笃念旧臣。初移节于黔溪，嗣从戎于河洛。统貔貅而直指，百战无前。奋鹳鹤以先驱，重围立解。令名特赐勇加斐里之称，温旨攸承荣授将军之秩。赐命俾袁乎戎务，丹绋宠颁。章身更赉以隆仪，黄裳吉协。冀捷音之迅奏，乃溘逝之遽闻。劳勋轸怀，用厚饰终之典。馨香式荐，爰申谕祭之文。於戏！玉帐星沉，豹略徒伤夫大树。瑶筵露浥，龙光庶贲于重泉。惟尔有灵，尚其祗受。

碑刻说明

清刻。在南坊村。拓片高211厘米，宽77厘米。清文宗撰。正书，汉满合璧。

碑文考释

荩（jìn），忠诚。

绋（fú），同绋。引棺的大绳索。

洊（jiàn），古同"荐"。

赉（lài），赏赐。

民国十七年（1928）《房山县志·卷三·陵墓》："清善禄墓，在北坊村，官绥远将军，有碑，谥勤壮。"县志记载有误，实在南坊村。

○五二　原任绥远城将军钦差帮办军务御赐斐廑巴图鲁勇号赏戴花翎赏黄穿马褂谥勤壮善禄碑文

朕惟国家命将策勋，端重干城之选。臣子鞠躬尽瘁，聿增□册之光。既宣劳勋于生前，宜备哀荣于身后。式兹丰碣，畀以温纶。尔原任绥远城将军善禄，夙抱魁奇，聿怀忠荩。始承宿卫，累擢元戎。曾资保障于析津，旋建麾幢于重闉。矢勤劳而罔懈，爰委任之多方。曩以盗弄潢池，尘惊江皖，咨上将折冲之寄，居中州扼要之区。拔帜摧锋，重围立解。赐名褒勇，峻秩特迁。迨奋绩于畿疆，命参谋于军幄，属狼踪之续扰，统虎旅以遄征。旗鼓平开，临阵而势同破竹。欙枪顿扫，论功则威振前茅。寒暑二年，驰驱百战。用嘉丕绩，宜邀章服之颁。俾殄余氛，即听捷书之奏。沦殂遽告，轸悼殊深。缅伟略之攸资，诏司仪而展恤。谥为勤壮，足肖风规。於戏！扣鼙鼓而兴思，犹识鹰扬之绩。纪旂常而播誉，永绥马鬣之封。茂典式彰，钦承勿替。

大清咸丰六年四月谷旦建立

碑刻说明

清刻。在南坊村。拓片高212厘米，宽75厘米。正书，汉满合璧。

碑文考释

善禄，清朝大臣。蒙古正蓝旗人，图博特氏。嘉庆十六年（1811），由拜唐阿擢兰翎侍卫。二十一年（1816），迁三等侍卫。道光六年（1826），调直隶巩华城都司。二十一年（1841），升督标中军副将。二十二年（1842）二月，英国兵船侵犯浙江诸海口，随直隶总督讷尔经额前往防卫。十月，署天津镇总兵。二十五年（1845）实授。二十六年（1846），升四川提督。二十七年（1847），调浙江提督。咸丰二年（1852），以太平军洪秀全等攻湖南长沙，奉命前往镇压。三年（1853），同托明阿、胜保与义军战，俘获2000余人，赏戴花翎，赐"斐理巴图鲁"号，迁绥远城将军。四年（1854）十一月卒于军。

房山碑刻通志

新镇街道

1955年10月，经中央批准，在北京西南良乡县、房山县交界处建设中国核科学研究基地。1956年5月划出良乡县公主坟、南坊、吴庄，房山县北坊、沙窝等村部分土地，破土动工。1958年7月，一座核科研基地落成，原称401所，现为中国原子能科学研究院。配套建立起来的有生活服务设施区域、科研生产区和生活服务区。

1958年夏季，中国科学院院长郭沫若到401所视察，这座新兴的原子科学城起名为新镇。1966年4月，经国务院批准正式建立房山县新镇人民政府。1987年，北京市设立房山区，新镇属房山区。1990年2月，新镇人民政府改为新镇街道办事处。

本卷收录新镇街道碑刻4件，在原新街社区内。收录碑文4篇。

原新街社区

在新镇街道老区内，为新镇街道办事处所在。东邻原新街主路，西邻房山区阎东路，南邻房山区阎东路，北邻新镇建原路。2000年设立，原新街社区是以原子能院的"原"和新镇的"新"组成得名。2003年，西岗街社区、建原路家委会并入原新街社区。

本卷收录原新街社区碑刻4件：清代4件，其中收录碑文4篇。

○五三　董得贵诰封碑

奉天承运，皇帝制曰：朕惟尚德崇功，国家之大典。输忠尽职，臣子之常经。古圣帝明王戡乱以武，致治以文。朕钦承往制，甄进贤能，特设文武勋阶以彰激劝，受兹任者必忠以立身，仁以抚众，智以察微，防奸御侮，机无暇时。能此则荣及前人，福延后嗣，而身家永康矣，敬之勿怠。董得贵尔原系白身包牛录章京，定鼎燕京入山海关之日，击流贼马步兵二十一万，尔同固额真谭泰步战对阵败之。嘉尔故授为拜他喇布勒哈番。

顺治二年二月一十八日，天下统一。效古圣王之制，尊崇太祖武皇帝功德，配祀上帝，礼成，念诸旧臣世效劳绩，故由拜他喇布勒哈番加一拖沙喇哈番。

顺治七年十月二十二日，天下大定。效古圣王之制，上圣母昭圣兹寿皇太后尊号，礼成由，拜他喇布勒哈番兼一拖沙喇哈番，升为三等阿达哈哈番。

大婚礼成，亦效古制，加上圣母昭圣兹寿皇太后为昭圣慈寿恭简皇太后尊号，礼成，由三等阿达哈哈番升为二等阿达哈哈番，世袭罔替。顺治九年正月二十六日，因年老身病，将职替给亲男董殿邦，仍承袭二等阿达哈哈番，世袭罔替如前。

康熙十五年十月二十五日

碑刻说明

清刻。在原新街社区，原为南坊村地。拓片高 202 厘米，宽 77 厘米。正书，汉满合璧。

碑文考释

清内务府汉军正黄旗世家董氏家族墓地，位于房山区新镇政府所在地原新街社区。现存 4 块碑刻，碑刻文字汉满合璧，因年久风雨冲蚀，字迹已模糊不清。这 4 块碑刻分别为：康熙十五年（1676）十月《董得贵诰封碑》、康熙十六年（1677）十一月《董得贵及妻舒穆禄氏、纳喇氏诰封碑》、康熙五十一年（1712）十一月《皇清诰赠骠骑将军镇守湖广沅州等处地方总兵官加一级董公暨配赠夫人郭罗罗氏继配赠夫人黑摄李氏合葬墓碑》、乾隆年间《光禄寺少卿内务府总管董公墓表》。4 块碑刻的赑屃碑座尚存于原新街社区儿童乐园内。由于年代久远，董氏家族墓地的规模现已经失考。

董氏，内务府正黄旗汉姓人，在《八旗满洲氏族通谱·卷七四·董文选传》中，附载"满洲旗分内之尼堪姓氏"。始迁祖董文选，世居抚顺地方，前三世无功名，为普通包衣。其曾孙董得启，原任员外郎；董得贵，始由军功获官爵、世职。《董得贵诰封碑》载："董得贵，尔原系白身包牛录章京，定鼎燕京入山海关之日，击流贼马步兵二十一万，尔同固山额真谭泰步战对阵，败之。嘉尔故授为拜他喇布勒哈番"。

包，包衣，是仆人身份。牛录章京，是下级武官，手下 300 士兵。

董得贵初为奴仆身份，战时是个牛录章京，以军功擢正黄旗包衣第四参领第一旗鼓佐领，又任第五参领第六旗鼓佐领首任佐领。《八旗通志》初集卷四说该佐领系"国初编立"，确切时间不可考，从其原籍地域看，应在太祖时期。入关时，董得贵在山海关对李自成农民军一役，作战勇敢，立有战功，获骑都尉世职。入关后，三遇恩诏，累加至二等阿达哈哈番。后年老身病，由亲子董殿邦袭职。

当年，权势显赫的董氏家族，择京畿门户良乡地方为家茔。董氏家族墓可考的葬者为董得贵，董得贵子董郝善（浩善）、董殿邦，之后或有葬者，已无从考证。

○五四　董得贵及妻舒穆禄氏、纳喇氏诰封碑

奉天承运，皇帝制曰：国家思创业之隆，当崇报功之典。人臣建辅运之绩，宜施封爵之恩。此激劝之宏规，诚古今之通义。尔二等阿达哈哈番管牛录侍郎

品级内銮仪使加三级董得贵，性资端谨，才识宏通。悉力扈从，恪慎无渐于职守。宣劳政务，夙夜克矢乎寅恭。任用有年，处心益励。崇阶洊陟，历试能勤。欣兹庆典之隆，宜沛恩纶之宠。爰颁新命，以示褒嘉。兹以覃恩，特授尔阶光禄大夫，锡之诰命。於戏！推恩申命，爰弘奖于忠贞。树德懋勋，尚益勤于笃棐。祗服朕命，勉尽乃心。初任管牛录，二任拜他喇布勒哈番照旧管牛录，三任拜他喇布勒哈番加一拖沙喇哈番照旧管牛录，四任三等阿达哈哈番侍郎品级内銮仪使，五任二等阿达哈哈番照旧侍郎品级内銮仪使，六任世袭二等阿达哈哈番照旧侍郎品级内銮仪使加三级。

制曰：作朕股肱，良臣所以矢夙夜。厘尔女士，内则亦以效劻勷，休命用申，壸仪维懋。尔三等阿达哈哈番牛录侍郎品级内銮仪使加一级董得贵嫡妻赠夫人舒穆禄氏，相夫克谐，宜家著范。尔夫恪勤尽职，藉尔黾勉同心，内则既娴，褒纶宜锡，兹以覃恩赠尔为一品夫人。於戏！眷此勤劳之佐，久藉同心。嘉尔贞顺之贤，载颁异数。幽灵不昧，佩此明纶。

制曰：人臣宣劳于外，宁恤其家。朝廷代体其心，均从乎贵。爰申宠命，以奖令仪。尔三等阿达哈哈番牛录侍郎品级内銮仪使加一级董得贵继妻纳喇氏，嗣相尔夫，克著令仪，踵彼前徽，彰兹合德。内则无忝，并锡褒纶。兹以覃恩，封尔为一品夫人。於戏！显命特颁，用表宜家之范。小心是式，益勤内助之贤。永相尔夫，用谐予治。

龙飞康熙岁次丁巳仲冬谷旦立

碑刻说明

清刻。在原新街社区，原为南坊村地。拓片高 200 厘米，宽 77 厘米。正书，汉满合璧。

碑文考释

此为董得贵妻舒穆禄氏、纳喇氏诰封碑，上镌康熙赐董得贵及两妻的诰命。诰封董得贵为二等阿达哈哈番管牛录侍郎品级内銮仪使加三级，其嫡室舒穆禄氏、继室纳喇氏分别为一品夫人。纳喇氏，即那拉氏，金代为挈懒氏。

康熙岁次丁巳，即清康熙十六年（1677）。

○五五　皇清诰赠骠骑将军镇守湖广沅州等处地方总兵官加一级董公暨配赠夫人郭罗罗氏继配赠夫人黑摄李氏合葬墓碑

公讳郝善，姓董氏，世为奉天东宁人。父良庵公积功官光禄大夫銮仪卫使，世袭二等阿达哈哈番，生二子，公其长也。幼开敏练达，性孝友，以大臣子选为銮仪卫整仪尉，历治仪正云麾使、冠军使，能于其职。初设内务府十三衙门，改会计司郎中，管佐领事。康熙十三年，滇逆犯楚境，朝廷发大兵讨之，乃特授公岳州水师副将，军中每出堵贼有功。十四年，调湖广督标左路副将，防守荆州沿江八亩滩、陈家渡、王家厂等处，贼不敢犯。十五年，殖大兵过江，击贼于太平街，转战三昼夜，克之。十六年，复岳州，进兵长沙。三月朔击贼，多斩馘。九月，从长沙取江西，间道攻茶陵。十月望，复之。十七年三月，复永、郴、兴、宜、嘉禾、桂阳、临、蓝、两桂等州县。五月，贼众十万乘永兴，公与都统喇公、副将廖公，誓死守。阅三月，贼引去，永兴复完。十八年二月，以兵二千征长宁，时伪将军胡国住等九家居城中，公率众冲其锐，贼弃城走，复长宁。秋，又复道州、江华、全州、东安、复宁等处。九月，会师武冈，分攻黄茅、鸡坡二岭，克之。于是，论功最，诏晋公总兵官，驻武冈。不四月，调沅州。二十年，征古州八万猺峒贼黄明，歼之。二十一年，凯旋沅州。二十二年十二月三日卒，年五十六。公可谓勇战敬官，而以死勤事者已。康熙二十四年五月十三日，葬于良乡县南方村之原，原配赠夫人郭罗罗氏、继配赠夫人黑摄李氏祔。两夫人皆出名族，能执妇道以佐公者也。子花子，孙二人，皆能克家者。是为表。

赐进士及第光禄大夫经筵讲官刑部尚书加一级德清胡会恩撰并书

康熙五十一年十一月二十一日吉旦立

碑刻说明

清刻。在原新街社区，原为南坊村地。拓片高209厘米，宽78厘米。正书，汉满合璧。

碑文考释

据《八旗满洲氏族通谱·卷七四·董文选传》，董郝善（通谱写作浩善）为董文选四世孙，与董殿邦为兄弟辈。董郝善葬于董氏家族墓董得贵之下，其"父良庵公积功官光禄大夫銮仪卫使，世袭二等阿达哈哈番"和董得贵的身份相吻合，故必是董得贵子。"良安公"乃是董得贵。

其父"生二子，公其长也"。董郝善卒于康熙二十二年（1683），56岁，推知其生于清天聪元年（1627）。据考董殿邦生于顺治十二年（1655），董郝善长董殿邦28岁。故董郝善为董得贵长子，董殿邦为次子。从年龄看，是董得贵前妻舒穆禄氏所生，而董殿邦是继室纳喇氏所生。

董郝善，因为父亲为清廷大臣，选为銮仪卫整仪尉，历任治仪正、云麾使、冠军使，能于其职。后来，设内务府十三衙门，董郝善改会计司郎中，管佐领事。

康熙十三年（1674），吴三桂犯湖北，清廷发兵征讨，董郝善时年47岁，特授岳州水师副将，率部多次围堵敌军，大获全胜。康熙十四年1675），调湖广督标左路副将，防守荆州沿江八亩滩、陈家渡、王家厂等处，贼不敢犯。康熙十五年（1676），随大兵过江，转战三日三夜，攻克太平街。康熙十六年（1677），收复岳州，进兵长沙。当年三月初一，与敌交战，杀敌甚众。九月，从长沙取江西，取道偏僻的小路攻茶陵，十月十五日收复。康熙十七年（1678）三月，收复永州、郴州、兴州、宜州、嘉禾、桂阳、临县、蓝县，及两桂等州县。当年五月，敌十万进攻永兴，董郝善与都统喇某、副将廖某，誓死守。历时三月，敌兵退走。康熙十八年（1679）二月，率兵2000征长宁，敌将军胡国住等九家居城中，董郝善率兵冲击其精锐，胡国住等弃城而逃，收复长宁。当年秋，收复道州、江华、全州、东安、复宁等地。九月，会师武冈，分兵攻克黄茅、鸡坡二岭。论功称最，康熙下诏，晋升总兵，驻武冈，调沅州。康熙二十年（1681），古州黄明80000猺峒作乱，被董郝善一举歼灭。康熙二十一年（1682），凯旋沅州。康熙二十二年（1683）十二月三日卒，享年56岁。

自康熙十三年（1674），到康熙二十年（1681），董郝善8年征战，功勋卓著，凯旋翌年而卒。盖棺定论，"可谓勇战敬官，而以死勤事者"。

康熙二十四年（1685）五月十三日，葬于良乡县南方村。原配赠夫人郭罗罗氏、继配赠夫人黑摄李氏祔葬。

原新街社区

〇五六　光禄寺少卿内务府总管董公墓表

公讳殿邦，字□。公世为辽海人，以从龙华胄，袭替二等阿达哈哈番。历官会计、营造两司员外郎、郎中，兼佐领参领，奉旨特补光禄寺少卿，仍兼郎中事。旋以慎刑司掌印郎中，代内务府总管兼管奉宸苑印，嗣补放畅春园总管，又总理三陵内务府总管，又总理畅春园西花园事务。自康熙十五年袭爵，迄乾隆四年致仕，统计六十余年，黾勉供职其间。出兵者一，奉差粤东者再。出浒墅关差者一，以管护军参领扈路随驾者一，差往热河查行宫者一，屡蹶复起，始终一节，三应诰命，累朝□奉至□至渥，年八十四，考终正寝。子九人，孙十二人，曾孙七人，比肩□□□□箕裘。呜呼！公可谓三朝之硕辅、一代之伟人矣。公学识该洽，经济优长。随所服官，皆有建树。当公之扈跸南巡也，奉旨图写全河形势，日与河臣商榷，备防蓄泄之要，动中机宜。江淮间素苦沮洳，砥柱狂澜，公与有力，至今故老有能言其事者，尚□时感事，俎豆不忘云。晚年□德尤深，著自□□其言，皆怡然理臧。乙卯岁孙□尔□阿登贤书成，友皆为公称贺。公徐曰：读书以敦伦立品为先，克尽其道，虽终老牖下可也，不尔徒为科名增愧耳。众服其至论。子延龄、延忩、延恺先后补博士弟子员，公亦唯日勉以□志行卓之道，俾之崇质实而去浮华。公之所见卓然，岂不超出寻常万万哉？余壬子岁来京都，以公长子□等护卫众神保为居停，因得接公丰仪，闻公绪论，私心折服，恨相见晚。今公之没也，其子若孙皆以余为稔知公者，特乞片言纪实，表盛德书贞珉，义不敢以言之无文谢也，作光禄寺少卿内务府总管董公墓表。

赐进士出身礼部仪制司主事陈大复拜撰
赐进士出身日讲官起居注翰林院侍讲观保拜书

碑刻说明

清刻。在原新街社区，原为南坊村地。拓片高215厘米，宽77厘米。正书，汉满合璧。

碑文考释

董殿邦，卒于乾隆四年（1739），年84岁，据此其生年为清顺治十二年（1655）。此碑载"自康熙十五年袭爵"，康熙十五年（1676）十月二十五日《董得贵诰封碑》载："顺治九年正月二十六日，（董得贵）因年老身病，将职替给亲男董殿邦，仍承袭二等阿达哈哈番，世袭罔替如前。"

顺治九年（1652），董殿邦还没出生，此后3年即顺治十二年（1655）董殿邦出生。显然，顺治九年（1652）非董殿邦袭职之年，应是董得贵告老致仕之年。《董得贵诰封碑》落款的"康熙十五年十月二十五日"为董殿邦受诰命袭爵之日，当年董殿邦21岁袭二等阿达哈哈番，仍世袭罔替。

董殿邦受命袭爵的当年，将这则诰命勒于贞珉，立于亡父董得贵之墓。

袭爵之前，董殿邦少年入仕，历任会计、营造两司员外郎、郎中，兼佐领参领，奉旨特补光禄寺少卿，仍兼郎中事。不久以慎刑司掌印郎中，代内务府总管兼管奉宸苑印，补放畅春园总管，总理三陵内务府总管，总理畅春园西花园事务。自康熙十五年（1676）袭爵至乾隆四年（1739）84岁致仕（不久病故），64年间，历康熙、雍正、乾隆三朝，先是奉命出征，又奉差广东，再奉差浒墅关（浒墅关在苏州城西北、南阳山东北麓），以管护军参领扈路随驾，奉差往热河查行宫。被誉为"三朝之硕辅、一代之伟人"。他学识渊博，经济优长，姓名频频见于内府档案，凡所服官，皆有建树。扈跸南巡时，奉旨图写全河形势，日与河臣商榷，备防蓄泻之要，动中机宜。多年以后，当地故老对他的治河业绩仍念念不已。董殿邦有董延龄、董延恁、董延恺等9子，12孙、7曾孙，多在朝内外为官。

房山碑刻通志

窦店镇

在房山区东南部，北邻阎村镇，东至小清河，南邻琉璃河镇，西至大石河。古为西周燕国北郊，春秋为燕国中都，战国为燕中都县。西汉高祖六年（前201）置良乡县，隶属涿郡。故城在今房山区窦店村西1里，尚存遗址。王莽时称广阳，东汉复名良乡。三国魏隶属范阳郡。晋隶范阳国、范阳郡。北齐天保七年（556）并入蓟县，武平六年（575）复置，隶属涿郡。隋开皇六年（586）隶属幽州，大业三年（607）改州为郡，隶属涿郡。唐隶属幽州。武则天周圣历元年（698），改为固节县；唐中宗神龙元年（705），复名良乡县。五代后唐长兴三年（932），移县治阎沟（今房山区拱辰街道）。

历辽，至金大定二十九年（1189），设万宁县，卢村、苏村、瓦窑头、于庄、下坡店划归万宁县。明昌二年（1191）改万宁县为奉先县，属奉先县。至元二十七年（1290）改房山县，属房山县。明、清属房山县。民国初，房山县划分五区，上述五村属第一区。民国五年（1916）二月，改九区，仍属第一区。1949年后，属房山县。

东部诸村属良乡县。康熙四十年（1701）《良乡县志》在册村庄有七里店、望楚、旧店（窦店村）、白草洼4村。清光绪十五年（1889）《良乡县志》，在册仍为上述4村。民国四年（1915），良乡县划分八区，七里店、望楚、窦店镇（今窦店村）、白草洼属第五西二区。后良乡县划三区，属第二区。1949年后，属良乡县。

窦店镇西安庄村原属窦店村，板桥村原属卢村，田园村属苏村，直到民国，仍然未独立村，至1949年新中国成立后才独立成村。

1949年10月，中华人民共和国成立，窦店镇村庄仍分属河北省良乡县、河北省房山县。1958年3月，撤销良乡县、房山县，合并成立周口店区，划归北京市，成立周口店区琉璃河人民公社窦店工作站。1960年改周口店区为房山县，属房山县。同年撤销窦店工作站，成立窦店人民公社。1983年，撤销窦店人民公社，设立窦店乡。1987年设立房山区，窦店乡属房山区。1990年撤销窦店乡，设立窦店镇。2001年11月13日，交道镇并入窦店镇。

本卷收录窦店镇碑刻21件，分布于窦店村、望楚村等4村，其中：窦店村14件、瓦窑头2件、望楚村3件、大高舍2件。收录碑文21篇。

窦店村

窦店镇政府所在地。古名良乡，五代后唐长兴三年（932）到清中早期，名旧店，晚清至民国名窦店镇，今名窦店村。

窦店村西周时期居燕都西北郊，春秋为燕国中都，战国为燕国中都县。西汉高祖六年（前201）设良乡县，为良乡县治所，从此地名良乡。历东汉、三国、晋、北朝，北齐天保七年（556），良乡县并入蓟县，属蓟县。武平六年（575），复置良乡县，复为良乡县治所。隋属良乡县昌乐乡临治里。唐武则天周圣历元年（698），改良乡县为固节县。唐中宗神龙元年（705），复名良乡县。五代后唐长兴三年（932），良乡县治所自窦店移至阎沟（今房山区拱辰街道）。从此，古窦店村地不再叫良乡。辽金时期，窦店村称旧店，至清代仍称旧店，清康熙四十年（1701）《良乡县志·卷一·舆地志·村店》："旧店，县南二十五里。"

清光绪时期，始称"窦店镇"。民国四年（1915），良乡划分八区，窦店镇属第五西二区。后分三区，窦店镇属第二区。今名窦店村，属房山区窦店镇。

窦店村碑刻14件：唐代1件、辽代1件、金代1件、明代7件、清代4件，其中收录碑文14篇。

拱辰街道、西潞街道、长阳镇、良乡镇
阎村镇、新镇街道、窦店镇、琉璃河镇

○五七　贤劫千佛之碑

夫双林寂灭，去而已丰。会下生□，□□□见。虽复人间天上，无处处分身，石辟山岩，时时□□，□是如来生灭，本非弟子所留。佛日既沉，岂是人天□□？若非优填念想，师子思惟，妙凿香檀，新磨水□，□布色相。更学莲开髣髴，光□□看月满。上柱国□□车骑良乡县令项城伯开国公宏慈洛公，着因□悟，归依无量，薰修自然，□道故得明珠，佛性□□，树叶经文，□看即显，□□□□□天□，分崩集镜，飞□贼奋□经□香塔□□□□风尘细雨、花台之中□□霜露□公大悲所感，伤心满目，以此碑初系旧在，即夜乱离，功德未就，常恐由旬，磐石尚逐天衣，数□□城仍空芥子，若非缮造，又将摩岁，乃开□道俗，即□□碑，就此庄严，是为福地。以今大唐武德四年岁次辛巳正月己未朔十五日癸卯，凿经山店，寥然岁定，□备具足，一时圆满。眉间白雪，并放神光。睑上□□，□□□笑。乃凭兹灵相，托是妙因。愿皇帝储宫，望云□□，□五眷属，磐石幽域，无量四生，同登十号，若夫□□□□，而天湛益未亏，东南自倾，锦地岿然无动。词曰：

释迦灭度，弥勒生□。□来累劫，过去千年。树林虽变，光影仍圆。难修净业，乐为有缘。智慧人王，神通弟子。瞻仰未足，寻思无已。天上摸乘，檀中镂似。七重宝映，千轮花裹。陈勒将军，江陵县令。逐刀泉涌，回风火定。慧日开开，耶云天□。佛光遍满，庄严长净。四重珠柱，千龛细发。座绕新莲，□□细雪。照曜光彩，玲珑洒月。兰菊长生，春秋□绝。

碑刻说明

唐刻。此碑于窦店麦田中出土。碑身高 228 厘米，宽 95 厘米，厚 37 厘米。碑身有裂痕，佛像被毁坏，字迹泐甚。碑身雕有千佛。碑阴中部刻有题记文字，阳面篆书"贤劫千佛之碑",现存于云居寺北塔东侧。

碑文考释

此碑上刻千佛,由良乡县令洛宏慈立于唐武德四年(621)正月十五日。"以此碑初系旧在,即夜乱离,功德未就",知此千佛碑镌于隋末,时逢战乱,千佛碑没有完工,故未树立。李唐代隋,天下太平。良乡县令洛宏慈令人在碑首镌上此碑来由,树立起来。

此碑见证了窦店村的悠久历史和该村佛教文化的悠远。窦店对西有清凉寺,"贤劫千佛之碑"或该寺之碑。那么,该寺的历史可以追溯到隋代。

"凿经山店,寥然岁定,□备具足,一时圆满。眉间白雪,并放神光。"是否与窦店村先贤参与唐初白带山刻经有关?尚需进一步印证。

○五八　清凉寺塔座铭

清宁三年岁丁酉二月丁未朔二十七日癸酉日记。提点成办人冯绚,燕京作头王文善成造,长男辰儿镌。

碑刻说明

辽刻。在窦店村清凉寺。拓片高15厘米,宽23厘米。

幢文考释

清凉塔,名千佛塔,幢经式石塔,上镌佛像240尊,原立于清凉寺东岳殿前。造塔者为辽燕京作头王文善,王文善长子王辰儿为造塔工匠,亲手雕造佛像和文字,冯绚主持造塔事。辽清宁三年(1057)二月二十七日记事立塔。

民国十三年(1924)《良乡县志·卷一·舆地志·古迹》:"清凉寺东岳殿前,石幢高丈余,八角形,上刻佛像二百四十尊,俗名曰千佛塔,正书清宁三年二月.按清宁系辽道宗纪元年号。"

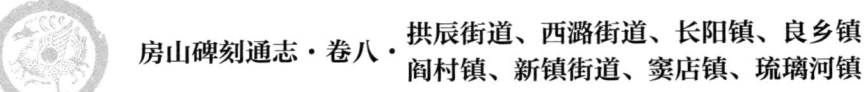

〇五九　东岳庙女冠卜道坚升云之幢

寻天救苦天尊

升天得道天尊

盖积功累行者世之所尚，受持斋戒者人之所推。历观古昔为道之士或尽办而行，或中道而止者，不为不多矣，能抱道专一，度脱尘凡，古难其人。观于庞公灵照刹那之悟，皆由此理。迩者女冠卜氏，俗本房山，自幼年而悟出家，后受恩戒，法名道坚，弃俗归真四十余年矣。守持太上正一法箓，清洁严肃，驱邪治病，无不应者。门徒张志仙数人，皆述其本邑坛众，知其得行清高，邀请至本邑东岳庙构坛治病，经历年久矣。观其前后建功，求请事业，莫不尽善，度春秋七十有四，乃泰和丙寅四月十有七日，已年殊无疾病，召门弟子曰："来日辰时，须当行上。"右手稽首。侍者惊曰："况师安康，何发此语？"有顷至，但如其眠。徐往观之，诚如其言也。若非至人，安得如此明了。门徒（下缺）

泰和八年四月十有八日　立石张志仙

铭曰：女冠之道，法箓神仙。成修成洁，德行精专。一气除邪，万病皆安。门徒众众，功累累然。□山□□，神形骸然。尽□玉华，□□□□。□□□□，□□□□。□□□□，□□□□。

碑刻说明

金刻。在窦店村清凉寺。八角石幢。拓片一纸，高50厘米，宽90厘米。八面刻，正书，23行，每行19字。这是迄今房山地区仅见的道士经幢，也是北京地区年代最早的东岳庙遗物。

幢文考释

女道士卜氏，俗家奉先县西大房山，自幼悟道出家，后受恩戒，法名道坚，弃俗归真40余年矣。"守持太上正一法箓"，女道士道坚属正一教派，此幢说明，起码在金中期，正一教已经传播到北京地区。道坚医术高明，驱邪治病，手到病除。因她德行清高，良乡县信众邀请她在东岳庙构坛治病，多年以后的泰和丙寅，即泰金和六年（1206）四月十有七日，无疾而终，寿74岁。据其卒年，道坚生于金天会十年（1132）。

"正一"二字的意思是正以驱邪，以一统万。《崆峒问答》曰："何谓正一？正者不邪，一者不杂。正一之心，则万法归一，故曰正一。"

正一教由道教祖天师张道陵所创立，并撰写《老子想尔注》，为后期道教发展打下了基础。随后，又由其孙张鲁改革教团，待曹操拜其为镇南将军后，道教开始向北方传播。张道陵的四代孙张盛，又将传教的地区从青城山迁至到龙虎山，至此道教也开始向中国的东南地区发展。天师道，是张道陵、张衡、张鲁，祖孙三代所立。当时在巴蜀一带，原有巴人信奉原始巫教，大规模的淫祀害民。而这些祀奉鬼神的法教巫师聚众敛财，无恶不作。张天师携王长、赵升二位弟子和黄帝九鼎丹经，来到北邙山修行，平定了那些祸害百姓的巫妖之教。

正一道的创立，使道教开始以教的形式出现，区别于以前的方仙道，奉太上老君为最高崇信，奠定了近两千年的道教历史。

金代，正一教、大道教（后名真大道教）、全真教，先后进入中都地区即今北京地区。金大定时期，由于金世宗的支持，各教派在中都地区尤为活跃。女冠道坚的事迹佐证，东岳庙应是金大定以后在清凉寺增建，这是迄今可考的、北京地区最早的正一教遗迹。

○六○　清凉寺并东岳行祠碑记

赐进士及第出身顺天府府丞中宪大夫黄杰撰

赐进士及第出身刑部郎中奉政大夫陈思忠篆

詹事府贡士出身主簿厅主簿征仕郎□本书

旧店有清凉寺，原号古刹，内有石塔，塔有千佛，与东岳行祠相邻，巍然为两福地，始则莫知其何时也。叩之即应，感而遂通。具有殿堂而无门庑，墙垣倾圮，四顾荡然，弗称妥神奉佛之意，亦无以启过人瞻仰之心也。爰有官舍杨琮，大发肯心，谋于住持德升者，有德之真僧也，又得乡老李普祥等辈协助画置，劝缘善信，或出黄白等金，或出谷麦等货，□□成化甲辰秋七月初吉，姑鸠工经营，遂创庙门一座计三间，寺门一座计三间，缭以周墙，东西若干步，南北若干步。规模弘敞，栋宇仑奂。事神奉佛之所，乃于是而□称□□倪。妪姬过之，感起敬焉。卒功于次岁春王正月初吉。琮欲镌功勒成以告将来，遂砻大珉，因过汤省，求文以纪。询及其地，为隋末窦建德建都之地，古城尚在，寺庙址在城东。先时琮祖父讳信，系直隶兴州中屯卫中所户侯下舍人，虑乏嗣，尝塑岳神像，剪发为神髯，遂诞父生勇，于正统十四载被□北获，神佑□□□一□，夺马而归，命于北征到与大同，又德功次蒙廷加赏，升授所镇抚，五年被累转授巡宰，始真定平山县，次陕西巩昌、徽州虞关，次保定唐县倒马关，历任三关有功无过，升授山东商河邑簿，加俸八品，寻丁内艰改授汤邑。一路功名，赫赫奕奕。凡有凶徒为害，神必梦告，至苂如射之中鹄。继生五子长曰琮，次曰瑄，曰瑛，曰瓅，曰震，行行济济若此，谓非神之荫乎？且琮始生，父母惮于难育，即许在本寺为僧，后虽弗果至寺，而身其康强，家其殷实，鞍马仆从充塞闾里，若此又非佛之荫乎？今琮创修两福地之门，一则有继祖父之先志，一则不忘祖父母之初心。吾知其善□于阴，福应于阳，爰及苗裔，亦复如是与，凡同缘之人皆获荫于无穷矣。铭曰：

清凉古刹，岳祠是邻。释存悲济，神秉洪钧。无愿不从，有求即应。祚善祸淫，醻酢如镜。始创莫考，荒凉在因。建德城中，来游麋鹿。桓桓杨侯，先绘神颜。以祈绩嗣，剪发为髯。果获神佑，诞男曰勇。韬略成功，官如旋踵。继以子姓，昆季五人。八龙三凤，可以齐名。琮继祖志，创岳三间。莫忘父心，释门并轩。神灵以憩，佛像以康。曰神曰佛，必赐尔臧。赐之何如，宦情愈壮。兰桂腾芳，家声益旺。故勒坚珉，以纪□□。传之万年，留与寥廓。

大明成化二十年甲辰岁秋七月吉日立　石作刘敏　程□　刘宽　镌刊

碑刻说明

明刻。在窦店村清凉寺。拓片高168厘米，宽80厘米。碑额篆书"清凉禅寺碑记"。

此碑落款"大明成化二十年甲辰岁秋七月吉日立"。碑文分明载道："成化甲辰秋七月初吉，姑鸠工经营……卒功于次岁春王正月初吉。"即成化二十年（1484）七月初一开工，成化二十一年（1485）正月初一竣工。

立碑和开工时间在同年同月显然不合情理，且提前知悉竣工时间及所修建筑情况，显然不合情理。或是此碑曾经重镌，出于疏忽，以至讹谬？

碑文考释

"旧店有清凉寺，原号古刹，内有石塔，塔有千佛，与东岳行祠相邻，巍然为两福地，始则莫知其何时也。"

此碑立于明成化，此时窦店名为"旧店"，文云："内有石塔，塔有千佛"，清凉寺内石塔，为经幢式塔，建于辽清宁三年（1057）二月二十七日。说千佛是习惯说法，实则有佛240尊，名曰千佛塔。"与东岳行祠相邻，巍然为两福地。"清凉寺和东岳庙同处一地。

当时，清凉寺和东岳庙，殿堂尚在，山门墙垣倾圮。杨琮和寺内住持德升商议，又得乡老李普祥等人协助赞画，劝募善信，施金银、谷麦，于成化二十年（1484）七月初一，鸠工经营，创东岳庙门1座3间，清凉寺门1座3间，四周筑起院墙。成化二十一年（1485）正月初一告成。

杨琮重修清凉寺并东岳庙，有其家族之因。碑述，杨琮祖父杨信，担忧乏子，恰好重塑东庙正殿东岳大帝神像，杨信剪头发作东岳大帝两腮的胡须，祈求赐子，果然生下杨勇。

正统十四（1449）杨勇随明英宗朱祁镇北征瓦剌，土木堡兵败，杨勇做了瓦剌的俘虏，伺机夺马而归，又奉命北征至大同，立下战功，获朝廷奖赏，升授所镇抚，5年被累转授巡宰，先后就职真定平山县、陕西巩昌、徽州虞关、保定唐县倒马关，历任三关有功无过，升授山东商河县主簿，加俸八品，改授汤阴县主簿。杨勇化险为夷，获功受赏，一路加官晋爵，认为是由于其父杨信的功德，受东岳大帝神灵的护佑。杨勇有五子，长子杨琮，次杨瑄、杨瑛、杨璨、杨震，也认为是受神灵的荫庇。

杨琮为杨勇长子，刚刚出生的时候，杨勇夫妇担心不好养活，许愿让他在清凉寺为僧，尽管杨琮因故没有出家，"身其康强，家其殷实，鞍马仆从充塞闾里"，也认为是神的荫庇。

碑文说杨琮重修清凉寺、东岳庙山门各3间并墙垣，"一则有继祖父之先志，一则不忘祖父母之初心"。

杨勇第二子杨瑄，县志有载。民国十三年（1924）《良乡县志·卷一·舆地志·古迹》："义井，在旧店东。前明义士杨瑄捐资穿井，水甘而不竭，居民赖之，故称为义井。"

杨勇第三子杨瑛，县志有传。民国十三年（1924）《良乡县志·卷五·人物志·孝义》："杨瑛兴州中屯卫人，父母疾革，谓瑛曰：'尔兄弟无分居。'父殁，兄弟求分财，瑛佯许之，乃他适，数月方归。或问之，瑛曰：'手足天性，欲分者，一时之私，久之则友爱之情如故矣。'后兄弟屡欲分而瑛屡他适，卒全父命。及兄弟俱殁，抚群侄如子。五世同居，百口共爨。年八十终。教育子孙有方，忠孝济济。乡国皆称义门。"

自杨信历杨琮，杨氏后人代代重修清凉寺并东岳庙，东岳庙俨然成为家庙，这在古房、良两县极为罕见，成为窦店镇历史上一种独特的地方乡俗文化。

碑文称"询及其地，为隋末窦建德建都之地，古城尚在，寺庙址在城东。"意思是，询问清凉寺和东岳庙之所在，是隋末窦建德建都之地，古城还在，寺庙在古城之东。这是最早记载窦店古城是"隋末窦建德建都之地"说。

良乡县志，也有类似的记载。窦店古城，县志作"阳乡城"。清光绪十五年（1889）《良乡县志·卷一·古迹》："在县西二十五里旧店西一里许，旧传窦建德筑。"

窦建德，字建德，贝州漳南（河北故城县）人。隋朝末年河北农民起义领袖，东汉大司空窦融后代，辽东宣王窦拓玄孙。

出身扶风窦氏，世代务农，重信然诺，出任里长。崇尚豪侠，为乡里敬重。大业七年（611），隋炀帝募兵征高句丽之时，担任二百人长，目睹兵民困苦，义愤不平，遂抗拒东征。带领孙安祖进入高鸡泊，举兵反叛，全家坐罪遇害。率部归顺高士达起义军，先后击败魏刀儿、宇文化及、孟海公等，建立夏国，称雄于河北。武德四年（621），为了援救郑王王世充，窦建德带兵攻打虎牢关兵败，为秦王李世民所俘虏，被押解长安处死。

大业十三年（617）正月，窦建德在河间郡乐寿县筑坛，自立为长乐王，年号丁丑，开始设置百官。乐寿县为窦建德初都之地。

唐武德元年（618）冬至那天，窦建德在金城官聚会文武官员，有五只大鸟降落在乐寿城，几万只鸟雀跟着飞来，整整过了一天才飞走，因此改取年号为五凤，国号"夏"。武德二年（619），灭宇文化及于聊城，克洺州，迁都洺州。

乐寿县，隋仁寿元年（601）改广城县置，属瀛州。治所在今河北献县西南一里。《寰宇记·卷六三·深州乐寿县》："取其理城（乐寿亭）为名。"大业初属河间郡，大业十三年（617）移治今献县。

洺州，北周宣政元年（578）置，因境有洺水，故名。治广年县，隋改永年县，在今河北永年县广府镇。

可见，窦建德先后以乐寿县、洺州为都，和时为隋良乡县治所的窦店古城毫无关系。窦店村西的古城，始于春秋燕国，历战国，自西汉至隋，为历代良乡县治所。

窦建德占据河北，窦店古城所在的良乡县，为幽州守将罗艺所控。

其间，窦建德曾四攻幽州：

武德元年（618）十月，窦建德率十万人进攻幽州城，幽州总管罗艺布老弱之兵于城下以为诱军，令薛万均领精兵百人乘窦军半渡而击，窦建德大败，未能克城。

武德元年（618）十二月，窦建德眼看正面攻打幽州城不行，采取迂回策略，分兵攻打霍氏城堡和雍奴（今河北武清西北）等地，罗艺派兵救援，又将其击败，窦建德师回乐寿。

武德三年（620）五月，窦建德派部将高士兴第三次攻打幽州，不克，退军笼火城。幽州总管罗艺率军奔袭，大破其军，斩首5000级，窦建德夺取幽州的行动再次失败。

武德三年（620）十月，窦建德亲率二十万大军攻打幽州，一举打到幽州城下，攻城的士兵甚至已经爬到了城楼上。薛万均、薛万彻率领死士百人，从后方突袭窦建德的军阵，窦建德军惊慌失措而溃败。

每次战事，都以幽州城为目标，作战地点三次在幽州城，一次在雍奴，今河北武清县西北，与窦店相距甚远。战事激烈，来去匆匆，就情势而言，也无建城建都之可能。

窦店古城出土的唐武德四年（621）《贤劫千佛之碑》更可直接佐证"询及其地，为隋末窦建德建都之地，古城尚在"之谬。此碑原为隋刻，由于隋末战乱，未及树立，武德四年（621）由良乡县令洺宏慈令人在碑首镌此碑来由，树立起来。

唐初，良乡县令洛宏慈临治此城，完隋人未尽之碑。从中佐证了窦店古城隋为良乡县治所，向在幽州总管罗艺控制之下，唐初仍为良乡县治所的真实历史。而窦建德武德二年（619）移都于洺州，今河北永年县广府镇。武德四年（621）窦建德虎牢关兵败被俘虏，被处死于长安。可见窦店古城既非窦建德所建，亦非窦建德夏国所都。

窦建德生平，见《旧唐书·窦建德列传》《新唐书·窦建德列传》和《资治通鉴》。

毫无疑问，窦店古城为窦建德建城定都说，实为俗传野说。正史历历，可证其谬。

今世多见伪史传播，误人视听，甚至以假乱真。究其因，世人每信俗传，疏略正史，至以讹传讹。

〇六一　东岳庙碑

旧店之有东岳庙，我国初尚有基址，而庙宇倾颓，竟无碑刻可考，父老相传，盖创建于唐之贞观，其来远矣。正统间北虏深入，高祖曾避难于此，祈□□难□当新之，果卒免于难，且阴相其伟功，授汤阴簿，为一时豪杰，神之祐我祖亦厚矣。后吾祖谢政归里，遂捐资率乡人新其庙，堂庑垣壁，为一方美观，乡人每祷辄奇验。我杨氏子孙登甲第，为美官，绵绵百年，福尚未艾，谓非神之所祐乎？吾弟守仁，为我杨氏元孙，每思神之福德，时出家资，命工修葺。斯庙又百年不至倾覆者，吾弟之力也。虑其久而无考，乃刻石于庙中，以继吾祖□□事神之意。噫，吾弟可谓善于事神而克继前修者矣，神之福吾弟者，又将无替也。是为记。

大明嘉靖岁次己酉十月十有三日　杨氏元孙守仁立　孙守公撰并书　金台师通镌

碑刻说明

明刻。在窦店村清凉寺。拓片高129厘米，宽21厘米。此碑无题，题为添加。

碑文考释

明嘉靖二十八年（1549），杨守仁出资重修东岳庙。

考房山区窦店镇七里店村杨氏，杨信为始祖，二世杨勇，三世杨琮，四世杨秦，五世杨守公。

明嘉靖八年（1529）《奉政大夫四川按察司佥事雪堂杨公墓志铭》："兄泰殁，鞠孤事寡，逾于平日。"知杨泰为杨秦兄，杨琮长子。杨守仁应为杨泰之子，从杨泰英年早逝看，杨守仁当为其唯一之子。那么杨守仁为长门之孙，故称"元孙"，其年龄小于杨守公，故文曰："吾弟守仁，为我杨氏元孙。"

此碑云："正统间北虏深入，高祖曾避难于此，祈□□难□当新之，果卒免于难，且阴相其伟功，授汤阴簿，为一时豪杰，神之祐我祖亦厚矣。后吾祖谢政归里，遂捐资率乡人新其庙，堂庑垣壁，为一方美观。"

杨守公《新立旧店东岳庙碑》："正统中，北虏犯顺深入，我曾祖以神庇免难，且建奇功除官，历至汤阴主簿。及谢政归，即出赀偕乡人新其殿宇廊庑，为一方伟观。"

文中所指为杨勇，应为杨守公曾祖，两文比较，知前文"高祖"为误。

按此，杨勇致仕归里，出资修缮清凉寺和东岳庙。只是没有立碑记载下来。杨勇之后，其子杨琮于成化二十年（1484）重修。时隔65年，杨琮孙杨守仁再次重修，其孙杨守公亲自撰写碑记。

民国十三年（1924）《良乡县志·卷五·人物志·进士举贡表》："杨守公，合水县知县。"

民国十三年（1924）《良乡县志·卷五·人物志·孝义》："杨守公名宦秦之子，至性孝友。嘉靖三十一年，守公应试荐，时兄守正为副，守公白学院阮鹗，让兄应荐。守正固辞，守公固让，诚恳甚切。阮为之动容，檄邑旌其间曰：'孝友之门'。"

杨守公，杨秦第三子，明嘉靖进士，官合水县知县。他和兄杨守正，就荐互相推让，一时传为美谈。为此，良乡县为其家置匾旌扬，文曰"孝友之门"。

杨守正，杨秦长子，嘉靖年间进士及第，授固成县知县。

碑中言其先祖杨勇"曾避难于此"有误，实则是随英宗北征被俘，侥幸夺马逃脱。见黄杰《清凉寺并东岳行祠碑记》。

杨守公在撰此《东岳庙碑》时，尚未及第。此后，他分别于万历十六年（1588）撰《神槐记》，万历十八年（1590）撰《新立旧店东岳庙碑》。

〇六二　神槐记

东岳庙之在旧店，其创建之颠末予已纪之于石矣。庙前有古槐一株，可合三人之抱，磐踞得地，挺挺孤高，留云待月，凋谢莺花，奚止百岁哉。至夏盛暑，森然茂盛，其枝叶覆荫，盈满院宇，远视之，俨然一槐亭也，乡人以神槐呼之。予谓神依于树，树以神灵。而地之灵从可知矣。昔尝游蜀，谒孔明庙，庙前有古柏，霜皮溜雨，黛色参天，杜少陵为之说曰："正直元因造化之功，扶持自是神明之力。"斯槐也殆不减于蜀之古类矣，予可无纪乎？时岁丙戌夏月，偶将息于槐下，细观其叶大异于凡槐而神，前一枝上产灵芝，紫色坚实，其云如画，槐之神固有验哉。道人姓刘氏，道号烟霞，晨昏香火，于兹三十余年矣。性颇沉静，外貌若愚而中实，凛凛清修，谨饬出于凡流，爱惜斯槐，甚于肌肤，且素明修养术，由是而精透机关，悠悠尘世，永为地仙，殆将于斯槐而同悠久矣。是为记。

万历十六年戊子六月吉日　文林郎前知合水县事八十二叟谷峰杨守公书

碑刻说明

明刻。在窦店村清凉寺东岳庙。拓片高129厘米，宽21厘米。

碑文考释

此文为杨守公所作散文，镌于碑，立于东岳庙中。在明代散文中，实为佳作，由此知杨守公为文中高手。文中题到刘道士，号烟霞，"于兹三十余年矣"。据万历十八年（1590）杨守公《新立旧店东岳庙碑》考之，刘道士法名真元，号烟霞。到万历庚寅，即万历十八年（1590）"主祀事三十有六禩"。而到万历十六年（1588），主持东岳庙为34年，推算起来，刘真元自嘉靖三十三年（1554）入东岳庙住持。

〇六三　新立旧店东岳庙碑

旧店东岳庙，其来久远，靡得而镜云，或言建自唐贞观间，然无碑志可考。父老相传，国初固有宇舍，实圮甚焉。正统中，北虏犯顺深入，我曾祖以神庇免难，且建奇功除官，历至汤阴主簿。及谢政归，即出赀偕乡人新其殿宇廊庑，为一方伟观，然不及碑，岁久又圮。嘉靖己酉，宗弟守仁继祖志，出赀偕乡人修葺，庙宇再新，然不及碑。隆庆改元，余自合水归养，以俸余树坊道左。道弟子刘贞元氏，因鼓众施财建后殿、新门庑、周垣，视昔加宏丽矣，然不及碑。盖二百年缺典也。今上御极有八年，都人有会众修善果者百三十人，其首为郑儒氏，每岁贡香火于涿州天齐圣帝宫，辄先及此，且为设栏楯帘幕、供器，积旬载矣，又共出金采石。因贞元氏祈余纪之，余衰朽，宁宜操觚？然殊当于夙心焉。余闻事有不可没者，君子书之。我杨氏与乡人兴圮修敝，数世相继，使庙貌至今如新，其功不可没。贞元氏主祀事三十有六禩，无一可疵，且能化众，时时修整，其人不可没。郑氏所会众，自京师远贡香火，历十禩无改，百三十人一心，其诚不可没。以三不可没，余奚得以衰辞？然惟其不可没耳，若冥福如流俗所云，非余知也。倘有之愿归国家，圣天子万寿，海以内康乂，乃幸福于二三同事，非勒石意也，非勒石意也。

万历庚寅岁仲秋　文林郎即前知合水县事致仕八十四乡人杨守公撰　贾添宝镌

本庙住持刘真元　徒刘常泰　徒侯常年

碑刻说明

明刻。在窦店村清凉寺。拓片高116厘米，宽63厘米。碑额篆书"东岳庙碑"。

碑文考释

东岳庙，汤阴县主簿杨勇归里后重修。成化二十年（1484），其子杨琮重修。明嘉靖二十八年（1549），杨琮孙杨守仁重修。隆庆元年（1567），杨琮孙杨守公解任水县知县，归养乡里，捐俸余，在东岳庙道左树牌坊一座。住持道士刘真元，募众施财建后殿、重修门庑、周垣。

万历八年（1580），北京城内有会众130人，以郑儒氏为会首，每年到涿州天齐圣帝宫供奉香火，都先到东岳庙朝拜，并为东岳庙设栏楯帘幕、供器，至万历十八年（1590）连续10年，郑儒氏率会众出资购碑石，恳求刘真元请杨守公作纪。

到万历庚寅，即万历十八年（1590）"主祀事三十有六禩"，推算起来，刘真元自嘉靖三十三年（1554）入东岳庙住持。

"万历庚寅岁仲秋文林郎即前知合水县事致仕八十四乡人杨守公撰"，万历庚寅即万历十八年（1590），杨守公84岁。据此，杨守公生于正德元年（1506）。

文中"刘贞元"与落款的刘真元，实为一人，乃东岳庙住持。"贞""真"之异，实为古代文人书文求变之癖。

〇六四　重修清凉寺东岳庙碑记

表兄王桂山，豆店人也。尝向余言："清凉寺僧清规谨饬，六七代衣钵相传，凿井耕田，自食其力。以勤俭之余，益置田园，即以田园所出增修庙宇，于人无求，亦与世无争也。居虽近于市井，而淡泊寡营，翛然于尘俗之外，殆释而近于儒者也。"余闻而慕之，惜未登钟磬之堂，一参其梵旨焉。今和尚因工竣之后，属余为文以记其颠末。盖今和尚即清凉寺第六代法弟子也，其第一代开山和尚实缘，自康熙中入居清凉者，兼管寺右东岳庙香火，创立清规，永垂法戒。第二代际诚，第三代了祥，第四代达圆，第五代悟铭，第六代即今和尚真常、真修也。二代际诚于乾隆二十年间重修东岳庙后殿、天仙宫大殿三间，两配殿六间，十王殿十间。三代了祥于乾隆三十年重修清凉寺大佛殿三间，山门殿三间，东西禅房六间，并修东岳庙山门殿五间。彼时庙貌庄严，栋宇坚固。故四代达圆守清净之法，无营作之劳。及乎五代悟铭，即今和尚之师也，于道光八年又重修东岳大殿三间。前后百余年之久，数次建修，未经勒石，不有以记之，则数代之勤苦何以昭示来兹也？至于道光八年以后，凡有营造，又皆五代悟铭与今和尚之事，则另有记。

  房山县申辰补举人大挑一等即用知县邱秉哲撰文

  房山候选教谕恩贡潘毓芳书丹

  住持戒衲僧真常　真修

  大清咸丰八年岁次戊午三月吉日立　石工郭履福

碑刻说明

清刻。在窦店村清凉寺。拓片高131厘米，宽54厘米。碑额正书"重修碑记"。

碑文考释

东岳庙，从明初永乐杨信割发塑神，历杨勇、杨琮、杨守仁、杨守公已是明末的万历年间。七里店杨氏一族，子子孙孙，数百年修缮施助。到清代，杨氏渐渐淡出清凉寺、东岳庙，寺庙僧道过着自给自足的生活：

"清凉寺僧清规谨饬，六七代衣钵相传，凿井耕田，自食其力。以勤俭之余，益置田园，即以田园所出增修庙宇，于人无求，亦与事无争也。居虽近于市井，而淡泊寡营，翛然于尘俗之外，殆释而近于儒者也。"

第一代开山和尚实缘，自康熙中入居清凉者，兼管寺右东岳庙香火，创立清规，永垂法戒。第二代际诚，第三代了祥，第四代达圆，第五代悟铭，第六代真常、真修。

二代际诚，乾隆二十年（1755）重修东岳庙后殿、天仙宫大殿3间，两配殿6间，十王殿10间。三代了祥，乾隆三十年（1765）重修清凉寺大佛殿3间，山门殿3间，东西禅房6间，修东岳庙山门殿5间。到四代达圆无营作之劳。五代悟铭，道光八年（1828）又重修东岳大殿3间。

"前后百余年之久，数次建修，未经勒石，不有以记之，则数代之勤苦何以昭示来兹也？"故清咸丰八年（1858）三月，寺僧请房山县举人邱秉哲追记其事而立碑。

民国十七年（1928）《房山县志·卷六·人物》："邱秉哲，字月亭，邑之饶乐府村人。性宏达，攻文章，举道光甲辰乡荐，咸丰癸丑大挑一等，改就教职候选。学问渊博，教授生徒。虽晚年犹殷殷不倦，所成就者甚众。著作诗文杂集多遗失，仅存一二碑记焉。"

〇六五　重修清凉寺碑记

韩昌黎一生辟佛，而遇有笃志清修者，未尝不乐与之言焉。盖自释教流入中国，士大夫尊而信之，而伪托其道者，又以不经之说惑诱愚顽，博取财贿，以恣其美食鲜衣，蠹国诬民莫此为甚，此昌黎之所以恶也。至若守清净无为之教，澄淡泊寡营之心，绝口不言势利，而潜修力作，不以一介妄取诸人，是诚达于禅机而自乐其道者，又何恶于圣人之徒哉？爰考清凉寺僧，一脉相传，代有修作，凡所当造，一皆力出于身，不假丝毫募化，则平日之清修概可知矣。其五代和尚悟铭，心原了悟，矢志弥坚，奉身尤洁，收法弟子二，即真常、真修也。师若弟节俭相先，同心戮力，遂于道光十三年创建大悲殿五间，十六年创建安乐堂三间、后禅房六间。圆寂后，两弟子恪守遗规，益恢先志，于咸丰七年，重修清凉寺山门三间重，修东岳庙山门殿三间，高其闬闳，厚其墙垣，焕然皆见新焉，庶几可以绍前徽，可以绵后绪矣。然其鸠工庀材，亦未尝借助于人也。噫！余幼时读书于僧寺，长又设帐于僧寺，数十年之间，习见其人，习闻其说，求有如清凉寺僧者盖未之见也。余于六年冬，一至其禅房，一听其言语，知其远超平凡俗也，故吾亦乐与之言，而愿为之记。

房山县甲辰科举人大挑一等即用知县邱秉哲撰文

房山县候选教谕恩贡潘毓芳书丹

住持戒衲僧真常　真修　徒空照　空明　空曜

大清咸丰八年岁次戊午三月吉日立　石工郭履福

碑刻说明

清刻。在窦店村清凉寺。拓片高153厘米，宽75厘米。碑额正书"重修清凉寺碑"。

碑文考释

闬闳（hàn hóng），原指里巷大门，这是指寺院山门。

第五代和尚悟铭，在道光十三年（1833），建清凉寺大悲殿5间，道光十六年（1836）建安乐堂3间、后禅房6间。悟铭圆寂，弟子真常、真修于咸丰七年（1857），重修清凉寺山门3间重，修东岳庙山门殿3间，高其山门，厚其墙垣，焕然一新。

清咸丰八年（1858）邱秉哲《重修清凉寺东岳庙碑记》《重修清凉寺碑记》记载了自乾隆二十年（1755）第二代际诚，至咸丰七年（1857）第六代真常、真修，102年间6次重修清凉寺、东岳庙事。

"凡所当造，一皆力出于身，不假丝毫募化"，每次都是本寺僧人出资，均无募化，却是十分罕见。由此看出，清代清凉寺和东岳庙生活相当富裕。而清代，房、良两县大多数寺院生活状态甚窘。比如云居寺、上方山，历年生活艰难，不得不挂带行乞。

〇六六　重修关帝庙碑记

夫庙，貌也。碑，志也。古人虽没而古人之德昭于千古。古人之塞□□□□□犹然未没也，后之人于百世之下隆以巍然之貌而尊奉之，盖亦向往之，志钦恭之诚，所□□□□夫，岂赖碑文志者哉？不如立德立功，古人不朽矣。而记年记事，必欲付之贞珉者，后之人得无意乎？我窦店镇关帝庙，古刹也。创始不可稽，观断碑所载，盖重修于明世万历二年，知其所由来者久矣。虽古人起盖朴素运坚，亦无久而不敝之理。至我朝乾隆五十年，首事人等重修前殿。越道光元年，又修北禅房。越道光拾年，又修南禅房。落成之后，悉未及碑，以为尚有后殿也。然后殿时犹整饬，不必即为修理，失之劳费。迄于今，人已往矣，所谓整饬者，已就倾圮矣，前人不可起而踵而增之者，不更赖有人乎？况我镇为十三省通衢，往来之所观瞻，指而目之者，即以庙貌之兴衰，卜物力之有无，人心之厚薄。故里中首事急起而图之，乘屡岁之丰，因同人之助资，聚三年功成，二载后重修，尽更新料，佛胎普塑，妆饰金身，以至前殿、禅堂、耳房、屋墙、戏楼等，莫不起盖修葺彩画焉。虽非鸟革翚飞，而画栋雕梁，仰视焕然一新，□□神人共悦也。嗟乎！有明之人，历数百年循可指为某某者，非以有碑在耶？古之人垂休，光照后世，有不待费述而德其气，早与日星河岳而俱长矣。吾辈自顾所修，敢云其德何如？其气何如？所以必欲付之贞珉者，不过钦慕前人之诚，稍全前人之志远，托后人之忱，逢望后人留意云。

经理人洪顺永、恒泰号、瑞生号、合泰裕、永兴老铺、德裕当、万有号、永泰号、德泰隆、广聚海、大新店，首事人王玺、魏绾、王侑、史国安、刘友兰、张玉圆、赵毓蕙、王化成、张海、王岳敬刊。

此碑系本镇燕贻堂张玉□同侄永隆、永吉、永棣施舍。

大清道光二十五年中秋月谷旦立　本镇廪贡生王德馨撰文　玉壶堂张永锐书丹　刻字匠人□□

碑刻说明

清刻。在窦店村关帝庙。拓片高100厘米，宽62厘米。碑额正书"后济先美"。

碑文考释

窦店关帝庙，据断碑所载，重修于明世万历二年（1574）。清乾隆五十年（1785）重修前殿，道光元年（1821），重修北禅房。道光十年（1830），修南禅房。

道光二十五（1845）再次重修前殿、禅堂、耳房、屋墙、戏楼。这次重修，由王玺、魏绾、王侑、史国安、刘友兰、张玉圆、赵毓蕙、王化成、张海、王岳等人发起，洪顺永、恒泰号、瑞生号、合泰裕、永兴老铺、德裕当、万有号、永泰号、德泰隆、广聚海、大新店等11家商号主持。本镇商号燕贻堂舍碑。

〇六七　敕赐万寿禅院碑记

赐进士第袁中道撰

国朝定鼎燕都，天下皆辐辏而走金台之下，其喉舌之最要者无如良乡。良乡南二十里，有地名窦店，一名旧店，南有万寿禅院，其后枕房山，烟云层迭，极为秀媚，而其前为走神京孔道，日夜轮蹄鼎沸，汗雨袂帷。凡过此者皆得沾甘露醍醐之味，而其中殿堂楼阁、凉轩燠室、丛林所宜有者，无不具备。问谁为檀主，则大明侍中杨西山居士是也。居士宿植善因，不昧沙劫普度之愿，虽处膏脂之中，而其本人戒修精进，沙门有不及者。自念六度檀度为先，遂捐资缔造，且举上方所赍并宫禁所施者合而营之，一栌一枅，一畦一径，一草一木，皆其心画手挥，无不精析。夫世之行檀者，有及一人数人者矣，有及一村者矣，有及一邑者矣，有及一国者矣，有半天下者矣。今此地为五方之大辐辏灌注而入神京，则已尽乎天下，以尽天下之往来者而皆受居士之檀，则居士之功德可胜言哉？经言以一杯水济人渴者，生三管箜篌天，欢乐无量，况檀之具至？丰檀之人至博，其时最久，而行檀者皈依佛乘，德瓶不坏，此双足二严之因，非人天小果可望乎，功德故曰不可胜言也。往余读白乐天诗，见其中有"红尘闹熟白云冷，冷热中间安置身"之句，今观此地，后睇烟峦即南山悠悠之云也，前当庄逵即西京皓皓之尘也。见悠悠之云，则思出世，而发其清虚之机；见皓皓之尘，则思入世而兴济度之愿。清虚之机发，即文殊之理所起也；济度之愿兴，即普贤之事所由成也。万用齐彰，则创此者、居此者不惟置其身于红尘白云之间，而且置其心于理事无碍之乡矣。悟此道者古有王侍中矣，今日将无再见斯人乎？居士构成之后，有真实修行者递主之是地也，虽千古常存可也，且我大明建都居大海之北，控制华夷，襟带山河，其形胜非曩代所能及，圣宇神州相绵，且亿万世惟国祚无穷，则辐辏此地者，亦无穷辐辏。此地者无穷，则此精舍中布施其功德亦与之无穷。况过此者受应时之檀，则皆合掌念如来名号，为我国家世世祝厘，而并发其信心，归依赡养，以供绍隆。三宝居士此举，佛恩、皇恩皆可报矣，此余乐为记也。

万历丁巳仲秋月

碑刻说明

明刻。在窦店村南。

碑文考释

明万历四十五年（1617），明侍中杨西山在窦店村南创建万寿禅院，"其中殿堂楼阁、凉轩燠室、丛林所宜有者，无不具备"。可见此寺规模宏敞。

"敕赐万寿禅院"碑，立于明万历丁巳仲秋月，即万历四十五年（1617）八月。寺名"敕赐"，看来"万寿禅院"之名乃明神宗所赐。

撰文者袁中道，字小修，一字少修，湖北公安人，明代文学家，"公安派"领袖之一，与兄长袁宗道、袁宏道称"三袁"。少即能文，长愈豪迈。16岁中秀才，以豪杰自命，性格豪爽，喜交游，好读老庄及佛家之书。成年后科场考试，几经落第，明神宗万历四十四年（1616）中进士，撰写《敕赐万寿禅院碑》，时年47岁，一年前刚刚中进士。后来他历任徽州府教授、国子监博士，官至南京吏部郎中。有《珂雪斋集》20卷、《游居柿录》（《袁小修日记》）20卷。

〇六八　敕谕延福寺碑

敕谕敕赐护国万寿延福寺住持惟福及僧众人等：朕发诚心印造佛大藏经，颁施在京及天下名山寺院供奉，经首护敕已谕其由。尔住持及僧众人等，务要虔洁供安，朝夕礼诵，保安眇躬康泰，宫壸肃清，忏已往愆，尤祈无疆福寿，民安国泰，天下太平。俾四海八方同归仁慈，善教朕成恭己无为之治道焉。今特差汉经厂掌坛御马监太监王举赍请，前去彼处供安，各宜仰体知悉。钦哉此谕。

万历四十六年八月二十八日

碑刻说明

明刻。在窦店村南。

碑文考释

这是明神宗给万寿禅院的一道圣旨。从圣旨抬头看，该寺正式名称为敕赐护国万寿延福寺。寺院落成的第二年暨万历四十六年（1618）八月二十八日，神宗皇帝下了这道圣旨，赐该寺《大藏经》一藏。

房山区已知神宗赐《大藏经》的有：望楚村弘恩寺、琉璃河恩惠寺、大韩继香光寺、上方山、百花山瑞云寺及该寺。

〇六九　太监张诺轩墓碑

嘉靖庚申年七月初九日亥时生

钦差赍送峨嵋等处敕谕龙藏

钦依皇坛汉经厂掌坛定陵神宫监太监诺轩张公墓

钦赐蟒衣玉带增加禄米内府骑马

天启丁卯年六月二十三日酉时卒

碑刻说明

明刻。现存于房山区长沟刘济墓。墓碑长约 250 厘米，宽约 120 厘米，厚约 50 厘米。碑文清晰可见，四边雕有龙样纹饰。碑额篆书"皇明"。2014 年 8 月 28 日晚 6 点，在窦店收费站 107 国道左侧施工地出土。无题，题为添加。

碑文考释

张诺轩，出生于嘉靖庚申即嘉靖三十九年（1560）七月初九日，卒于天启丁卯即天启七年（1627）六月二十三日。享年 67 岁。

"钦依皇坛汉经厂掌坛定陵神宫监太监""钦差赍送峨嵋等处敕谕龙藏""钦赐蟒衣玉带增加禄米内府骑马"之职衔与张其相似，张诺轩是否与张其为同一人，有待进一步考证。张其曾建大韩继香光寺、琉璃河恩惠寺、太湖华严寺、黄山店虹螺三险等处。

〇七〇　崇文门管事御马监田公进喜碑记

直隶保定府深□县辛酉科举人李□□石甫撰文

直隶保定府易县卯科举人李燕俊义英氏篆额

□□□□□□□廪膳生员丘民新雨自甫书丹

公性赋性明寡言，□质□焉，赫赫近名，中□□□，微芒毕照，刚柔悉协，所谓持道而有得者也。吾辈读圣贤书，□□□穷□□几于道，而不可得为之，公独能化骄矜就绳墨，不染于习，非勉强□□□□及此不□，涉世未深，每遇贤哲，即思追随效法。公与亡友民安公为契友，因谓交□久之而情谊浃洽，一如民安公之□前也。公以亡友之故人，不忍□不□不□，以公之贤而益笃，于亡友之故人，故油油然莫知其所以然，而缔结特隆，□与面交者等。壬戌之春，偕毓英李兄同赴□公车因公遂馆于弘恩寺一□，公之知交及寺僧，推公分而及者□厚，期望之意颇慇，及两人俱遭放逐，命也如何？其负公与众人者可胜道哉？虽然，人之重公也以其道则□之与人，亦必有合乎道者而后与之，其不以功名得失为去取也明矣。公今方益坚益壮，享仁寿且无疆也，而谋与民安公同宅，□及其□时立碣以垂永久，欲亲见之为快，此更见道之一端。公之生平符乎适□非奇数言尽，聊为述所知及所被者特志之。□公□朝崇文门管事御马监太监，号名山，讳进喜，系京都顺天府宛平县人，生于有明万历三十五之年十二月十一日未时。

大清康熙二十一年岁次壬戌□□月□□日谷旦立

碑刻说明

清刻。在窦店村东北。拓片高 77 厘米，宽 60 厘米。碑额正书"百世不朽"。

碑文考释

田进喜，号名山，京都顺天府宛平县（今北京西南一带）人，崇文门管事御马监太监。生于明万历三十五年（1607）十二月十一日。至清康熙二十一年（1682），田进喜 75 岁。

瓦窑头

在窦店镇北。东邻七里店,西南邻田家园,西北邻苏村,北邻于庄。相传明乐永时,在此开设瓦窑场,故名。古为良乡县地。金大定二十九年(1189)设万宁县,划入万宁县;明昌二年(1191)改奉先县,属奉先县。元世祖至元二十七年(1290)改房山县,属房山县。明、清两代属房山县。民国初,房山县划分五区,瓦窑头属第一区。民国五年(1916)二月,改设九区,仍属第一区。今属房山区窦店镇。村内原有菩萨庙,已圮。村南有七里店村杨氏家族墓。

本卷收录瓦窑头村碑刻2件:明代1件、清代1件,其中收录碑文2篇。

○七一　奉政大夫四川按察司佥事雪堂杨公墓志铭

四川按察司佥事杨公，于嘉靖八年己丑二月二十五日殁于泉邸，其子守正闻讣衰绖，请余曰："哀哉，吾父已矣。兹惟有墓铭以慰诸幽，敢图之执事。"余惟公昔与家君同举进士，官内台谊至厚也，恶可辞。公讳秦，字济之，别号雪堂，其先为山西潞城县人。洪武中，始祖以军功授潞州卫百户，高祖继袭，遂改隶兴州中屯卫焉。曾祖信。祖勇，河南汤阴县主簿。父琮，以公贵，赠监察御史，母宗氏，赠太孺人。公生而英敏，端悫不妄笑语。为儿时，父问之曰："女志何如？""我欲为御史。"父奇之，乃遣就学读书，即晓大义。长为弟子员，弟子员皆勿公若也。正德庚午，领顺天乡荐，丁丑登进士第，己卯除行人司行人。时武宗毅皇帝南巡命下，公率同列，抗疏谏，立谪除国子监学正。公在国学，严而以礼，勤而有方，为诸子敬服。居无何，以御极诏复公官，擢福建道监察御史。公正色直言，弹劾弗少避，其奉敕陕西清戎也，刘愿植良，奖恬抑竞，昭贞烈，谳疑狱，民用大悦。先是抽丁补伍，辄复散亡。公曰："是贫所至耳。"乃察其殷富者使厚遣之。贪吏冒逃卒，以私饷者，岁逾数千石，公稽诸边籍，得其情，俾悉偿焉。自是，军实用丰，饷不悖出矣。上以公为可用，仍敕兼核戎器。公以为，工居肆则艺精，物有轨则费省。乃奏于其地诸镇建局除器，而以时出纳之。时少师石琮杨公总制边务，一日过陕讲武，病其器敝，公令悉易之。石琮公嘉曰："我军固有恃哉！"己酉还朝，公摄四道事，有囚当死，托乡人以千金赂之。公叱之曰："我知其法耳而不知其他！"自是疏之，明日遂辞病弗出。丙戌春，进升擢用督理三川屯蹉。公至，杜奸商之弊，垦山溪之田，编氓德之。乙平广安之寇，时臬司诸公迁除勿至，事多停委，咸暂摄之，狱无滞囚，案无留牍，当道者交章奏闻。戊子，蜀大饥，廷议命藩臬二人赈济，皆曰："非杨佥事不可。"乃周历郡县，区处咸宜，凡数月力瘁，而疾竟不起，春秋四十有八，距生之辰实成化壬寅七月七日也。於戏，公有致远之才，而弗克究其施。有济众之仁，而弗获享其寿。昊天不吊，咨痛何及？惜哉！公平生以不逮养亲为恨，每登第泫然涕泣。事叔乐耕翁情礼咸备，兄泰殁，鞠孤事寡，逾于平日，盖其天性孝友如此然。待人处己，绝无骄吝，为诗文多奇思，有《乃巡集》十卷。配王氏封孺人，宣慈惠和，公多赖焉。子四人，长守正，次守直、守公、守义，孙男女二人，诸子皆好学，能自树立。君子谓，雪堂公不死矣。其葬是年十月日，墓在良乡旧店西三里祖茔。铭曰：

奕奕杨公，肇自晋衍。世济其武，公以文显。惟公之生，覆直秉贞。始非谏官，世以谏名。继登台宪，风裁凝肃。孰谓埋轮，豺狐斯伏。泰山有华，蜀江有岷。溟溠蕴業，允哉公化。仁胡勿寿，我心孔疚。勿于其躬，必于其后。寿非在龄，惟名惟德。于万斯年，视此铭刻。

王用宾撰

碑刻说明

明刻。在窦店镇瓦窑头村。

墓志考释

杨秦，字济之，别号雪堂，明成化十八年（1482）生。先祖是山西潞城县人，洪武中，始祖以军功授潞州卫百户。墓志说"高祖继袭，遂改隶兴州中屯卫焉。"高祖名讳，任官何年，里居不详。其后人，清《杨之柄墓志》则记分明："迨明有讳斌者，晋之潞城人，随永乐北征，遂家良乡，仕昭信校尉兴州中屯卫百户。"

可见，杨秦高祖名杨斌，袭祖职随永乐帝北征，定居良乡，官昭信校尉兴州中屯卫百户。

兴州中屯卫，明洪武四年（1371）置，治今河北省承德市西滦河镇西南喀喇河屯。属北平行都司。永乐元年（1403）徙治良乡县。那么杨斌，先随永乐帝北征，洪武四年（1371）任昭信校尉兴州中屯卫百户，居承德市西滦河镇西南喀喇河屯。永乐元年（1403）随兴州中屯卫，迁至良乡县。

杨秦一家居良乡何地？两墓志均无记载。清县志有杨秦妻传，载明其里居。民国十三年（1924）《良乡县志·卷八·艺文志·传·杨母王孺人传》："王孺人者，

兴州卫邑族也，世居良乡之七里店。"由此，高祖杨斌，迁居良乡县七里店，七里店今属房山区窦店镇。

杨秦曾祖杨信。祖父杨勇，河南汤阴县主簿。父杨琮为杨勇长子，赠监察御史，母宗氏，赠太孺人。杨秦自幼读书，后进国子监就读。正德五年（1510）庚午科举人，正德十二年（1517）丁丑科进士，正德十四年（1519）除行人司行人。正德十四年（1519）六月十四日，江西宁王朱宸濠杀死朝廷命官，起兵作乱。是年二月，明武宗朱厚照刚刚从太原等地巡示返都，此时又下诏，化名"镇国公朱寿"南巡。对此劳民伤财的举动，内阁、部院、科道共146人具疏谏阻，初为行人的杨秦也与同僚张岳等上书抗谏，因此触怒武宗，杨秦因此受杖刑，旋即贬为国子监学正。任上，他严而以礼，勤而有方，深为学子们敬服。

嘉靖元年（1522），明世宗朱厚熜即位，杨秦官复原职，升福建道监察御史，杨秦正气直言，弹劾无所回避，有古御史风。曾奉旨陕西清戎，督理陕西军政事务。他铲除邪恶，安抚良善，表彰英烈，平定疑狱，大得民心。军方以抽丁的方式从地方上补充兵源，而抽来的士兵普遍存在逃亡现象，杨秦说："这是因为家贫所致！"于是，在他的干预下，由地方的殷实人家出资，给予被抽的丁口优厚的待遇让他们去当兵。军中贪官冒领逃亡士兵的粮饷份额中饱私囊，每年多达几千石，杨秦调查边关军士，查实其情，令贪官把贪污的饷额全部交出来，从而杜绝了贪污，使得军需充足，粮饷支出有度。皇上因为杨秦可用，命他"兼核戎器"，掌管军械和军需品制作。杨秦认为"工居肆则艺精，物有轨则费省"，于是奏请在各镇建制造局，专门制造军械和军需品，按时供应军方。当时，少师石琮和杨秦一同总制边务，到陕地讲武，嫌军械陈旧，杨秦立即命人更换新制作的。石琮非常满意，称赞道："我军有保障了！"

嘉靖四年（1525），杨秦奉旨还朝，摄四道事。有个死囚，托杨秦的同乡用千两黄金贿赂杨秦，求免一死。杨秦正色道："我杨秦只知道有国法，不知道其他！"为了回避此事，杨秦次日称病不出。从此，疏远了那个替死囚行贿的人。

嘉靖五年（1526）春，杨秦升任奉政大夫四川按监司佥事，督理三川屯蹉，杜绝奸商之弊，开垦山谷荒田，深得人民感戴。当时，臬司官员易人，主官缺位，由杨秦暂行兼管，他勤于政事，使狱无滞囚，案无留牍。嘉靖七年（1528）四川发生大饥荒，朝廷命藩司、臬司赈济。群臣说："此事非杨佥事不可！"杨秦受命赈济饥民,他遍历郡县,赈粮济民。几个月后,杨秦积劳成疾,竟至一病不起。嘉靖八年(1529)二月二十五日,以四川按察司佥事的官衔逝于四川官邸。墓志载48岁,实则47岁。有子4人,长子杨守正,次杨守直、杨守公、杨守义。

是年十月,归葬于良乡县旧店西三里祖茔。民国十七年(1928)《房山县志·卷三·陵墓》:"明侍御杨秦墓,瓦窑头村。秦,良乡人。见良乡志。"据此志记载,杨秦实葬于今房山区窦店镇瓦窑头村,并知七里店杨氏家族墓在瓦窑头村。

民国十三年(1924)《良乡县志·卷五·人物志·乡贤》:

"杨秦,字济之,良乡人。生而英敏,端悫不妄笑语。为儿时,父问之曰:'汝志何如?'曰:'我欲为御史。'父奇之,遣就学,读书即晓大义。长为弟子员,弟子员皆弗若也。正德庚午,领顺天乡荐,丁丑登进士第。已卯除行人司行人。武宗南巡,秦率同列抗疏谏,廷杖,谪国子监学正。嘉靖元年,复任行人,授福建道监察御史,正色直言,弹劾弗少避。其奉敕陕西清戎也,查盘军器,照刷文卷,清审刑狱,民用大悦。先是抽丁补伍,辄复散亡。秦曰:'是贫所致耳。'乃察其殷富者使厚遣之。贪吏冒逃卒,以私饷者岁逾数千石。秦稽诸边,得其情,俾悉偿焉。因奏建局除戎器,又疏请惜人才以隆治化。时,少师石琮总制边务,一旦过陕讲武,病其器敝。秦令悉易之。石琮嘉之曰:'我军固有恃哉!'三年复命,摄四道事,有囚当死,托乡人以千金赂之。秦叱之曰:'我知其法耳,不知其贿!'自是疏之。议庙制,劾礼官依违不决。出为四川按察司佥事,平寇有功,赐金绮。蜀大饥,廷议命藩臬二人赈济,皆曰:'非杨佥事不可。'乃周历郡县,区处咸宜。凡数月力惫而疾殆,竟卒。年四十八,子守正、守公。守公性孝友,嘉靖三十一年应试荐。时兄守正为副,守公白学院阮鹗,让兄应荐。守正固辞,守公固让,诚恳甚切。阮为之动容。檄邑旌其间曰"孝友之门"。"

民国十三年(1914)《良乡县志·卷五·艺文志·传·杨母王孺人传》:

"王孺人者,兴州卫邑族也,世居良乡之七里店。幼端淑,闻忠孝节义事,心切效慕。长适雪堂杨公,脱簪珥为游学费。事舅姑恭谨,妯娌和睦,抚族遗孤如子。姻戚贫乏,必曲为周给。天性俭朴,服饰不事华靡。雪堂公登进士第,官行人,谏止武庙巡游,廷杖左迁。孺人曰:'此臣道也。'及雪堂公为侍御，每有章奏，必极力赞成。嘉靖元年，被登极恩诏，封孺人。雪堂公继金蜀泉，以年荒赈饥，过于劳瘁，遂卒于官，旅魂寂寞，行李萧条。归乡教子以笃志、绍芳为勖。伯仲叔三子，俱膺岁荐，责以勤廉，服官恪遵庭训，故所至悉著循良声。季子及诸孙务学明农，克缵先业。越三年己巳，孺人寿跻九衮，神气清爽，步履康健，四子八孙六曾一元，诹日张筵设乐，绕膝戏彩，亲宾咸集。邑之令、博州之武帅皆曰：'此盛世人瑞也。'锦轴瑶章，登堂献爵，为孺人寿。宗党称荣焉。夫孺人以茂德享退龄，而胤嗣之盛爵，禄之隆，皆世所罕觏，可以范俗垂休矣。此邦家之光，非一门之荣也。余有感焉乃为之传。右通政郭秉聪撰。"

○七二　九春杨公墓志铭

公讳之柄，字柏梁，号九春，顺天府良乡人。系自晋太傅叔誉食邑杨氏得姓。历汉唐宋，代有显者。迨明有讳斌者，晋之潞城人，随永乐北征，遂家良乡，仕昭信校尉兴州中屯卫百户。斌生信，信生勇，勇生琮。琮生秦，号雪堂，正德丁丑进士，奉政大夫四川金宪前福建道监察御史，谏南巡，廷杖，直声振天下。雪堂公生守直，守直生尚文，尚文生三聘，即公大父，由岁进士官，两当教谕，博学有行义，著有《志道集》行于世。生公父缵，先食诸生饩，以公贵，诰赠宁波府知府，配刘氏赠恭人。公以己卯顺天乡进士，于甲申除稷山县知县，升刑部清吏司主事，历员外郎中，升宁波府知府，卒于官。公性直而通敏，以厚处事，一以是非为断，不徇人毁誉，曰："行吾所安而已。"久之，无不心服者。公尤能处不易与之人，使相感而化无间言，然乐其坦怀，不见矫异，以及泛爱敦笃，交友出于至诚，虽心别贤愚，而博无涯涘，不记过，其天性然也。为文笔不加点，滚滚而出，无不疏宕遒畅可喜，其敏妙殆如其人。山东黄公家瑞，以举子业名家，令公邑，一见叹为奇才，黄文力追西汉少许，可而独心折公，更自以为不及。其后谳狱之文，必公成之，邑侯尝曰："吾堂可无吏，吾幕不可无客。"亦可想见其概矣。功令课诸吏文辞，公独喜，援笔立就，主者大悦服，其文章驰骋皆此类。若习烦剧，应仓卒，咄嗟立办，即公亦有不自知其所至者。甲申筮仕稷山令，初下车，闻前某贤，公慨然曰："居官固当如此矣！"

稷当疮痍，后公抚字甚周，用以全力，其大者，请蠲荒地逋粮三万余两，减旧额之半，编邑户三十六里为廿四里，均役轮差，以故赋薄徭轻，民至今赖之甘棠之思，勒贞珉不朽。莅比部佐以轻典，所全者居多，曹郎例分览章奏，一字失简，则有堂责，人多厌苦之。公封缴独先，即同官直日，辄私托公，公为兀坐署中，代阅之无倦容，曰："吾即以此习勤，且谙诸故事，不亦愈乎？"故其守宁波也凡六年，精密宏达，处盘错如迎缕解如。率下属除吏弊，裁差扰，折讼狱，惩豪猾，塞私请，缮桥梁，饷兵、赈荒、弭盗之类，不可更仆。数其难，尤在军兴舟山之役大师，旁午时，寮员俱乏诸备粮储莢，造舟治甲，百务毕萃公身，无足为公困者。公目瞩耳听，口答手挥，环中四应，不病民而事举济。甫暇又集俊髦多士，校文艺，鼓舞不衰，所以名魁大元，皆出公门，人争艳称之，尤不可及。公初至郡时，浙大吏风闻欲廉某令，命公得其事，公曰："良令也，不可。"大吏重伤公意，又命别道监司示旨，必欲廉其事。公又曰："不可！"令竟赖以全。其持正不阿又如此。嗟乎！使入佐天子，进退人才，秉钧补衮，其裨益何如也？庶几哉，古大臣之风矣！惜也，公才百未竟一而公卒，卒之日，城门卒若闻公呵殿而出者，或云见公从骑入庙，故公殁而民思之，哭之哀。易公祠为庙，岁时歌舞于前，如公生焉。事闻抚军秦公，悲悼甚，即为入名宦，其公之志也欤。抚军檄云"易箦之日，人皆巷哭，良为实录"云。公廉而好施予，禄入咸分赡宗党无私藏，生平未尝有苛刻之行，而理所未可则确乎不拔，毅然不敢犯，温恭如不胜，至义气自许，慷慨又有过人者。若公者吾真无间然矣。公与余，年友姻亲，共贤书十八载，公勤其官以殁，余时方旬宣西鲁，未及执绋为痛。阅岁，两令嗣扶榇来都，谋葬事，持状丐余一言，余素愧不文，然知公之深莫余，若谊何敢辞？洒泪濡毫，而亦岂能遂尽公之万一也哉？悲夫！公生万历丙戌九月初五日寅时，卒顺治丙申五月廿二日巳时，得寿五十有一。配孟氏累封恭人。子三，长于庭，廪生，娶江西建昌道李公赤城女；次在庭，庠生，则娶予女也；次华庭，公遗腹，侧室李氏出。孙男起泰、开泰，在庭出；复泰，于庭出。孙女一，亦在庭出。皆幼。葬于窦店之原。为之铭曰：

公之化，古之颓。不知公，谓公才。邪以薄，古之衰。读斯文，如公来。

碑刻说明

明刻。在窦店镇瓦窑头村。

墓志考释

杨之柄，字柏梁，号九春，顺天府良乡（今房山区窦店镇七里店）人。世家出身，祖先杨斌为昭信校尉兴州中屯卫百户，随永乐北征，永乐元年（1403）随兴州中屯卫，迁至良乡县，定居良乡县七里店村。杨斌子杨信，杨信子杨勇，杨勇子杨琮。杨琮子杨秦，字雪堂，明正德十二年（1517）进士，奉正大夫福建道监察御史。杨之柄高祖杨守直，是杨秦次子。曾祖杨尚文。祖父杨三聘，岁进士，两任教谕，博学有行义。著有《志道集》行于世。父亲杨缵，赠宁波知府。

杨之柄生于明万历三十四年（1606）九月初五日，崇祯己卯年（1639）顺天府乡进士。杨之柄虽为进士，但处于明末之际，并未仕明，而以令名闻于乡里。他为人性直而通敏，以厚处事。明断是非，不徇毁誉。襟怀坦易，不加矫饰。交友出于至诚，虽然心辨贤愚，但不计人过，有容人之量。尤其善处难处之人，用真诚友善感化对方，以至于相语无间。久而久之，无不心悦诚服。杨之柄善文，行文不加圈点，如江河行地，滚滚而出，疏宕遒畅，敏妙通达。山东名士黄家瑞，以举人出身任良乡县知县，见到杨之柄叹为奇才。黄家瑞也是一个文章高手，他的文风有西汉辞赋的风骨，但唯独为杨之柄所折服，以为不及。民国十三年（1924）《良乡县志·卷四·官师志·知县·明》："黄家瑞，山东滕县进士，崇祯一十年任。"可见，黄家瑞是明崇祯末出任良乡知县的。黄家瑞赏识杨之柄的才干，让杨之柄留在县衙。从此以后，凡是良乡县官司判决的公文一定让杨之柄动笔。黄家瑞常说："我的大堂可以无吏了，我的幕中可无客了！"由此可见对杨之柄的倚重。一次，考县吏文章，杨之柄秉笔立就，主考官非常叹服。

清世宗顺治元年（1644）杨之柄步入仕途，出任稷山县（今山西稷山县）知县。初到稷山县时，百姓称赞前任知县某人是个好官，杨之柄说："为官理应如此！"清朝初立，稷山县百姓饱受世乱的创伤，杨之柄休息养民，稷山县荒地所欠税银3000余两，杨之柄呈请免除半数。稷山县原编为36里，杨之柄到任，改为24里，以此减轻全县百姓的赋税徭役。

杨之柄由稷山县知县升任刑部清吏司主事，又为员外郎□。依照惯例，有关刑部的奏章，要先由刑部僚属分担处理，再呈送皇上御裁。处理奏章的行文有一字失简，就要受到长官的责难，刑部的官员为此所苦，又无可奈何，唯独杨之柄早早完成分内的任务。有时，轮到同僚值日处理奏章，常常私下求杨之柄代为处理，杨之柄便端坐在刑部署中，代为阅办，丝毫不显得疲倦。

顺治八年（1651），杨之柄由刑部出任宁波知府。杨之柄主政精密宏达，处理复杂的事务迎刃而解。他率领僚属剔除吏弊、减轻差役、清理官司、惩办豪奸、杜绝私情、修缮桥梁、筹供兵饷、赈济灾荒、剪灭土匪，宁波地方为之一清。两年前，南明小朝廷的鲁王朱以海监国舟山。杨之柄刚到宁波知府任，清兵就大举集结，攻打舟山。在这次战役中，宁波地方担任军粮筹供、舟船铠甲制造等繁务。杨之柄指挥若定，目瞩耳听，口答手挥，令下即行。没有伤及百姓，而诸务毕济。

杨之柄重视文化，闲暇时，他召集宁波才俊研习学问，一些名人大家都出自他的门下。

杨之柄身居官场，持正不阿。初到宁波的时候，江浙一位身份显赫的大员风闻朝廷要查办某位知县，指使杨之柄暗中搜集这位知县的材料，杨之柄拒绝道："这位知县是个好官，不能这样做！"大员很不高兴，于是重伤杨之柄，同时指使他道的监司示意杨之柄，一定要查办这位知县，再次遭到杨之柄的拒绝，知县终于得以保全。

杨之柄治宁波六载，于顺治十三年（1656）五月二十二日卒于任所，终年51岁。后葬于窦店村西祖茔，即今房山区窦店镇瓦窑头村。

杨之柄有子三，长杨于庭，次子杨在庭，三子杨华庭。孙男杨起泰、杨开泰，杨在庭子；杨复泰，杨于庭子。

民国十三年（1914）《良乡县志·卷五·人物志·乡贤》："杨之柄，字伯梁，号九春，良乡人。顺治十六年举人，除稷山县知县，升刑部主事，简宁波府知府。为人性直而通敏，处事一以是非为断，不徇人毁誉。曰：'行吾心所安而已。'为文疏宕有奇气，山东有黄家瑞者，令良乡，奇其才，厚遇之。黄文力追两汉少许可，而独心折之柄，自以为不及。后移宰他邑，招入幕，其谳狱之文，必

假手成之。尝曰："吾堂可无吏，吾幕可无客。"其莅稷山也，初下车，闻前令贤，慨然曰：'居官当如此矣！'稷经疮痍后，之柄殚心抚字，不遗余力。其大者请蠲荒地，逋粮三万余，减旧额之半，编邑户三十六里为二十四里，均役轮差，以故赋薄徭轻，民至今赖之。其官刑部也，佐以经典，所全活居多。曹郎例分览，案牍一字失简，则有堂责。人多厌苦之，之柄封缴独先。同官每私托代直，之柄欣然应之，为兀坐署中。循阅无倦容。曰：'吾即以此练勤。'且谙习故事，不犹愈乎，故其守宁波也，凡六年精密宏达，处盘错能迎刃解。如除吏弊，裁差扰，折讼狱，惩豪猾，赈荒弭盗，诸政罔不措理适如。其尤难者舟山之役，军书旁午，凡备糗储荛、造舟治甲，百务毕萃于一身，之柄目耳听口答手挥，环中四应，不病民而事举济。之柄初至郡时，浙大吏欲廉某阴事，之柄曰：'良令也，保无他。'大吏又命监司，示意必欲实其言。之柄又曰：'不可。'令赖以全。其持正不阿如此。未几以疾卒，卒之日，城门卒若闻呵殿而出者。或云见之柄从骑入庙。故民为立祠，至今尸祝之不忘焉。事闻，入祀名宦。"

人物传记载与墓志所载事迹大致相同，其中"顺治十六年举人，除稷山县知县"有误。

据墓志："公以己卯顺天乡进士，于甲申除稷山县知县。"己卯，明崇祯十二年（1639）。甲申，清顺治元年（1644）。杨之柄步入仕途，分明在明清之交。明崇祯十二年（1639）进士，清顺治元年（1644）除稷山县知县。"卒顺治丙申五月廿二日"，顺治丙申，为顺治十三年（1656），是年五月二十二日，杨之柄卒于宁波知府任上。"其守宁波也凡六年"，知其任宁波知府为清顺治八年（1651）。

顺治十三年（1656），杨之柄已卒于宁波任所，"顺治十六年举人，除稷山县知县"显然误载。县志传中有与墓志相左者，依墓志。

望楚村

在窦店镇东。东北隔京广铁路与大、小高舍相望，北隔京石公路与七里店相望。望楚村为古良乡县地，村南出土汉墓一座。自西汉历东汉、三国、晋、北魏属良乡县。北齐天保七年（556），良乡两县并入蓟县，属蓟县地。北齐武平六年（575），恢复良乡县，属良乡县。自此，历代均属良乡县。民国四年（1915），良乡县划分八区，属第五西二区。后分三区，属第二区。今属房山区窦店镇。望楚村西有明清古刹弘恩寺，清代曾于寺内设行宫院。

本卷收录望楚村碑刻3件：明代1件、清代2件，其中收录碑文3篇。

〇七三　护国大善弘恩寺碑

吏部侍郎王舜鼎撰

神宗皇帝以仁孝膺久历，魁柄在握，纪纲修明，礼乐洽康之余，留神内典，奉慈圣太后命，间敕佛宫以崇像教，其微旨盖以扶王政而膏寰窭，俨然二祖并垂，二氏之家法也，岂汉唐中主惑幻说，导侈心以标天下从邪之路，而儒术浸微者乎！去都城之西南，良乡县属地曰旧店，薄海朝宗，轮蹄之所辐辏。万历壬寅岁，汉经厂掌坛旧都府管事御马监太监杨君用，目属此地堪为主上布福田，遂结草陶瓦，令缁流以盏茗杓水，济荫炎汤，已为丛林之权舆矣。延至乙巳，有昭陵神宫监太监赵君良、汉经厂掌坛御马监太监卢君永寿、张君然，皆杨君用名下也。续恢善缘，具疏上闻神宗皇帝、孝定国母，钦施帑金，虔造大雄、天王、伽蓝、祖师、三大士等殿，藏经阁、钟鼓楼、山门、厨茶、库司等房，外有十方、施茶、舍药，左有静室、崇楼、杂粮等堂库，殿阁内安供有释迦佛之大士大悲千手千眼等佛，佛像皆漆金像也。周围有果园、菜园、石筑墙垣，树株约千余棵。至庚戌年，钦赐佛大藏经及诸品佛经，仍赐千佛袈裟、钟磬彩旛，仍结华严社会，募众坛师敛金，置供具十方香灯及赡给众僧地亩若干顷。寺之西北建有普同塔，备十方迁化者。是役也，经始于万历丁未年月日，落成于万历丁巳年月日。盖上承国母圣主之德庇，下藉赵、卢、张三公并司礼监各衙门太监等官之善缘，泊诸善信之至心皈依者，以成此一大因缘。夫出世之旨，不有身安有子孙？昔百丈愍律居之而厂，创立清规，至一针、一草、一椽、一瓦，皆以普心垂后，后之人当体此意。非十方有德为众所推服者，不得主此。三公之念，以振迷拔俗，其子孙并不许干涉，并不得私以意立其所善之淄流，行将与百丈永垂不朽矣。今新天子仁孝，光阐前烈，纪纲礼乐，文明以治，即不必究心佛乘其所扶王政、膏寰窭者，宁有已哉？是为记。

大明天启壬戌年建

碑刻说明

明刻。在望楚村西弘恩寺。

碑文考释

碑文记载了弘恩寺创建经过：万历壬寅岁即万历三十年（1602），汉经厂掌坛旧都府管事御马监太监杨用，相中了这方宝地，认为是建立寺院的理想之地，"遂结草陶瓦，令缁流以盉茗杓水，济荫炎汤，已为丛林之权舆矣"。杨用简简单单盖了几间房屋，招募几个僧人住下，施茶施水，供行人歇脚。

至万历乙巳即万历三十三年（1605），杨用名下昭陵神宫监太监赵良、汉经厂掌坛御马监太监卢永寿、张然，上奏神宗皇帝、神宗之母慈圣李太后，钦施帑金，创建大雄、天王、伽蓝、祖师、三大士等殿，藏经阁、钟鼓楼、山门、厨茶、库司等房。又建十方、施茶、舍药，左有静室、崇楼、杂粮等堂库，殿阁内安供有释迦佛、大士大悲千手千眼等佛，鎏金佛像。周围有果园、菜园、石筑墙垣，种树千余棵。万历庚戌年即万历三十八年（1610），神宗皇帝钦赐《大藏经》及诸品佛经，赐千佛袈裟、钟磬彩幡。结华严邑会，募众坛师开坛化缘，置供具十方香灯、赡给众僧香火地亩若干顷。在寺西北建普同塔，供十方僧众迁化。工程始于万历丁未年即万历三十五年（1607），落成于万历丁巳年即万历四十五年（1617），前后历时10年之久。明天启二年（1622），吏部侍郎王舜鼎撰文记事，立碑寺内。此时，距弘恩寺落成5年。

王舜鼎，字仔肩，号墨池。明神宗万历二十六年（1598）进士，官刑部郎中，深究律例，务求不滥不枉。历兵部郎中，核军伍册，斥绝馈遗。官至工部尚书，以劳卒，赐谥恭简。

民国十三年（1924）《良乡县志·卷六·纪幽志·招提》："宏恩寺，在县西南二十里许大道旁。明天启中建，规制宏敞，为邑中第一大刹。寺外古木成林，绵亘二里许，夏日浓荫夹道，行人至此，烦暑为之顿消。清康熙五十六年圣驾临幸，赐寺僧成悟龙袍一袭，御书"大愿慈州"匾额一方，《心经》一部。后乾隆间，又御赐"慈缘垂荫"四字，悬挂释迦佛殿。县志记载"明天启中建"有误，实为明天启立碑。

〇七四　敕赐大弘恩寺三觉悟禅师生塔铭

师讳成悟，字三觉，俗姓朱氏，湖广江夏人。未生时，父尝游山中，路遇一老僧形容奇古，心异之。问焉，老僧云："寻住处。"云曰："我有飞楼层阁，可以居乎？"僧领之。既□，夜梦此僧直入内室，寻报生子，香气芬馥，启户见空际隐隐有禅光。时前明崇正元年二月二日也。师生而秀颖，骨相不凡。□□流寇之难，家尽破□，□□□中，备尝辛苦。

迨圣朝定鼎，宇内澄清，得北抵邓州，子身漂泊，悟泡影空花，因有出世想。适州中碧元大师有报鹿苑，乃皈依焉，时师年一十六岁矣。后碧师示寂，乃至京师，初参无水大师，再参广济万中和尚求圆具足戒。志明止作，潜意开遮，书《华严尊经》，行持密行，万公深器之。旋以南山之宗相付，时为康熙五年，师年三十又六。

嗣诣台山之碑楼寺结社念佛者五年，南返华山，参见月老人精研律部。老人尤爱重之。复至京师，于西山之门头沟建大悲坛，开瑜伽殿，闻中牧音和尚乃大乘正宗，结制于京师北城之三教庵，因往□之，未几而机投，卒啄调合宫商。中公肯之，帅付法印，是为临济正宗第三十四世也。出住永泰诸寺。仍日施餤口，九门内外求者，虽祁寒酷暑，无不立应。募缘修寺，供众济贫，矻矻然至老不倦。

良乡县之窦店，有大善弘恩寺，依山带水，林木茂蔚，乃畿南之名蓝。会师之戒弟子振衰和尚同汉经厂王应亨等具书敦请，遂于康熙三十年九月驻锡，自是以振兴为事。不二年，小大毕举，规模宏远。创立万善戒坛，接引善信，来者踵集。朝南海者再，上天台者三。居尝造佛斋僧，济人利物，汲汲若不足。于是，道风遐布，上达九重矣。

康熙五十六年二月，圣祖仁皇帝临幸寺中，适师分卫在都，随传谕僧众："尔和尚回，令其来见。"师归，师至畅春园，圣祖一见喜甚，慰谕云："尔年老毋拜也！"随赐御书《心经》、龙袍一袭、御书"大愿慈洲"匾额一座。七月十六日，复赐御制七言律诗一首。圣恩稠叠，皆异数也。

康熙五十七年二月，圣祖再幸寺中，握师手问云："当日流寇破城，亦曾与对敌耶？"对曰："臣僧向日尚在孩提，离乱之事不能悉记。"天颜无□，师所进瓜果等物，奉旨全收。七月，圣祖在热河，诏师施食。既而久不雨，驾祈雨汤众，命行祷，未几雨大至，益慰圣心。寻赐紫衣诗扇等物。

康熙六十一年二月，圣祖三幸寺中，驻跸三日，携师手独游寺中。传谕随从诸臣："此僧不比寻常，年近百岁，壮健如童时，可称人瑞。"于是，特赐帑金，重新殿阁。又赐龙藏、紫衣、龙袍，遣内大人等斋送至寺，随设大会，放堂济贫。浩荡之仁，皆出天赐。前后屡叨恩礼，眷遇之隆，未有若斯之多者。非甚盛德，何以得此哉？师赋性谦和，待人仁厚，举念出于至诚。今年已九十又七，而矍铄依然。

我皇上乘乾御极，德化覃敷，斯世咸登寿域，知师之披福未有涯矣。其弟子锡明来请诸塔铭，因缀其行事而系以铭曰：

派衍临济，一着当振。宗律大阐，龙□□□。□□斯补，佛日长辉。欣逢圣祖，两赐紫衣。百龄已届，无塞视履。建龛刊铭，岁月是纪。拟之生圹，有陶居士。作为斯铭，以备僧史。

赐进士及第　翰林院编修加一级　大清会典纂修官归娄沈树本撰

赐进士出身　翰林院编修加二级　南书房供奉　御纂周易折中　御纂性理精义　武英殿缮录官篆文六经四书校刊官　古今姓氏大全纂修官　大兴薄海篆额

赐进士出身　翰林院庶吉士归安沈荣仁书丹

雍正二年岁在甲辰八月十五日　上石

碑刻说明

清刻。在望楚村西弘恩寺。拓片高180厘米，宽65厘米。

碑文考释

崇正，崇祯。避雍正"胤禛"名讳，故雍正臣子撰书塔铭时，不敢直书崇祯，而以"崇正"代之。

此铭记载了弘恩寺清代高僧三觉的生平：

成悟，字三觉，俗姓朱，湖广江夏（今湖北武汉江夏区）人。三觉快要出生的时候，发生了件怪事。他父亲外出，经过一座山，路上遇一个老僧，相貌奇古，朱父好奇，上前和老僧搭话，老僧说："我在寻找住处。"朱父说："我家正好有间楼闲着，你愿意去住吗？"老僧点头答应，随朱父回到朱家住下。当天夜里，朱父梦见老僧竟然进入妻子的卧房，朱父大惊而醒，不一会，家人匆匆过来禀报，夫人生了个儿子，朱父起身走进妻子的生产的卧房，只觉得满屋香气扑面而来，打开窗子一看，见天空隐隐约约闪着禅光。这一天，是明崇祯元年（1628）二月二日。朱家出生的这个儿子就是朱三觉。

明末离乱，朱家败落，三觉饱尝艰辛。16岁那年，三觉只身流落到河南邓州，一时有了出世的念头。邓州有报鹿苑，碧元大师在此修行，三觉来到报鹿苑皈依，从此进入佛门。在邓州报鹿苑，三觉经历了明清的改朝换代。

碧元大师示寂，三觉北上，来到大清统治下的北京。参礼无水大师，不久来到广济寺，参礼万中和尚，求圆具足戒。在广济寺，三觉得到万中的器重。康熙五年（1666），万中以他为律宗南山宗传人，这一年三觉36岁。

此后，他离开北京，来到五台山碑楼寺，结社念佛。在碑楼寺逗留5年，三觉前往华山，参见月老人，精研佛经律部，月老人对他尤为欣赏倚重。

三觉从华山回到北京，在西山门头沟建大悲坛，开瑜伽殿。他听说中牧音和尚是大乘正宗，在北城三教庵住锡，前往投礼，得到中牧音首肯，三觉由律入禅，传临济正宗第三十四世。三觉出住永泰诸寺，每天施餕口，九门内外前来求法来的，即使严寒酷暑，也从不推辞。

三觉募缘修寺，供众济贫，勤勤恳恳，至老不倦。良乡县旧店（今窦店），有大善弘恩寺，依山带水，林木茂蔚，为畿南名刹，三觉戒弟子振衰和尚与汉经厂王应亨等恳切邀请他入寺住持，康熙三十年（1691）九月，三觉驻锡弘恩寺。不足二年，弘恩寺小大毕举，创立万善戒坛，接引善信。其间，三觉两朝南海，三上天台。平日造佛斋僧，济人利物，惟恐不足。于是，道风远布，为圣祖康熙皇帝所知。

康熙五十六年（1717）二月，圣祖康熙皇帝驾临弘恩寺，适逢三觉在京城乞食，康熙传谕僧众："你家方丈回来，让他前来见我。"三觉得到谕旨，到畅春园谒见圣祖康熙，康熙非常欣喜，安慰他说："你年老，不必下拜了！"随后赐他御书《心经》、龙袍一袭、御书"大愿慈洲"匾额一面。当年七月十六日，又御制七言律诗一首。

康熙五十七年（1718）二月，圣祖康熙再临弘恩寺，康熙握着三觉的手问："当时流寇破城，你也曾抗敌吗？"三觉回说："臣僧当年还小，离乱之事记不清了。"三觉进献瓜果等物，奉旨全收。七月，圣祖康熙在热河避暑山庄，诏令三觉前去，施食给他。既而久旱不雨，康熙御驾祈雨，命三觉随行，作法事祈祷，很快大雨倾盆至而降，康熙极为宽慰，赐三觉紫衣、诗扇等物。

康熙六十一年（1722）二月，圣祖康熙三临弘恩寺，在寺为驻跸三日之久，携三觉手，和他单独在寺内散步，传谕随从诸臣："此僧不比寻常，年近百岁，壮健如童时，可称人瑞。"于是，特赐帑金，重建弘恩寺殿阁。这是弘恩寺自创建以来，第一次大规模重修，寺东的行官院应创于此时。

康熙又赐龙藏、紫衣、龙袍，命内大臣等斋送至寺内，于是设大法会，放堂济贫。如生塔铭称："前后屡叨恩礼，眷遇之隆，未有若斯之多者。"三觉赋性谦和，待人仁厚，一举一念，出于至诚。

至雍正即位，三觉96岁，依然精神矍铄。雍正二年（1724），三觉弟子锡明为三觉建生塔，恳请赐进士及第、翰林院编修加一级、大清会典纂修官归娄沈树本撰写铭文，赐进士出身、翰林院编修加二级、南书房供奉、御纂周易折中、御纂性理精义、武英殿缮录官篆文六经四书校刊官、古今姓氏大全纂修官、大兴薄海篆额，赐进士出身、翰林院庶吉士归安沈荣仁丈书丹。雍正二年（1724）八月十五日，镌铭文于生塔之上。三觉在弘恩寺30余年，使该寺臻明创建以来未有之隆盛。

相传李自成攻入北京，崇祯自缢于景山，朱三太子在王承恩的保护下逃出京城，躲在弘恩寺出家。李自成发现崇祯遗书："宁杀吾三官六院，勿杀一个百姓。"认为崇祯帝是位明君，听说三太子流落他乡，便命人查寻，终于在弘恩寺将三太子找到。使臣劝三太子回京，太子不应，宁愿为僧。于是李自成赐弘恩寺半副銮驾，在寺门前立"下马石"，上刻"文官到此下轿，武官到此下马"，又赐良田360顷。

清代的郑慎亲王乌尔恭阿是嘉庆、道光时期的人物，一次他乘车在易州的路上，作了这样一首诗："熙朝恩泽及枯禅，仪仗归来见往年。剌剌老僧谈不倦，史家遗事要谁传。"这位大清亲王为此诗作了如下注脚："良乡弘恩寺住僧三觉，圣祖召见大内，用仪仗送归，相传为明崇祯帝第三子。寺僧每道其事。"他的诗和诗注记述的是这样一件事：良乡弘恩寺住持三觉和尚，在康熙朝曾被圣祖康熙召到皇宫大内相见，返回弘恩寺的时候，康熙皇帝特命用自己的仪仗相送，这位三觉住持之所以受到超格的礼遇，是因为他有着极其特殊的身世，相传他就是明崇祯帝第三子。当年，乌尔恭阿经常到弘恩寺参禅，寺僧往往不厌其烦地说起这段弘恩寺引以为荣的陈年往事。

三觉，名成悟，字三觉。因其字有个"三"，又俗姓朱，被后世误传为朱三太子。通过三觉的生平可知，他的家在胡广江夏，即今湖北省武汉市江夏区。三觉自有生身父母，而并非崇祯第三子。他16岁，早于明亡的前一年在邓州报鹿苑出家，而不是李自成攻下北京后在弘恩寺出家。三觉到北京，应在康熙初，那时，三觉已经30余岁，此后，他先后到五台山、华山、西山门头沟，回到北京后，在弟子振衰和尚、汉经厂王应亨等人的请求下，63岁入弘恩寺任方丈，时为康熙三十年（1691），清入关定鼎已经47年之久。

在弘恩寺，圣祖康熙三次驾临，一诏入宫，一诏随驾，赐紫衣、龙袍，乃是因其为他是得道高僧，而非朱三太子。

所以，朱三太子在弘恩寺出家的传说，纯属虚构。特作说明，以正视听。

〇七五　弘恩寺碑

赐进士出身日讲官翰林院侍讲学士兼内阁侍读调明史官觉罗吴拜篆额
赐进士出身翰林院庶吉士常保住撰文
赐进士出身翰林院庶吉士舒明书丹

尝闻之，寺以卫佛，僧以卫寺。晨昏钟鼓祝皇图之永固，朝夕戒律严释教于不衰。亦如臣子君父，竭力至身，不存苟且之念，然时历斯知后凋者，余与释氏讳性良者相友善，闻其师祖三觉和尚甚悉。三觉和尚方丈于旧店弘恩寺，其初残缺不振，已非一年，然德之至者缘即随之，后遭际圣祖仁皇帝三幸寺中，赐额发帑，以故莲花一瓣□□漏交□□道千行，七宝树声竞奏，京南名胜，遂首称焉。然盛极则衰，理势之所必至也。自法子照瑞继方丈以来，即有慈宁宫太监张玉缙，汉经厂太监高知寿、王成义等往来寺中，事多阻挠，至六月照瑞圆寂后，竟为寺中大厄矣，有三觉和尚法子实瑞、戒子道融，与其孙性良，慨然以卫佛卫寺为心，置利害不顾，具呈叩禀，蒙受庄亲王严批：太监张玉缙等永不许干预寺内一应事务，且移咨礼部与僧录司知悉。今也三觉和尚法子福元复继方丈，于是丛林修洁，古殿之灯光重现；梵宫传法，黎邱之鬼祸咸消。虽后日之缘有在，而此际之功足多乎哉？使为臣者存此心侍君，则天下皆忠臣；为子者存此心事亲，则天下皆孝子。洵乎释氏之学与天经地纬，同垂不朽也。余嘉其志与行，因为之记。

雍正宝历七年八月日　建

碑刻说明

清刻。在望楚村西弘恩寺，已断为两截。

碑文考释

碑述，三觉圆寂后，其弟子照瑞继任方丈，慈宁宫太监张玉缙，汉经厂太监高知寿、王成义等往来寺中，指手画脚，干预寺院事务。雍正七年（1729）六月，照瑞圆寂，弘恩寺厄运降临，张玉缙、高知寿、王成义等把持寺院，为非作歹。三觉和尚弟子实瑞、道融，法孙性良，置利害不顾，具呈上告，适逢庄亲王允禄总理佛教事务，庄亲王严批："太监张玉缙等永不许干预寺内一应事务，并移送咨文给礼部和僧录司知悉。"弘恩寺由三觉弟子福元再继方丈。弘恩寺拨乱反正，步入正轨。

大高舍

在窦店镇东。东邻小高舍，南邻交道二街村，西邻七里店，北邻窦店砖瓦厂。该村为古良乡县地。自两汉历三国、晋、北魏属良乡县。北齐天保七年（556），良乡县并入蓟县，属蓟县。北齐武平六年（575），恢复良乡县，属良乡县。自此，历代均属良乡县。村名原为高舍，清康熙年间仍称高舍。清晚期，高舍村东形成一个自然村，名小高舍，原高舍改名大高舍。民国四年（1915），良乡县划分八区，属第四西一区。后分三区，属第二区。今属房山区窦店镇。

本卷收录大高舍村碑刻2件：清代2件，其中收录碑文2篇。

○七六　立香火地碑记

从来小院设村庄，香火全凭赖十方。鱼游阔水方得所，僧有田园始住长。但得善人慈意动，沙门弟子遂心肠。果然居子施土地，流芳万古把名扬。

今将香火地开列于后：随寺周围香火地廿八亩。

康熙三十八年三月二十八日，杨寿将本身白地一段六亩，坐落寺前，有□愿舍与寺中，永□为香火。

乾隆二十一年十月二十日，厢白旗那龙、凤同母，将本身白地一段五十亩，坐落本村东南，卖与寺中住持僧人□□名下，永远为业。二十八年五月二十日，龙、凤□祖那马尔泰将□情愿舍与寺中守业徒弟道恒名下，永远为香火。今同本村众位施主，立此碑记。

本村居民施主：彭进福、李保成、刁斌、张大智、刁尚贵、马文魁、赵文、迈奇珍、迈奇宗、李瓒、傅万兴、邵云龙、王应科、杨起龙、王兴邦、王平、李德、刘荣宗、刁砚、李成。

峕乾隆二十八年岁次癸未季夏谷旦立

碑刻说明

清刻。在大高舍村三义庙。

碑文考释

此碑立于乾隆二十八年（1763）六月，碑文列大高舍三义庙香火地情况。

寺周围香火地28亩。

康熙三十八年（1699）三月二十八日，杨寿将坐落寺前地6亩，舍与寺中。

乾隆二十一年（1756）十月二十日，镶白旗那龙、那凤司母，将本身白地

1段50亩，坐落本村东南，卖与寺中住持僧人。

乾隆二十八年（1763）五月二十日，那马尔泰，将地舍与寺中道恒名下。

碑文留下当年一些村民的名字，对研究家族史和村史，是十分难得的资料：彭进福、李保成、刁斌、张大智、刁尚贵、马文魁、赵文、迈奇珍、迈奇宗、李瓒、傅万兴、邵云龙、王应科、杨起龙、王兴邦、王平、李德、刘荣宗、刁砚、李成。

○七七　善举碣记

盖观良邑为各省通衢，出京首站，所有过往差务，动用一切，供应实难，茌斯土者虽云备价差买，执斯票者无一不苛派于民间。有害闾间，莫此惟甚。今高舍村小户稀，差徭甚重，无论年之丰歉，公役有择催之追，乡人有称贷之累。正副村董，正在拟议忧虑之时，有本村樊范氏妇、樊赵氏姑媳孀居，胸中慷慨，乐善好施，同小孙樊恩、樊惠，偶尔闲谈，举发善念，愿施西高舍民地叁拾柒亩，坐落村西，施制钱叁佰伍拾吊，西街经理历年差徭。又施洋元□拾块，以办本年差徭用之矣。又施东高舍民地叁拾壹亩，粗粮捌石，东街经理历年差徭。又施制钱伍拾吊，以办本年差徭用之矣。是所筹办者，用意美且善贯。一门孤孀，施此巨款，诚女中之魁首，巾帼之丈夫也。凡两乡如意者，永脱苦累，惟恐年湮代远，致村中恶辈鲸吞，樊氏之义举不废坠乎，故勒之于石以垂不朽云尔。

光绪贰拾捌年岁次壬寅秋柒月谷旦

碑刻说明

清刻。在大高舍村。拓片高119厘米，宽62厘米。碑额正书"永垂不朽"。

碑文考释

碑文记载樊范氏、樊赵氏婆媳，为本村施地舍财，缓解村民差役之事。

"良邑为各省通衢，出京首站，所有过往差务，动用一切，供应实难，茌斯土者虽云备价差买，执斯票者无一不苛派于民间。有害闾间，莫此惟甚。今高舍村小户稀，差徭甚重，无论年之丰歉，公役有择催之追，乡人有称贷之累。"

可见，清末良乡县百姓差役之重，逼得民不聊生，作为村里的正副村董，一筹莫展。大高舍村樊范氏和儿媳樊赵氏孀居在家，乐善好施，偶尔同孙子樊恩、樊惠，谈起村民苦于差役的无奈，一家人商议，将西高舍（大高舍）民地37亩，坐落村西，施制钱350吊，用于西街经理历年差徭。又施洋元数十元，以办本年差徭之用。又施东高舍（小高舍）民地31亩，粗粮8石，用于东街经理历年差徭。又施制钱50吊，以办本年差徭之用。光绪二十八（1902）七月，阖村为樊范氏和儿媳樊赵氏立碑，表彰一家人的善举。

通过这方碑刻得知，直到晚清，人们还是习惯称本村为高舍，只是两村区别时，才称大高舍、小高舍，东高舍、西高舍。

琉璃河镇

房山碑刻通志

拱辰街道、西潞街道、长阳镇、良乡镇
阎村镇、新镇街道、窦店镇、琉璃河镇

在房山区东南部。古名燕。周武王十年（前1046），建燕都于琉璃河北岸。春秋为燕中都南郊。战国属中都县，西汉高祖六年（前201）置良乡县，属良乡县。此后历代均为良乡县南境。北齐天保七年（556），良乡县并入蓟县，属蓟县。武平六年（575），再置良乡县，属良乡县。此后历代至民国，为良乡县地。民国四年（1915），良乡县划分八区，分属第六南一区、第七南二区；后分三区，属第三区。

中华人民共和国成立，属河北省良乡县。1958年3月，撤销良乡县、房山县，合并成立周口店区，划归北京市。同年成立周口店区琉璃河人民公社。1960年撤销周口店区，改为房山县，属房山县。1983年，改琉璃河人民公社为琉璃河乡。1987年，房山县与燕山区合并成立房山区后改属房山区。1990年，改琉璃河乡为琉璃河地区办事处。2002年，东南召镇、窑上乡并入琉璃河地区办事处，成立琉璃河镇。

琉璃河镇为古燕之地，西周燕国在此立国封疆，为西周燕都所在，由此开启北京三千多年灿烂文明，堪称北京文明的圣地。有明良乡离宫、琉璃河石桥、清金门闸、淳慎郡王墓等古迹。

本卷收录琉璃河镇碑刻40件，分布于庄头村等8村及岫云观、金门闸，其中：庄头村1件、董家林9件、刘李店3件、岫云观7件、琉璃河二街6件、李庄村1件、白庄村5件、福兴村2件、南洛村1件、金门闸5件。收录琉璃河镇碑文43篇、诗2首、碑阴题2则。

庄头村

在琉璃河镇东。北邻丁各庄，东北邻刘平庄，南邻兴礼村，西邻立教村。该村为明永乐初所建皇庄。永乐帝在皇庄敕建巨刹，号大功德寺，为明代京南最早敕建的一座皇家寺院，钦命僧录司左觉义祖渊兼大功德禅寺住持。因经营地土的农庄俗称"庄头"，庄头便成了地名。这座皇庄共经营土地28000余亩，分布于交道、庄头等3地，奉皇差耕种庄土的农户称田户，后改田户为园户，又称佃户。这些农户来自顺义、昌平、怀柔及良乡本县，归大功德寺管理。宣德十年（1435），明宣宗差内官、御史踏勘皇庄土地，赐给大功德寺为常住香火。弘治元年（1488），大功德寺有香户32户，良乡县佃户43户，昌平佃户9户，怀柔县佃户9户，这是庄头村原始的居民，也是今庄头村村民的先祖。明清鼎革，大功德寺失去了朝廷的护持，日渐衰败，以至鲜为人知，只留下一个由皇庄形成的村庄——庄头村，仍隶属良乡县。民国四年（1915），良乡县划分八区，庄头村属第七南二区；后分三区，属第三区。今属房山区琉璃河镇。

本卷收录庄头村碑刻1件：明代1件，其中碑文1篇。

〇七八　大功德寺碑

今将本先年节该钦奉旨意，并累次奏词开写备照于后。僧录司左觉义兼大功德禅寺住持臣祖渊谨题，为故遵钦授田户田土差役等事，近□□□田户□□陈衡等告，系顺天府良乡等县民籍，宣德七年四月内，钦奉宣宗皇帝圣旨，改拨园户。当蒙□□□信乎本差人送去南八里庄，著后其余杂派科差水马、二站等役□蒙优免。

宣德七年四月十七日，良乡县奉本府帖文，据顺义县老人刘顺兴等为差役事，诿内官蒙奉传宣宗皇帝圣旨：著府尹李□科治。钦此！钦遵行奉到府，已将老人刘顺兴等拘提本府问□□□□吏□志本提□□□外及严管守庄园园户优免差役、马匹一节已经照依前便通行优免。去后，着落官吏速照例□□□□□先□金名庄园户照例优免，毋得朦胧□□□役，私占人户，一概□差动扰，并照有等奸□□老人等，因见园户优免差役，家下仍有余丁，加倍□□差役人，后敢有故违失误供应者，定将当该官吏人等照例□□。

钦奉圣旨：园户俱改作佃户，拨与大功德寺，并不许内外官员人等假托名色私占，及□□妄冒侵欺，违者□以重罪不饶，钦此！钦此！故烧香内官既堂等管东□□□上未曾内扰。

正统元年三月内，钦蒙圣恩：田土佃户都交与常住管，不许私占。钦此！钦遵：除各户耕种户内田土办纳粮草外，每丁人耕种本寺田土四十五亩，供送香灯斋供，及在寺看守朝廷香火、供器、官物，时刻不敢摘离。正统元年月日，不等节，被各官吏勾充夫役等项差使，不敢有违，依□□人应□外。

今于正统二年六月内又蒙各县批文，差群长鲁文等依散小甲李兴等并佃户宋信等□□三户每丁喂养官马一匹，实是靠损艰难，衡等切思身充佃户，常年在寺看守殿内供器、官物，不为不重。□□□又行□纳粮草外，今被累及违例依养官马、杂派差役等因，开坐据告得此，审得本寺佃户陈衡等钦蒙改园户，里甲身役、杂派科差水马、二站喂养官马等差，俱蒙列圣优免。外及数内良乡、怀柔等县佃户高小九等。为是人力不扶，各该官吏酌量将民人闫兴等拨充园户，已经七年之上，并无科派等差。今被良乡等县官吏置老人等，故违特恩拨赐田土佃户优免事例，视为从常，一县勾扰，深为未便。如蒙准题乞赐将前项故拨佃户除办纳粮草外，其里甲水马、二站喂养官马及各项科差，伏望圣恩优免，永远遵守□益。今将小甲陈衡等下养马佃户宋信等姓名开坐，谨具题知。

正统二年八月十二日，通政使司官于奉天门奉圣旨：该部照前发落免他。钦此！

钦遵抄出到部□□合行剳付到顺天府查照□行，□奉□依事理。钦遵□□□□□□□□明白□□□□□。

敕建大功德寺香户臣李牧谨奏：为陈情□□□□□□□□□□事明照本寺地土□□□□□□□宣德十年正月二十三日□司礼监太监范弘使奉圣旨：都察院差壹个梗直御史，司礼监差内使□□管庄内使同去，将他所管田园等项□一□□□人□□□官庄□□□□□□□□□□□□□□□□□□□□日，各官具奏：节奉蒙差监察御史严恭同内使陈焕水，管官庄内使阮庆等亲诣各庄遂一打点明白，所将人□□□□□□□□□□□□□□□□□□□□□□□日，各官具奏：节奉钦依将顺天府良乡县地名庄头、交道、□□三处地共计二百八十余顷并佃户人等，拟与本寺管业，其地与人佃□□□□□□□香火供给常□□□父祖相继，在寺到今五十余年，与军民地土并无违碍。今于弘治元年二月内，蓦被羽林前卫舍人黄俊于达因□□□寄□□□卫自有屯田处所，实与田地无干。今□朋谋奸计，□□□□□□□□□□婿张钦等各执□□行免□□□打立峰堆，意作各人已业。岂期黄俊等自知罪犯无由解释，□行架捏虚词，将香户刘得具告在官，及将□□□□僧□□□□□世定宣并管事僧定仁一并牵连在内，见□刑部四川□□□□提若不陈奏，切思成化十七年已奉上司明文，将前项御赐庄田逐一丈量明白，部府类造文册备照，□□黄俊等止是庄内寄住，致□则恐妄空陛起奸谋，昏赖田土。故将定宣兼作常职人，□及思本寺庄田既与军民搀越相干，先年如何不告，岂得延至到今？其情可推。况定宣虽系兼住本寺，不过领众焚修，其余土田一应事务，自有管事僧人执掌。□被妄空诬陷，情实无辜。蒙伏望圣恩怜悯，俯察下情，乞敕法司，行提黄景良、黄喜、张钦事内一干人犯通行到官，及拘年高知根人等，推究便见的确真情，乞将各犯明正其罪，禁□凶强，庶使刁赖知惧，免致被害人难等因具奏。为此具本亲赍谨具奏闻。

弘治元年四月初三日奉圣旨：这地原系皇庄，先朝已差内官、御史踏勘明白，给与大功德寺常住香火。黄俊等如何昏赖？户部查实□□。钦此！

钦遵四月初十日户部具奏，奉圣旨：是黄俊等□厮每强横刁泼，妄占钦赐香火地，□□锦衣卫拿来打着问，庄田既查明白，还着本寺照旧管业。钦此！

钦遵计开钦拨□户□□□□□人数开坐：香户三十二户，良乡县佃户四十三户，昌平佃户九户，怀柔县佃户九户。

大明弘治十六年岁次丁亥夏四月吉日 大功德禅寺住持定仁等 同立石

碑刻说明

明刻。在庄头村。拓片高 256 厘米，宽 102 厘米。

碑文考释

此碑文镌刻自明宣德、正统、弘治三朝相关圣旨和历次奏词，前后涉及两件案件：一件是园户后改佃户役差的优免案，一件是赐大功德寺田产被羽林前卫舍人黄俊冒侵案。

永乐皇帝在琉璃河立教村东设皇庄，经营交道等 3 处土地 28000 余亩，命田户耕种。宣德七年（1432）四月，宣宗皇帝下旨，改拨园户给皇庄，杂派科差水马、二站等役差优免。

宣德十年（1435），宣宗圣旨：把园户改作佃户，拨给大功德寺，不许内外官员人等假托名色私占，及妄冒侵欺，有违者处以重罪。

英宗即位，于正统元年（1436）三月降旨：皇庄的田土佃户都交与常住管，不许私占。遵奉圣旨，除各户耕种分内田地办纳粮草外，每丁人耕种大功德寺田地 45 亩，负责供送香灯斋供，在大功德寺看守朝廷香火、供器、官物，时刻不得擅离。

尽管有两朝圣旨规定优免佃户差役，正统元年（1436），地方官还是违例杂派佃户夫役等项差使，佃户忍气吞声，不敢抗命。正统二年（1437）六月，佃户籍属各县，更是下达公文，差群长鲁文等侬散小甲李兴等并佃户宋信等，每丁喂养官马1匹。佃户难以承受，苦不堪言。无奈之下，佃户陈衡等出头，上告到户部。

户部审理得悉，大功德寺佃户原为园户身份，里甲身役、杂派科差水马、二站喂养官马等差，宣宗、英宗各有圣旨，明令优免。良乡等县官吏违反拨赐田土佃户优免事例，视为平常，闹得民不聊生，实在说不过去。故上奏英宗皇帝，恳请"故拨佃户除办纳粮草外，其里甲水马、二站喂养官马及各项科差，伏望圣恩优免"。奏折后还附列了小甲陈衡、养马佃户宋信等名单。英宗看到奏折，于正统二年（1437）八月十二日批复："该部照前发落免他。钦此！"此圣旨由通政使司官在奉天门接受，经户部达顺天府监督执行。优免差役案至此了结。此后，历景泰、成化二朝，还算相安无事。

弘治元年（1488）二月，羽林前卫舍人黄俊、于达，企图侵吞大功德寺皇庄香火地，架捏虚词，妄空诬陷，状告香户刘得，并将住持定宣并管事僧定仁一并牵连在内。

不得已，大功德寺香户李牧上奏孝宗皇帝，申明真相：原来，宣德十年（1435），监察御史严恭同内使陈焕水、管官庄内使阮庆等奉旨，清查顺天府良乡县庄头、交道等3处地共计280余顷及佃户详情，所有土地赐给大功德寺作香火地，佃户差拨大功德寺供给常住。成化十七年（1481）奉上司明文，将前项御赐庄田逐一丈量明白，部府类造文册备照。佃户代代相继，在大功德寺耕种奉差50余年。耕种的土地为御赐庄田，与军田民田各不相干。黄俊等在皇庄内寄住，看到大片田地，竟起贪念，诬告佃户及寺内僧人，勾结黄景良、黄喜、张钦等，阴谋昏赖土地。李牧在奏文中，请求将黄景良、黄喜、张钦等事内一干人绳之以法，拘拿年高知情人查证，以明实情，明正其罪。

孝宗闻奏十分气愤，于弘治元年（1488）四月初三日给户部下旨："这地原本是皇庄，先朝已差内官、御史踏勘明白，赐给大功德寺常住香火。黄俊等如何昏赖？"要户部查实上奏。户部很快查明，香户李牧所奏属实，四月初十日向孝宗回奏，孝宗复旨："黄俊等奏强横刁泼，妄占钦赐香火地，由锦衣卫拘拿打问，庄田既已查明白，照旧归大功德本寺所有。"户部遵旨查玥大功德寺户口：香户32户，良乡县佃户43户，昌平佃户9户，怀柔县佃户9户。此为庄头村历史上第一次准确户口统计。

明弘治十六年（1503）四月，大功德禅寺住持定仁立碑，将两个案件的圣旨及奏文镌于碑上。无意间，为后世留下一份珍贵的碑刻文献，这一碑刻文献，提示了为历史湮没的三个史实：

一、明永乐初，曾在琉璃河镇立教村东置皇庄，庄地在交道、今庄头村等3处，总数280余顷。

二、由此得知今庄头的原始居民，是来自顺义、昌平、怀柔及良乡本县的园户后改佃户。该村原为皇庄，经营土地的农庄俗称庄头，庄头村因此得名。

三、永乐帝在设置良乡县皇庄的同时，敕建京南皇家巨刹大功德寺，这是京南，也是良乡县最早的、规模最大的明朝皇家敕建寺院。

以上三个史实的明晰，对庄头村史、琉璃河镇史、房山区地方史、北京史研究均具重要意义。

至于碑文中披露的佃户优免案和军人侵地案，有助于了解明成祖、仁宗、宣宗、英宗、代宗、宪宗至孝宗7代80年左右的社会生态。

董家林

在琉璃河镇东部。东南邻黄土坡村，西邻刘李店村，北邻窦店镇白草洼村。商代为古燕中心地带。周武王十年（前1046），封召公于燕即此地，同年燕就此地建都，成为西周燕国都城所在。春秋时都废，为燕国中都南郊，战国为中都县南境。西汉属良乡县。此后历代均为良乡县境。至北齐天保七年（556），良乡县并入蓟县，属蓟县。武平六年（575），再置良乡县。此后历代均属良乡县。村中普会寺，有金大定年间经幢一座，明代曾出土金大定石佛，故知此寺创建之古。

民国四年（1915）良乡县划分八区，属第七南二区；后分三区，属第三区。今属房山区琉璃河镇。董家林居燕都遗址，有普会寺、关帝庙、淳慎郡王墓、杨氏家族墓等。

本卷收录董家林碑刻9件：金代1件、明代2件、清代6件，其中收录碑文9篇。

〇七九　普会寺四方佛经幢

南无东方阿閦佛真言曰
唵阿恶曩毗衣野吽

南无南方宝生佛真言曰
唵啰怛曩三婆嚩怛骆

南无西方无量佛真言曰
唵路计湿嚩啰啰惹纥哩

南无北方不空佛真言曰
唵阿谟伕悉第恶□□□

碑刻说明

金刻。在董家林村。八面刻，分拓两纸，均高52厘米，通宽64厘米。正书，四面造像，四面真言。

幢文考释

此幢为金大定时造，该幢尚残存四方佛一段，为刘姓人家收藏。

南无东方阿閦佛，意思为"不动"，因菩提心坚定（或者没有嗔恚）不动如山，故名为"不动"，有无嗔恚的意思。《佛说阿閦佛经》中说阿閦佛为菩萨时，在大目如来（或译为广目如来）前发"于一切人民蜎飞蠕动之类不生嗔恚"等誓愿，经过累劫的修行，终于在东方的阿比罗提（妙喜）世界七宝树下成佛，佛刹名为"妙喜"。由于他的愿力所感，佛刹中没有三恶道，大地平正柔软，一切人都行善事，环境极其殊胜。依《大宝积经》所说，往生妙喜世界的因缘多种，依佛所说，其根本因缘则是"应学不动如来往昔行菩萨行，发弘誓心愿生其国"。

南无南方宝生佛，是佛教密宗崇奉的五方佛之一。在一些显教经典里又被称作"南方宝幢佛"或"南方宝相佛"。由于显教经典对此佛的记载甚少，所以汉地的寺庙对于这位佛供奉也极少。在密教里，宝生佛是修习密法观想的佛陀之一，象征大日如来的平等性智，是密教的重要膜拜对象。密教经典《守护经》记载说，宝生佛左手持衣角于手心，右手仰掌，象征宝生佛"满足众生所求"的本愿。宝生佛属金色（也称黄色）宝部部主，居南方，故亦称为五方佛中之南方佛；因宝生佛具有平等性智，也称为五智佛之一。

南无西方无量佛，习惯称阿弥陀佛，别名无量寿佛、无量光佛、观自在王佛、甘露王。密号为清静。他是西方极乐世界的教主，与观音菩萨、大势至菩萨合称"西方三圣"。阿弥陀佛代表光明无量，寿命无量。大乘经载，阿弥陀佛在过去久远劫时曾立大愿，建立西方净土，广度无边众生，成就无量庄严功德，为大乘佛教所广为崇敬和弘扬。大乘佛经主要如《无量寿经》《阿弥陀经》《观无量寿佛经》，对阿弥陀佛及其西方极乐世界均有详述。大乘佛教流传之地，如中国、日本等大乘教区，阿弥陀佛信仰也尤为繁盛和重要。而汉传佛教的净土宗，则完全以往生阿弥陀佛的西方净土作为专修的法门。

南无北方不空佛，居第五佛土，此佛土名胜业净土，藏文名称意思是行为，是完全，是圆满。所以此佛土名又叫"诸行圆满"，于中一切想做之事皆可轻易成就。诸行圆满，即是指此易成就性。《诸佛境界摄真实经》载，不空成就佛手印是施无畏印，即左手执衣两角，右手展掌、竖其五指，当肩向外。这一手印，乃为救度有情众生与成就佛法的功德。

〇八〇　重建普会寺成融德行有报之碑

金台敕建大兴隆禅寺思林题额

造佛菩萨施主善人张禧撰书

寺主黄普鉴　张普刚　张普增

化主谢普铭　□普贵　张五　张普杰　郑海　张普□

夫良材切于极顶，金玉钦入瑶楼，效哲万贤，讵弗美哉。今成融禅德原欶籍贯良乡兴礼里董家林黄氏之子，髫年虽少，种性不凡。纵居弘尘之境，形景异童常情，一日，脱素从缁，趋普会寺禀全公和尚落发受具。肩披巾衣，臂捧金瓶，慰□之言，时时安憁。书云："孝而事亲，冬煴复情。行仁之人，足可类矣。"尔时师语徒曰："欲居嵩畔，□□乐贫，是院得汝助佐，门风莫教隤毁。"徒乃承教礼毕，云送林峦，回栖丈室，志乐性㤚，毋求人非，言□于人，清音倅美，和气欢喜，□□伤情，操首石坚，骨格天性。昼则营办僧事，夜则焚膏继晷。研穷尽性一淳，辨其不迁之理。朝晨钟，暮鼓振。□□□炉，务同金口之言，阴翊圣朝洪恩，补□□□□，白头□□，清品播宇，□□聆瞻，光扬合族亲，因阐其苗裔，幸催诸方尊老，非敢怠慢，融曰："旧基□□□□，意欲□□□□□善□□告，本村檀那黄普鉴等各人施舍地基，众老如何？"于是皆诺然之。天顺贰年三月拾五日卜取良辰，乡老各捐贿赂，兴盖兰若。中居大雄宝殿，左列诸教，右排祖堂，两廊斋堂、方丈，后殿、山门俱备，丛林轮规，严切兴焉。遐迩聆者，无不称赞，躬诣□者，延受消愆，可谓施蓁荆之地变为菩提之场，振瓦砾之所化作精蓝之区，他日安养，莲居上品，因果昭然而矣。予预日见得如斯，后还吣□，二□有□，一□对□，坐课念弥陀，偶来者上足，佛增宾主礼。后再复展首，详而具陈，是院虽完，内缺一事，乡老数番劝言，欲立一石，故我□谒，予曰："愧才不堪。"肯他不过，遂书粝言一纸，略录美誉，镌之于石，且曰普会寺开山今二代住持沙门融禅人德行实迹，监掌拈香谨为偈赞：

戒朋辉辉，道德巍巍。丰姿推秀，逾群为亏。以瀛无涯，如派尽归。自行利他，事损理益。始终□变，成佛有期。迤逦后世，堪作龟则。

大明成化元年岁次乙酉戊寅月甲子日建　平阳府河津县匠人李恩　张睿镌

碑刻说明

明刻。在董家林村。拓片高191厘米，宽69厘米。碑额正书，双勾题"普会寺"。

碑文考释

此碑记载普会寺僧成融重修普会寺事。

成融，良乡兴礼村里董家林黄氏之子。兴礼，即今琉璃河镇兴礼村，在董家林村东南2里。七八岁出家，礼本村普会寺全公和尚落发受具。全公退老，成融继法席，住持普会寺。明英宗天顺二年（1458）三月十五日，本村施主黄普鉴，施舍地基，乡老各捐财物，重建普会寺，中建大雄宝殿，左列诸教，右为祖堂，两廊斋堂、方丈，后殿、山门俱备，轮次规模，恢宏严整。

明代，普会寺第一代住持为全公和尚，第二代住持为成融。两代人，应该是从永乐到明成化以后。

"大明成化元年岁次乙酉戊寅月甲子日"，即明成化元年（1465）正月十六日。碑阴额题"万寿禅寺戒坛下院"，知普会寺在明代为戒台寺下院。

〇八一　重修董家林普会寺记

余里普会禅林其来旧矣。侦之故老，莫知所自，□□□□□偨有一二，其上有金大定字。又乡人掘地得石佛甚异，亦有大定字。则此固金家之所创也。降此而元，不可知。迄我太祖高皇帝混一以来，敕建西山戒坛，海内比丘，来游如云，然未尝不憩息于此也。成化间□□□□迹，前有天王殿，左右有钟鼓楼，殿后有大雄殿，后又有三祖堂。乃今皆变矣。呜呼！久矣。白马绕寺而鸣也。□□□□□□焉，秀公八十余龄甚高，遵十律、崇五戒，召僧诵经不懈。余族暨里中人共捐资修殿，殿成，又化铁铸钟。□□□□□□□□□□少兴矣，然不可无记，于是秀公以索记于余，余曰：嗟嗟！白马西来，经律论三藏，皆窈漠汰而□□□□□□□□而已也。□□□了立文□□□□心，余始秉守不疑而终少省□也。今天下世尊有三十三，而西天得其二，□□□□得其六，东土初祖游历□天竺皆至，三子勿论已其□为□□得其一，舒州得其一，曹溪得其二，而□旃檀得其二。□加以南能北秀□□□□□□西缘皆有东也，□我东土可称佛国矣。□轶事能见群书，世多不遍观。余以管□□□□为如来□□□□□有相□□□善□□□必毋因毋我，理本同也。余读无上集见西天□立□迹□□□□以□□□□□□皆得□□□明珠无异法耳。余独于曹溪而后一家而为南岳青厚□□而□□□□□曹洞□□法眼□□无已，吾恐曹溪诸徒不能无罪矣。秀上人曰：人□□大师笑□□□□。余曰：□□□□□□□□□□□□□不□□□归过□六师之弗传，所谓翻著祖师衣□□□□□□□无不思□□□□□□□□□□□则已□□□又□□窥□□以□口吻已□非□则又不过赖□□□□□□□□□□足□□□□□□□檀那□□善于□□□而□为远□□□□而摩□尊者亦谓不文学佛于□□□□□□□□□□□□□□□□□□之□□半□之□此□□□□□也。余每志□□□□□□□□□□之记而□□□□□贰十七人所耻，如此言，恐不宜于此记也。余曰：不然。有其事而无其□□□□□□□□□□□□□□□□□□之□所谓世无□□□□□西山遇□而从其年魏使游于葱岭后门徒□□□□□□□□□□□□□之□□□□何□□□□谓无之乎？且孔子尝言：西方有圣人出。□□□□□□□□□□□则□□□□□□□□□而□其律与经与论，其理精其□深，非海无可境，□□之治天下国家，则□□□□□□□□□□□立无□□□□终不若孔子之默而识之，□□之□立文字之□愈也。上人曰：□□□吾□□□□□而可谈空□不□可以为记乎？上人曰：可。遂记之。

　　大明万历甲辰□□五月□□□□吉旦立

　　文林郎□河□□署□事□□□人谢天叙撰文　邑庠生谢再□书丹

　　国子监□□□□人杨尚□□□篆额

碑刻说明

明刻。在董家林村。拓片高123厘米，宽70厘米。碑额篆书，双勾题"普会禅林"。

碑文考释

此碑记载普会寺来历及秀公重修事。

普会禅林，历史悠久，村民掘地曾掘出一尊石佛，石佛上镌刻着金"大定"年号。明初以来，海内比丘，来游如云，未尝不憩息于普会寺。成化年间重修，前有天王殿，左右有钟鼓楼，殿后有大雄殿，大雄殿为三祖堂。历年久远，旧貌不再。本庙住持秀公，80多岁，遵十律、崇五戒，召僧诵经不懈。本村谢氏族人和同村人共捐资重修佛殿，殿成又化铁铸钟。明万历甲辰即万历三十二年（1604）五月立碑记事，知秀公重修普会寺，在明万历时。碑文载："迄我太祖高皇帝混一以来，敕建西山戒坛，海内比丘，来游如云，然未尝不憩息于此也。"普会寺作为戒台寺下院，南来北往朝谒戒台寺的僧人，多在此挂单休息。

撰文谢天叙为"文林郎"，应该是七品知县。书丹人，也是谢氏家族人，为良乡县庠生，是个秀才。知董家林谢氏家族古为世代书香，为宫为吏，代不乏人。

〇八二　重修董家林关帝庙碑记

盖闻作福者保世以滋大，修德者百世观其昌，此古今不易之常经，亦天下昭然之至义也。国朝定鼎以来，关圣屡彰垂佑，上则功施社稷，下则普济民生。已往之威灵显佑不必细述矣。兹因良乡县邑南董家林村旧有关圣庙一座，考其旧基原在村之南偏，因地卑下，又近河渠，于乾隆三十六年忽遭水患，四壁冲塌，波漂神像，村中有刘善人印潘，触目惊心，时发善念，独力捐资，故将神像移于村之北偏普会寺，复修大殿三楹。迄今数十余年，父老顶礼，妇女虔诚，因时修补，香火绵长，居然一胜境也。不意于同治十三年六月二十五日，忽被火灾，烧去三间大殿，神像就焚。此由僧人之不经心，亦神灵宜两遭水火之难也。呼呼！灰烬之余，村人不忍坐视，咸兴义举，于光绪元年，鸠工庀才，因其旧址而重修焉。于是庙貌一新，神灵依旧。人谓此实村人之善举，安知非神灵之默佑也哉？愿后之仁人善士随时修葺，永垂不朽云尔。

良乡县恩贡生候选教谕张云第撰文并书

善德堂刘施钱肆佰伍拾千文　施瓦一万零□百块

经理人刘治旺、刘治型、刘士俊、刘士怡、杨玉、孙喜、谢尚荣

碑刻说明

清刻。在董家林村。拓片高114厘米，宽61厘米。碑额正书，双勾题"万古流芳"。

碑文考释

碑载重修关帝庙事。

董家林村旧有关圣庙一座，此庙原在村南，因地低下，又近河渠，乾隆三十六年（1771）发生水灾，四壁冲塌，村民刘印濬，发念独力捐资，把关帝庙神像移到村北普会寺，复修大殿3间。

同治十三年（1874）六月二十五日，住僧大意，引起火灾，3间关帝殿和殿内关帝等神像付之一炬。光绪元年（1875），在旧址重修，庙貌一新。工程由刘治旺、刘治型、刘士俊、刘士怡、杨玉、孙喜、谢尚荣主持。善德堂刘施钱450千文，施瓦1万余块。

〇八三　杨处士墓碑

杨公以顺治己亥卜葬于燕谷北原，择于等驾林西基，距生八拾寿有二。明年春二月，厥子登科、登名诣余言为记，手出所状，哀毁逾甚，余慰而怜之。按状：公讳守仓，字增福，隶籍盛京，力穑服田，以此事君颇称上意，时赋乃积，而歌裹粮。燕山世族，易水名门。阀阅隆于当代，箕裘裕于后世。公之劳非一日可知也。输纳之余，积粟陈陈，以备将绥□，好行其德，倘所称仁心为质，独行君子非耶？想国朝定鼎之初，走马南来，相土而居，因卜吉地，高山峻岭，西山挺秀，来脉涌涌，气运层层，水势汪洋，湾转回潆，可助明堂之光，亦济主山之威。山明水秀，地灵人杰。喜蛇交集，远观可嘉。喜先协吉，还祥昌后。望漓水之涘，以为阴宅。家焉。公维告老，授田计亩，不以幽□更业者，又有公之子也，所居沃壤多腴，券以公持，筹虽良，崇墉比栉，较东土旧业单厚孔固，

五世一堂，寿考维祺。天子屡奖劳之，锡予无倦，得君如此，可不谓荣焉？今亡矣，夫嗟嗟，公以报国者成家，妇子宁土，从兹伊始。公之子孙以公之贻谷者，进忠朝廷，岂不世拜兴夫之□也哉。行将与带砺同末，社稷俱安矣。余不能更赘为文，爰即所状而志之。铭曰：

世攘攘而若悯，世熙熙而若痴。上不负乎吾君，下不负所私。亦既归只，亦既全只。缅缅石祉，庶有竢乎。子孙所逢，追念助酒。祭奠灵魂，来格受黎。洵不朽之事也，余故不辞而为之记。

赐进士第文林郎河南怀庆府推官良乡邑张元枢拜撰

时大清顺治十七年岁次庚子二月下浣之吉立

碑刻说明

清刻。在董家林村。拓片高121厘米，宽68厘米。碑额正书，双勾题"万代芳名"。

碑文考释

杨守仓，字增福。据其子杨登科墓碑："我大府君先世三韩人也。"三韩，古代朝鲜半岛南部有马韩、辰韩、弁韩三个小部族，合称三韩。故杨守仓为高丽人。"隶籍盛京，力稼服田，以此事君颇称上意。"后金时期，杨守仓居沈阳，屯田为职，受到皇上赞赏。"国朝定鼎之初，走马南来，相土而居"，清朝定鼎北京，杨守仓选中京南良乡县刘李店定居。"屡奖劳之，锡予无倦"，知杨守虽无官职，却也屡受皇帝的嘉奖和赏赐，荣显乡里。

顺治己亥即顺治十六年（1659）卒，卜葬董家林村西。享年82岁。据此，其生于明万历五年（1577）。

○八四　皇清待封显考讳登科杨公府君墓碑记

我大府君先世三韩人也，自高曾而上，累世淳德，皆称良善，巍然为郡巨族，至若彪炳当时、赫奕远迩者，代不乏人。越我王父遂邀皇恩，嘉其务本明农，乃给产授田，以供公间之务。王父暨府君，皆急公好义，殚心效力以尽厥职。世祖一统海宇，定鼎燕都，我王父同府君随扈军来京，复蒙天眷浩荡，凡属在旧人俱从厚优恤，爰拨地授宅，遂于良乡迤南四十里许瑠璃店村世业焉，于是竭力供事以仰报朝廷宠顾，始终罔间，历数拾年如一日。我父慷慨任侠，轻财好义，周人之急，拯人之颠。凡处闾里乡党间，皆蔼和谦恭，而人之被其晋接者，莫不啧啧称之曰：杨太翁磊落豪侠，允足以砥颓俗而振靡风也。古所称硕人吉士，其庶几矣。且输将维勤，凡苤秆米粟，俱竭力以急国家之需，是忠以事君也。秉性至孝，婉容和悦，以事我王父母，是孝以事亲也。至于教男等以持身涉世之道，谆谆不厌，是慈以训子也。他若治家整肃，臧获虽众，务令收敛辑志，勿纵以生事，是严以驭下也。此不过我父府君生平梗概之大略焉耳。至若立心持己之美，待人接物之善，又岂其言语形容所能罄哉？尝闻饮水者必思其源，观木者必溯其本。今男显承等□□□□，子孙济济，家业繁昌，皆我父贻谋之垂也，敢忘木本水源之自乎？爰勒之石，非敢为泉□□每也，姑聊志不朽云尔。我父府君生于庚子三月初七日，卒于辛亥年十月初一日。

赐进士第文林郎知良乡县事蜀人李竑鄩顿首书丹

大清康熙贰拾壹年肆月谷旦立碑　男杨显承等奉祀

碑刻说明

清刻。在董家林村。拓片高 120 厘米，宽 68 厘米。碑额正书，双勾题"燕翼贻谋"。

碑文考释

此为杨显承为其父杨登科所立墓碑。

杨氏本是朝鲜人。"巍然为郡巨族，至若彪炳当时、赫奕远迩者，代不乏人。"知杨氏为朝鲜世家巨族。杨显承祖父杨守仓"给产授田，以供公间之务"。即奉皇命屯田供军国之需。清朝定鼎北京，显承祖杨守仓、父杨登科随扈顺治帝进关，顺治帝"拨地授宅，遂于良乡迤南四十里许瑠璃店村世业焉"。瑠璃店即刘李店村。这篇墓碑记，比杨守仓墓碑记载得更为具体清晰。

杨登科，杨守仓长子，生于庚子年即万历二十八年（1600）三月初七日，卒于康熙辛亥年即康熙十年（1671）十月初一日。享年71岁。

○八五　显福杨太翁墓碑

翁，执庵先生之祖也。先生欲表其嘉言懿行，勒诸贞珉。因追想高曾之培植与乃父之□□焉，喜其善也，是为序。先生自高曾以来，耕读为业，忠孝传家。以孝弟为本，以勤俭为主。乐善好施，无所勉强，其培植厚矣。三世而至乃祖显福，翁之兄弟十人或创或守，各有所长。而翁行三，为人宽厚和平，光明正大，非法言不言，非法行不行。孝友睦姻，任恤之道，无所不尽。和萃于家庭，晖吉传于闾里，洵足勒碑而刻铭矣。翁之子六，长讳国瓒，急公奉上。次国斑，安居乐业。四国琦，家道殷盛，文风丕振，泮宫代不乏人。五国珺，喜文词。六国瑛，爱稼穑。而讳国瑄，字玉衡者居三，即执庵先生之父也。善继善述，克振前徽，家业峥嵘，善行不息。开设义学以作养，以□□，重师友以训诲子弟，无非善体翁意而为之者也。尝思著翁之言行以勒于石，惜有志而未逮也，而执庵先生乌能已于斯哉。先生兄弟三人，兄与兄子皆逝，而后人安分，弟务农应差，而弟子耕读。先生行二，凡事亲从兄，待人理物，皆以父为法，即以□□为绳也。而且孜孜矻矻，好学不倦，于康熙五十四年而入学，雍正十三年而出贡，虽未获历金马、步玉堂，然而天眷有德，笃生哲裔。先生四子：长廷□，持家有道，□人赀□。次廷柱，存心正直，处世中和。三廷□，继嗣乃祖之嫡孙矣。四子廷楷，习五经，能文章，十四岁而列泮宫，廿□龄而膺乡荐，已而拣发云省，保题南宁县令，他日所就未可量也。长孙□□，年方弱冠已游泮水，雁塔题名，旦晚事耳。其余幼子童孙，莫不有凌云之气，然则先生□□之培植如□而光□□□□前有作之者矣。先生乃父之承祖如此，而先生之祖后有述之者矣。先生□□若□之发之□□□孰非乃祖显翁嘉懿行之报也哉，宜勒之贞珉而不忘也。谨序。

雍正乙卯科举人候选知县直隶天津府沧州□人骥撰并书

大清乾隆二十一年岁次辛巳六月谷旦立　孝孙携奉祀

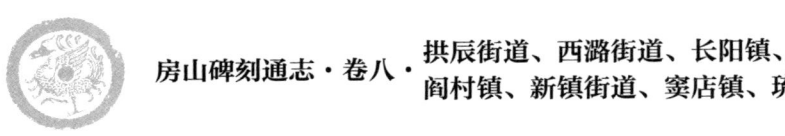

碑刻说明

清刻。在董家林村。拓片高118厘米,宽67厘米。碑额正书,双勾题"流泽孔长"。

碑文考释

此为杨显福孙杨摅为杨显福所立墓碑,考杨氏诸碑:

杨氏自杨守仓受土刘李店而居,生二子,长子杨登科,次子杨登名。

杨登科子杨显承。杨显福与杨显承同为显字辈,杨登科立墓碑,只署杨显承,知显福非杨登科子,应是杨登科弟杨登名子。

杨显福,兄弟十人,或创或守,各有所长。杨显福行三,为人宽厚和平,孝友睦姻。

杨显福生六子:长子杨国瓒,次子杨国斑,三子杨国瑄、四子杨国琦,五子杨国珺,六子杨国瑛。

杨国瑄,字玉衡,杨摅之父。开设义学,训诲子弟。有子三。

孙摅,号执庵,为杨国瑄第二子,康熙五十四年(1715)入学,雍正十三年(1735)贡生。四子:杨廷□、杨廷柱、杨廷□、杨廷楷。杨廷楷14岁进入良乡县学官就读,二十几岁中举,后任云南省南宁县令。

《杨处士墓碑》《皇清待封显考讳登科杨公府君墓碑记》《显福杨太翁墓碑》,为研究刘李店村杨姓族源和家谱,提供了可靠史料。

〇八六　多罗淳慎郡王碑文

朕惟典隆惇族,宗支绵弗替之恩。礼备饰终,文碣重可书之宝。袭宠光而克荷,崇封已被于彝章。铭懿行而无惭,令闻常留于圭卣。载胪成绩,是纪贞珉。惟王玉叶垂芬,银河衍派,钟至仁于麟趾。毓德皆贤,列维翰于雁行。承家有誉,早岁受知先帝,即邀带砺之施。毕生常矢小心,式副屏藩之望。表风规于朱邸,常华之阴方长。陪燕誉于彤廷,行苇之欢尤洽。三驱扈跸,随羽卫而宣勤。百辟联班,奉钧陈而俨肃。由同气而兼同齿,倍深棣萼之怀。于其哀而念其荣，曷驻桑榆之景？忽怆情于逝水。爰具典于礼官，稽秩祀而加笾。用怀推旧，勒潜光于深刻。宜示方来，列爵既无忝于淳予。谥复眹之曰：慎。於戏！殚卌年而共职，克家与奉国俱虔。笃一本以展亲，善始与崇终并至。式焕龙章之锡，用光马鬣之封。俾有休名，以垂奕世。

乾隆四十四年十月二十日立

碑刻说明

清刻。在董家林村。拓片高206厘米，宽97厘米。正书，汉满合璧。为淳慎郡王墓碑。

碑文考释

笾（biān），古代祭祀和宴会时盛果品等的竹器。

鬣（liè），马、狮子等颈上的长毛。

淳慎郡王墓，在董家村南。民国十三年（1924）《良乡县志·卷六·纪幽志·丘垄》："淳慎郡王墓，在县南等驾林。"等驾林即今董家林。墓地葬有淳慎郡王弘暻、弘暻嫡福晋、大侧福晋，弘暻子孙永鋆、绵清、奕樑、载敓。

董家林村南，大石河水向东流去。淳慎郡王陵背北面南，坐落在董家林村南的大石河北岸。正前方是月河神桥，桥北有碑亭一座，内立乾隆四十四年（1779）碑，螭首龟趺。沿神道北行，正面有宫门3间，左右有东西朝房各3间。进宫门，月台之上是3间享殿。享殿后有琉璃门一座，门前有云龙石阶，共13级。进琉璃门，有大宝顶一座。宝顶径三四丈，高1丈余，汉白玉须弥座雕饰着精美的莲花，顶部为三合土结构。宝顶内葬的是淳慎郡王弘暻。其嫡福晋伊尔根觉罗氏、侧福晋富察氏葬在其墓侧，未起宝顶。

淳慎郡王弘暻，康熙帝孙，淳度亲王允祐第六子。允祐乃康熙第七子。弘暻康熙五十年（1711）七月十一日出生，母侧福晋巴尔达氏，管领噶尔赛之女。雍正五年（1727）封世子，雍正九年（1731）袭淳郡王。乾隆四年（1739）十二月总管正红旗觉罗学，五年（1740）三月授正黄旗汉军都统，十一年（1746）十二月解都统。乾隆四十二年（1777）七月十三日薨，年67，谥曰慎。嫡福晋伊尔根觉罗氏，给事中宜克善之女。侧福晋富察氏，图什巴之女。

○八七　多罗贝勒永鋆碑文

支分椒衍，遽韬瑶牒之辉。班亚桐封，宜贲琼筵之典。效赞襄而奉职，绩懋彤廷。念恭恪以颁纶，恩垂朱邸。尔多罗贝勒永鋆，秀毓仙源，劳叨崇秩。总司禁旅，肃武备以宣勤。兼掌宗庠，饬朝章而辅化。方冀年华锡庆，恩眷长承。何期夜壑兴悲，音容忽杳。於戏！忆金枝之禀教，早稽属籍而称尊。顾玉水以怀贤，每惜期顺之未享。用摅轸悼，尔尚来歆。锡类惟仁，帝室隆展亲之谊。推恩自近，天家重褒恤之文。荷册府之崇封，显荣聿备。值雕筵之初锡，恻怆弥深。尔多罗贝勒永鋆，派衍银潢，支分瑶牒，叠奉山陵之使，恪谨无愆。兼司禁卫之军，靖共匪懈。教分胄子，趋班夙著其勤劳。职统宗人，率属懋昭其分慎。方谓象贤久赖，何期驹隙俄迁。念旧增歔，饰终宜厚。於戏！九重贲宠，载昭纶绰之辉。卌载宣猷，用报馨香之德。遮几灵爽，歆此苾芬。

道光辛巳年壬辰月丁卯日

碑刻说明

清刻。在董家林村。拓片高 210 厘米，宽 81 厘米。正书，汉满合璧。

碑文考释

壬辰月丁卯日，为三月十七日

纶绰（lún fú），皇帝的诏令。

自贝勒永鋆始，在淳慎郡王陵北另起一区，俗称"新坟"。陵区内有墓墙相围。葬有弘曎子孙永鋆、绵清、奕樑、载敓。

永鋆，淳慎郡王弘曎子，娶权相和珅女。其父逝后降袭贝勒，官散秩大臣。

绵清，永鋆第二子，降袭贝子。

奕樑，绵清第四子。降袭镇国公，历任宁夏将军、泰宁镇总兵、正蓝旗总族长，同治十一年（1872）赏贝子衔。光绪十三年（1887）七月十二日卒，享年 69 岁。

载敓，奕樑第三子，袭镇国公，官正蓝旗总族长。妻沙济富察氏，额附景寿之女。景寿为咸丰顾命八大臣之一，慈禧垂帘听政后被黜。

　　淳慎郡王陵陵户，初为孙、杨、富、谢、金、马6姓7家，后来增至18家。王府在董家林一带原有土地200余亩，后来家世衰落，陆续变卖。民国年间，淳慎郡王陵被房山车场村匪首刘振山率众盗发。随后地上建筑被淳慎郡王后人拆除卖掉。20世纪60年代，淳慎郡王弘暻的宝顶及地宫被拆除，乾隆四十四年（1779）碑亦被捣为两段，当年从地宫内还出土了一座雕制精美的汉白玉门楼。

　　随着董家林村的生产发展和村民住宅建设，淳慎郡王陵已找不到任何痕迹。

刘李店

在琉璃河镇东。东邻董家林,西隔京石公路与洄城相望,南为大石河,北邻窦店镇芦村。刘李店村在西周燕都遗址西侧,承载着三千年文明,属房山区境内早期出现的村庄。辽代名刘李村,属燕京良乡县尚义乡。尚义乡始置于唐代。唐建中四年(783)《大唐开府仪同三司试太常卿兼左金吾卫大将军上柱国刘公墓志铭并序》:"四年春二月戊申朔廿五日壬申,葬于良乡县西南尚义乡之原。"此墓志出土于石楼镇东境吉阳村,尚义乡范围大致在窦店古城以南,包括今琉璃河镇、石楼镇的部分村庄。辽时,村中白氏自称秦国大将武安君白起的后代,或称为白起家臣。从白氏源族看,该村历史尤为久远。辽、金、元、明清至民国,历代属良乡县。民国四年(1915),良乡县划分八区,属第六南一区。后分三区,属第三区。今属房山区琉璃河镇。

本卷收录刘李店碑刻3件:辽代3件,其中碑文3篇。

〇八八　白继琳幢记

丰阳柳沙门了洙

古者不封不树，后世易之以棺椁，踵其事者，墓而且坟。遂有高卑薄厚之度，贵贱之等级也。而后我教东流，法被幽显，则建幢树刹兴焉。其有孝子顺孙，信而乐福者，虽贫贱殚财募工市石，刻厥密言，表之于祖考之坟陇，冀其尘影之霈者，然后追悼之情塞矣。则白公亦其人也，考之卒，于今二十一年矣，始则力匮不逮，寤寐常如有所阙然，暨今之能为也，欣欣然以为孝子永思之道，尽于是矣，如此得不谓清信之士虖哉。事既，仍谷纪考之氏族履行，及始襄事，乃访之有芧者，过听，遂之柳豀，请予志之于秘咒之后也。予谨按：府君讳继琳，其先秦将武安君之后，枝属蕃衍，散布区宇，今为良乡县刘李村人。父澄，母杨氏，数世不显，退为齐民。惟府君之□□子也，勤啬力农，弗游他艺。既冠，娶孟氏，生三男。长曰怀友，豁达有器度。次曰了扃，为比丘，隶名于都之崇孝寺，戒行学能，闻之当世，所至聚徒百千，才三十八卒，识者于今称道之。季曰智才，亦为比丘，钟爱居里之僧院，年十八夭亡，人咸谓其俊物逾其兄矣。女三人，长适涿郡李宽，次适同里丁准，次适卢村东宋氏。清宁五年夏六月五日孟氏卒，春秋五十三，其年秋七月某日，葬于良乡县尚太乡刘李村东原先茔之庚位。后二十五年，府君卒，春秋八十三，实大康十年夏六月二十二日也。以其年秋七月某日，举孟氏之丧合祔，礼也。孙四人，长曰兴仁，有教行，善治生。次曰兴彦。次曰圆迪，为比丘于里之兰若，以失明、近家故也。诵经十余部，里人讶其强记敏慧。季曰兴鉴。女孙二，长适卢宏，幼适李孝君，皆同里之醇农也。府君魁梧庞厚，乡间畏惮，然性善崇尚我教。重熙中，会昌上人传菩萨戒于里之驿亭，自是不食荤血，奉五戒，终身无惰。里中白氏尚数十家，风流犹存，弟侄辈勇悍多不法，惟府君之一房不武，故子孙贤明有令闻，祖父皆享永年令终，岂不谓积善有余庆虖。

时乾统五年乙酉冬十月乙丑朔二十一日乙酉记

碑刻说明

辽刻。在刘李店村。

幢文考释

"府君讳继琳，其先秦将武安君之后。"幢主为白继琳。"秦将武安君"，秦国名将白起数立战功，秦封其为武安君。据此，白继琳为秦国名将武安君白起的后裔。

"今为良乡县刘李村人。"刘李村，今房山区琉璃河镇刘李店村，辽代名刘李村。

白继琳父白澄，母杨氏，"数世不显，退为齐民"。辽代，白氏一族，已是普通百姓。白继琳一心务农，娶孟氏为妻，生三男。长子白怀友，豁达有器度。次子了肩，在燕京崇孝寺出家，戒行学能，在僧界知名，他门下弟子居士成百上千，38岁圆寂。三子智才，也是出家为僧，在本地僧院修行，18岁早逝。女三人，长女嫁涿郡李宽，次女嫁同里丁准，次女嫁卢村东宋氏。涿郡，今河北涿州市。卢村，今房山区窦店镇卢村。知此村由来久矣，在辽代即幢上有名，其历史应更早。此村在大石河东岸，为古良乡县西城外，似为西汉古村。

孟氏先于辽道宗清宁五年（1059）六月五日卒，春秋53，同年七月，"葬于良乡县尚太乡刘李村东原先茔之庚位"。知今刘李店村，辽时属尚太乡。就其卒年，孟氏生于辽圣宗统和二十四年（1006）。

大康十年（1084）六月二十二日，白继琳卒，春秋83。距孟氏去世整整25年。同年秋七月，举孟氏之丧合祔。就其卒年，白继琳生于辽统和十九年（1001），长孟氏5岁。

白继琳孙四人：长孙白兴仁，有教行，善治生。次孙白兴彦。次孙白圆迪，在本里佛寺出家，诵经10余部。次孙白兴鉴。女孙二人，长嫁卢宏，幼嫁李孝君，均为同里农民。

白继琳身材魁梧，为人宏大深厚，乡里畏惮，却生性善良，崇尚佛教。辽兴宗重熙（1032—1054）中，吕上人在本里驿亭传菩萨戒，从此吃素，奉五戒，终身无惰。里中白氏几十家，勇悍多不法，唯独白继琳一门不逞勇斗狠，子孙贤明，祖、父长寿善终。

乾统五年（1105）十月二十一日，由了洙作记立幢于墓。距白继琳去世已经21年之久。"始则力匮不逮，寤寐常如有所阙然，暨今之能为也，欣欣然以为孝子永思之道，尽于是矣。"白继琳三子中惟白怀友存世，却因家境不好，力匮不逮，21年后终成夙愿。

"我教东流，法被幽显，则建幢树刹兴焉。其有孝子顺孙，信而乐福者，虽贫贱殚财募工市石，刻厥密言，表之于祖考之坟陇，冀其尘影之霑者，然后追悼之情塞矣。"这段记载，见证了辽代普通百姓，效法佛教，为父母或先人坟墓立幢成为普遍现象。

撰文者了洙，俗姓高，字涣之。了洙的祖先世居燕京（今北京），是一个世代有名望的家族。出身世家的了洙，自幼习诗书礼乐，接受了良好的教育。了洙是辽道宗末期至天祚帝时期的人物，这个阶段正是辽王朝的晚期，女真人开始在东北地区崛起。了洙生不逢时，动荡的时代阻绝了他的仕途之路，于是遁入空门，游走于燕京西山，试图找到一块栖身之地。了洙勤于禅学的研习，参透禅学要旨，驻锡于燕京范阳县西北丰山之阳的柳溪（今长沟镇西甘池村西）玄心寺。朝廷赐给他"文雄慧照大师"的封号，并赐紫袍。他应该是经历了辽末的战乱入金，逝于金初。

了洙撰写的碑记幢铭除了乾统五年（1105）《白继琳幢记》，尚有乾统元年（1101）《悟空大德发塔铭并序》、乾统二年（1102）《崇孝寺碑铭》、乾统四年（1104）《范阳丰山章庆禅院实录》、天庆五年（1115）《六聘上方逐月朔望常供记》。

〇八九　李从善墓幢

大辽燕京良乡县刘李村李阿牛奉为亡夫特建石匣并塔一座。长男驴粪，次男廿一猪儿。

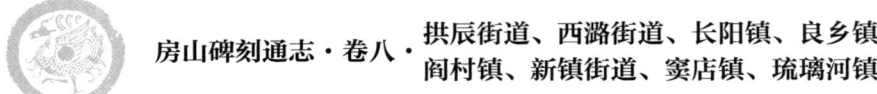

乾统九年五月日

观自在菩萨甘露陀罗尼曰：曩谟啰怛　曩怛啰夜野　曩墓阿哩也　嚩路枳帝湿嚩啰野　冒地萨怛　嚩野摩贺萨怛　嚩野摩贺　迦噜抳迦　野怛你也　他唵度抳度抳迦度抳　娑嚩萨　娑嚩贺萨　曩谟啰　唵吕尼　娑嚩贺

碑刻说明

辽刻。现存于房山区文物管理所。幢身高60厘米，上下两端镌宝相花纹，正书竖刻，六面刻《观自在菩萨甘露陀罗尼》，二面题记。

幢文考释

"大辽燕京良乡县刘李村"点明了刘李店的原始村名和辽代行政归属。刘李村，今刘李店村。

此幢载刘李村李阿牛为死去的丈夫建石匣石塔事。

建石匣，用来葬死者骨灰，可见李阿牛丈夫死后，效佛教，采用火化入葬。塔，乃是经幢式塔，上镌《观自在菩萨甘露陀罗尼》，也是效法佛教。一同造匣建塔的，还有李阿牛长男驴粪、次男廿一猪儿。从名字看，这是一个贫民家庭，和乡绅仕宦之家不同的是，贫民家庭素取贱名，这是民间贱名好养活的习俗。一个贫苦农民之家，丈夫去世，不惜倾家中所有，造匣立塔葬之，足见辽代民间，仿浮图之法礼葬，已经形成社会风气。

○九○　白怀祐造幢记

且夫诸佛所演大摠持教，皆有难思殊妙胜力，若能回善住七返之殃，能救六道先亡之苦者，唯我佛顶尊胜陁罗尼最为其一也。若有众生，刊在高幢，置于先垅，所荐冥福，讵可思惟。谁能如是，依教奉行？以我幢主实其人也。幢主讳怀祐，自昔武安君之忠臣，府君神功全盛之间，当其秦朝，家国安宁，时武安君宠用我府君，看如珍宝，自后垂荫，累代远所宗亲，所出名职高官，其数极多，难以具录。追今盖承我先府君之福荫，王十后祀，犹有百家，社业不隳，嘉声有备。幢主乃府君后祀太原公之仲子也，为人纯善，心性平直，苦己利他，怀君子德，身为俗相，行契真宗，寿近三旬，经全一部，及金刚经行愿品。凡兴诵经法会之处，同道善友，尽来相命，执磬举经，所出言音，惊人动众，名振四方，誉彰一国也。粤有亡考讳继辛，守志安身，利他为务。妣刘氏，即涿州新城县金胜务彭城公之孟女也，孝敬贞柔，乡邻喜见，所生二男。考享年八十有五。去寿昌六禩，时届朱明，冀七凋叶，终于是里。妣年八十有二，去寿昌三载仲春，冀凋五叶，终于是里。祐乃思生以侍之，死以葬之，府君先茔居于卯位，后故乾统四年八月十九日，迁于壬地。其年九月初一日，具礼葬讫。迄今数载，忆念犹存。别加资存之诚，欲报先亡之德，遂命良工，造成名幢，上刊密语，于天庆二年七月十八日辛时建立。所愿先亡，有此胜因，与法群生，同登觉岸。

碑刻说明

辽刻。在刘李店村。

幢文考释

白继辛，娶刘氏，涿州新城县（今属河北保定高碑店市）金胜务人。辽寿昌六年（1100）四月卒，享年85岁。据其卒年，白继辛生于辽开泰四年（1015）。

刘氏，寿昌三年（1097）二月卒，享年82岁。据其卒年，刘氏同样生于辽开泰四年（1015）。

白继辛夫妇初葬于先茔卯位即正东，乾统四年（1104）八月十九日迁于壬地即正北，同年九月初一日，具礼葬讫。

白继辛有二子，次子白怀祐是个信佛居士，"身为俗相，行契真宗，寿近三旬，经全一部，及金刚经行愿品。凡兴诵经法会之处，同道善友，尽来相命，执磬举经"。白怀祐礼葬父母8年后，"遂命良工，造成名幢，上刊密语"，天庆二年（1112）七月十八日立于墓地。

白继辛与白继琳同为"继"字辈，小白继琳14岁，其子白怀祐与白继琳子白怀友同这"怀"字辈。两家应该属一个家族？

《白继琳幢记》："其先秦将武安君之后，枝属蕃衍，散布区宇，今为良乡县刘李村人。"

《白怀祐造幢记》:"自昔武安君之忠臣,府君神功全盛之间,当其秦朝,家国安宁,时武安君宠用我府君,看如珍宝,自后垂荫。"

一个说是武安君白起的后代,一个说是武安郡白起的家臣,同为白姓,又辈分相沿,先祖说法各异。出现这种情况,有两种可能:一是幢记有误;二是两家非同祖所出,只是先祖同为白姓而已。

岫云观

在洄城村东，刘李店村西。明嘉靖十八年（1539），择琉璃河北岸建良乡离宫，明万历改为恩惠寺。万历三十六年（1608）二月重修，万历三十七年（1609）九月落成，有大雄宝殿、方丈、伽蓝殿、祖师殿、天王殿、金刚殿、两廊僧寮、周围群房、钟鼓楼、山门、牌坊、寿堂、茶庵、场园，规模十分宏敞。清光绪二十一年（1895）刘诚印、高诚义"擘画营茸"，将恩惠寺由佛寺改为道观，更名岫云观。光绪二十六年（1900）庚子事变，岫云观惨遭焚毁，几至楼舍成墟。宣统三年（1911），张云亭、姚兰荣、李万福、张元福重修，恢复大观。今为琉璃河中学校址。

本卷收录岫云观碑刻 7 件：明代 4 件、清代 2 件、民国 1 件，其中碑文 8 篇。

〇九一　重修恩惠寺记

赐进士出身资善大夫礼部尚书兼东阁大学士知经筵日讲制诰福唐叶向高撰

奉政大夫光禄寺少卿兼司经局正字加正四品俸侍经筵预修国史玉牒包渐林书

特进荣禄大夫柱国泰宁总督京营戎政奉敕提督乾清宫等宫工程侍经筵前三承钦命提督操江兼管巡江奉祀孝陵南京守备两京掌中左右前都督府事维扬陈良弼篆额

自像教入中国，琳宫梵宇布满宇内，而王畿所尊尤盛于四方，如唐之关洛、六朝之江左，坛场寺观之多，不可胜纪。我朝定鼎幽燕，都城内外，上刹名区，辉皇钜丽，相望于数百里间，虽公私财力糜费不赀，然于诱善导慈随缘劝俗亦或有助焉。自都城而南百余里为琉璃河，乃万国朝宗所必由之地，旧有恩惠寺，圮坏日久，今御马监太监永清张公赍诸内帑，捐赀若干，经始于万历戊申仲春，落成万历己酉季秋，缙并募诸同志随力输助，鸠工庀财，撤而新之，自佛殿僧寮，以至垣墙、庖湢，无不具饬，丈六之身，黄金之色，庄严晃耀，掩映云日，盖非但颓废之后顿还旧观，而且使都会之区弥恢胜业矣。又为十方院于衢路，具茗饮以待行者。凡往来之人，无不徘徊瞻望，咨嗟憩息而后去。张公恐久而无考也，将勒其事于石，而请余记之。余惟佛氏之教所以久而不废者，皆由于福田利益、因果轮回之说，有以使人之趋慕怖畏，相与祈向，而严事之，故上自帝王，下至氓庶，莫不惟布施为善事而说者，以为人天小果有漏之因，不足以为功德，余谓此顾其心何如耳？心欲求自己之福田利益，求自己之免于轮回，则本为一身起念，何功德之可言？若欲天下人善者劝，而恶者怯，各免轮回，各种福田利益，则即此一念之动便是慈航，其为功德宁有量哉！我圣祖尝以佛为暗助皇纲，今我圣母圣上皆尊崇其教，尚方之琅函贝叶，宝镪金钱，络绎涣颁，不少吝惜。盖皆为众生广种福田，非私佞也。而张公为禁密近臣，目睹时艰，仰承德意，其惓惓皈依之心如此真切，亦必不以一身起念者。西来有灵，其能莫然不为众生一引手耶？此余之所以阴祈厚望而不敢掇拾。近世儒者诋毁之，常谈以轻，肆其啄也，后之览者亦或有感于斯焉。

大明万历三十七年岁次己酉季秋吉日立

碑刻说明

明刻。在岫云观。拓片高202厘米，宽93厘米。

碑文考释

民国十三年（1924）《良乡县志·卷六·纪幽志·招提》："恩惠寺，在窦谷店西石路旁，亦大刹也。正殿三层。殿之东厢，洞房曲室，颇极幽胜。殿后有藏经阁，储经全部，系明时内廷颁发。清光绪年间又经重修，金碧辉煌，较前尤为壮丽。每逢正月九日，游人毕集，士女如云，太平景象也。"

恩惠寺，本是明嘉靖十八年（1539）所建良乡离宫。明《肃皇外史》："嘉靖十八年四月乙亥，良乡离宫成。初，帝命于良乡琉璃河建离宫，至是适成。庚戌，帝次良乡，御离宫。"

良乡离宫改为恩惠寺年代不详，估计不会在嘉靖本朝，在隆庆的可能性亦不大，或是在万历也未可知。该寺圮坏日久，御马监太监永清张其携来内帑，又捐钱若干，于万历三十六年（1608）二月兴工重修，"撤而新之，自佛殿僧寮，以至垣墙、庖湢，无不具饬，丈六之身，黄金之色，庄严晃耀，掩映云日……又为十方院于衢路，具茗饮以待行者"。万历三十七年（1609）九月落成。工程时间不长，只历时一年零七个月。可见所谓重修，只是局部修缮。

在重修恩惠寺的同时，张其和太监孔良才，重修太湖山华严寺佛殿、僧房，置买山场。事见万历三十六年（1608）春《重修太湖山华严寺佛殿僧房碑》。太湖山华严寺，在上方山南，今属房山区韩村河镇圣水峪村。

很罕见和让人不解的是《重修恩惠寺记》出现文字颠倒错误："今御马监太监永清张公赍内帑，捐赀若干，经始于万历戊申仲春，落成万历己酉季秋，缗并募诸同志随力输助……"应为"……捐赀若干缗，并募诸同志，随力输助……""经始于万历戊申仲春，落成万历己酉季秋"应后移至"咨嗟憩息而后去"句后，下接"张公恐久而无考也"。

〇九二　福德庄严碑记

　　恭仁康定皇帝陵管事兼御前辨膳、钦赐蟒衣玉带增加禄米内府骑马御马监太监张其，于万历戊申岁，奉命赍出内帑钱粮，并内外官僚俸金，及十方士庶珍赀，同共发心，重新敕赐护国恩惠十方招提禅寺一区，工完事备，凡常住增添佛像、经书、供器、地土、场园、家事等件，俱勒于石，永远流芳不朽云尔。一凡禅院坐落大雄宝殿、方丈、伽蓝殿、祖师殿、天王殿、金刚殿、两廊僧寮、周围群房、钟鼓楼、山门、牌坊，其诸寿堂、茶庵、场园、飞虹桥。敕建海潮观音庵、二圣庵等处，其址东至潘栋等，南至琉璃河，西到陈文道，北至马家坟，四至分明，共管业地二百七十一亩，系顺天府良乡县奉屯田道监察御史请旨除豁钱粮，俱为恩惠焚修香火地，已给十方茶汤之需。又己酉春，奉旨铸造渗金大毗卢佛一尊，投佛舍利一颗，渗金三世诸佛三尊，渗金迦叶一尊，渗金阿难一尊，渗金观音菩萨一尊，渗金铜殿太子佛一尊，渗金韦李二天二尊，渗金坐相韦驮一尊。五大部华严经十二部，诸品经忏俱各二十四部。蟒衣一件，玉带一条。永镌山门。

　　大铜钟一口，铜殿钟一口，铜静钟一口，铜云牌一面。而大铜香炉一座，小铜香炉一座，大铜烛台一对，大铜花瓶一对，大小铜磬二口，大小锡香炉三十五碗，大小锡烛台十四对，大小鼓三面，日月幡二首，经袱十二个，卓帏十二个，僧袈裟十二顶。其余桌椅等件色色悉备，碑中不能尽录，其施助成檀越贤名，碑阴载传，以为永远者矣。

　　大明万历三十七岁次己酉季秋吉日

碑刻说明

　　明刻。在岫云观。拓片高213厘米，宽86厘米。

碑文考释

此碑载重修恩惠寺竣工时，为常住增添佛像、经书、供器、地土、场园、家什等件。

禅院坐落大雄宝殿、方丈、伽蓝殿、祖师殿、天王殿、金刚殿、两廊僧寮、周围群房、钟鼓楼、山门、牌坊、寿堂、茶庵、场园、飞虹桥。敕建海潮观音庵、二圣庵等处。其址东至潘栋，南至琉琉河，西到陈文道，北至马家坟。

共有管业地271亩，由顺天府良乡县奉屯田道监察御史请旨，免纳钱粮，为恩惠焚修香火地，以给十方茶汤之需。

万历三十七年（1609）春，奉旨铸造渗金大毗卢佛1尊，投佛舍利1颗，渗金三世诸佛3尊，渗金迦叶1尊，渗金阿难1尊，渗金观音菩萨1尊，渗金铜殿太子佛1尊，渗金韦李二天2尊，渗金坐相韦驮1尊。五大部华严经12部，诸品经忏俱各24部。蟒衣1件，玉带1条。

大铜钟1口，铜殿钟1口，铜静钟1口，铜云牌1面。而大铜香炉1座，小铜香炉1座，大铜烛台1对，大铜花瓶1对，大小铜磬2口，大小锡香炉35碗，大小锡烛台14对，大小鼓3面，日月幡2首，经袱12个，卓帏12个，僧袈裟12顶。

其余桌椅等件色色悉备，碑中不能尽录。

碑文称："恭仁康定皇帝陵管事兼御前辨膳、钦赐蟒衣玉带增加禄米内府骑马御马监太监张其，于万历戊申岁，奉命赍出内帑钱粮，并内外官僚俸金，及十方士庶珍赀，同共发心，重新敕赐护国恩惠十方招提禅寺一区。"这段文字，和万历三十七年（1609）九月《重修恩惠寺记》同为记载张其重修恩惠寺事，文中完整地录下了张其的职衔。

〇九三 恩惠寺告示碑

顺天府良乡县告示

顺天府良乡县为禁约事，照得内监太监张捐赀在于琉璃河北地坊，重修敕赐护国恩惠寺，乃为祝延圣寿禅院。访得街市有等无籍棍徒，酗酒喧哗，在内搅扰，深为可恶，相应严禁。为此示仰地坊役官小甲人等知悉，以后务要昼夜巡看，如遇前项棍徒，即便擒拿送县，重责枷号，决不轻恕。特示。

右仰知悉

万历三十六年正月十九日给

锦衣卫西司告示

锦衣卫西司房为禁约事，照得良乡县地坊敕赐护国恩惠寺，系内监太监张奉命赍金重修，以为报国福民，清净梵宇，恐有无知棍徒，在内酗酒赌博，搅扰作贱，妄生事端，相应禁约。为此示仰该地坊小甲人等，不时巡逻护守，如有抗违不遵者，即便拿送本县巡捕衙，轻则治责治，重则解送本卫，以凭条察，决不姑贷。须至示者。

右仰知悉

万历三十七年九月初十日给

碑刻说明

明刻。在岫云观。拓片高 213 厘米，宽 86 厘米。

碑文考释

此碑镌两则告示，一则为万历三十六年（1608）正月初十日《顺天府良乡县告示》。张其重修恩惠寺伊始，便有"无籍棍徒，酗酒喧哗，在内搅扰"。为此，顺天府良乡县发布告示严禁，以保障修寺不受干扰。

一则为万历三十七年（1609）九月初十日《锦衣卫西司告示》。此时恩惠寺修竣，"恐有无知棍徒，在内酗酒赌博，搅扰作贱，妄生事端，相应禁约"。

○九四　敕谕恩惠寺碑

敕谕

敕赐护国恩惠寺僧惟智及僧众人等：朕发诚心，印造佛大藏经，颁施在京及天下名山寺院供奉，经首护敕已谕其由。尔住持及僧众人等，务要虔洁供安，朝夕礼诵，保安眇躬康泰，宫壶肃清，忏已往愆。尤祈无疆寿福，民安国泰，天下太平。俾四海八方，同归仁慈善教，朕成恭己无为之治道焉。今特差汉经厂提督掌坛御马监太监王忠赍请，前去彼处供安，各宜仰体知悉。钦哉，故谕。

大明万历三十八年十二月日

碑刻说明

明刻。在岫云观内。

碑文考释

恩惠寺竣工一年后，即万历三十八年（1610）十二月，明神宗御赐《大藏经》于恩惠寺供安，差汉经厂提督掌坛御马监太监王忠护送到寺内。故下圣旨晓示恩惠寺住持和僧众，要求"要虔洁供安，朝夕礼诵"。

〇九五　良乡县谕碑

特授良乡县正堂即补分府加十级纪录十次王，为勘明庙中地亩，据呈刊碑以垂久远事，照得良乡县属之琉璃河有兰若一区，名恩惠寺。基拓前朝，地当畿甸。黄金布地，人间开舍卫之城。白玉为阶，座上现文殊之相。诚庄严之绀宇，亦清净之禅关也。庙中向置地亩四顷有余以资香火，有寺僧碧峰者清规不守，法界难容，身虽舍乎伽蓝，经罔闻乎梵呗，前县吕公屡开觉路，难出迷津，乃复觊觎地亩，未除贪戒。由是该绅耆等别招僧人方山在庙住持。迨本县莅官斯土，碧峰仍呈牒申诉，冀遂私图，窥在契据无存，已经本县讯明，将庙中地亩段落四至载于卷帙，谕令方山经理，旧契作为废纸。从此晖台鼎返，合浦珠还。智炬慧灯，放光明于宝座。斋鱼粥鼓，资供养乎香花。爰勒贞珉，永留金刹。特示。

同治九年十月初一日立

碑刻说明

清刻。在岫云观。拓片高76厘米，宽53厘米。碑额正书，双勾题"县谕碑志"。无题，碑题添加。

碑文考释

这是清代良乡县为恩惠寺土地官司颁发的告示。

恩惠寺有地亩四顷有余以资香火，寺僧碧峰清规不守，未除贪戒，打起香火地的主意。因此当地绅耆招僧人方山在恩寺住持。碧峰仍不死心，得知恩惠寺未掌有香火地契据，认为有机可乘，呈牒申诉，告到良乡县。良乡县讯明实情，将庙中地亩段落四至载于卷册，令方山经理，旧契作为废纸。碧峰企图未能得逞。同治九年（1870）十月初一日，立碑于恩惠寺中。

〇九六　重修岫云观碑记

昔人云，莫为之前虽美弗彰，莫为之后虽盛弗传。人寰中琳宫绀宇，崇峨巍焕，历久常新，游览者流连瞻眺，咸归功于创建之初，抑知风霜剥蚀，兵燹销沈，尘劫几经，沧桑易变，非有尊德乐道之杰士，光先烈而扩宏修，其不至委弃榛芜，难寻基址也，盖亦仅矣。张君云亭、姚君兰荣，俱当代之名流也。奋迹云天，不忘田舍，生平硕德善行，不胜枚举，而于创修寺院、点缀山林尤乐，于提倡护持，不遗余力。李君万福，亦近时声施卓著者也。慨念琉璃河岫云观本为畿南名刹，曾经素云道人刘师诚印，连捷道人高师诚义擘画营葺，气象庄严。庚子之乱，燃于伏莽，几至楼舍成墟，因同张姚二君子建议重修。二君子躬先发起，布施无算，谋告程功，复有张君元福悉力勖勤，共成盛举，鸠工庀材，楼阁再起。较旧日规模益加高旷，凭栏远望，遥山之层叠，近水之回环，莫不收入一览。奇情妙趣，触处层生，一方之文明风脉汇萃于斯。闳阆崇廊，万象更新，粒粟世界，亦大千之巨观也。为神明荐馨香，为重镇增名胜，张子及诸君子之功德固超出寻常万万矣。明霦不文，奚足纪述徽美？惟目睹云房之轮奂，心识羽众之皈依，且深知继往开来，尤非一代伟人不克担荷钜任，敢不揣固陋，叙陈崖略，俾后之经历此邦者群，晓然于经营之苦心，庶几名贤济美，可以并垂不朽也夫。

白云观第二十一代方丈陈明霦敬撰并书

张云亭、姚兰荣、李万福、张元福重修

宣统三年岁在重光大渊献九月谷旦立石

碑刻说明

清刻。在岫云观。拓片高175厘米，宽108厘米。碑额篆书"万古流芳"。

碑文考释

重光大渊献，《尔雅·释天》："（太岁）在辛曰重光；在亥曰大渊献。"整句意思是"辛亥"即宣统三年（1911）。

据同治九年（1870）十月《良乡县谕碑》，同治九年（1870）恩惠寺仍在。是谁又是何年将恩惠寺改为岫云观呢？

"琉璃河岫云观本为畿南名刹，曾经素云道人刘师诚印，连捷道人高师诚义擘画营茸，气象庄严。"由此，知素云道人刘诚印、连捷道人高诚义，将这座佛寺，改为道观。

刘诚印、高诚义，原为清朝宫内太监，后来与佟禄、范诚启、张诚安等太监买下周口店宝金山玉虚宫，成为道士。据《玉虚宫买卖契约》：光绪四年（1878）十二月二十三日，玉虚宫道士李明玉，将宝金山玉虚宫坡厂两段：上一段，东至李姓、西至羊圈、南至山头、北至老爷港；下一段，东至岭头□、西至李姓、南至破庙顶、北至山头。四至分明，外有倒塌殿宇共6间、铁钟1口。也就是玉虚宫的全部房地产，卖给佟禄、刘诚印、范诚启、高诚义、张诚安，及徒周信太、陈信平、盛信长、张信春，价银400两。

当年，二人排名在佟禄之下。据光绪五年（1879）《重修三清庙碑记》，买者：佟禄乾清宫五品督领事，刘诚印长寿宫六品蓝翎总管，高诚义钟粹宫六品蓝翎首领。光绪五年（1879）刘、高二人，同佟禄、范诚启、张诚安重修玉虚宫，改名三清庙。

光绪二十五年（1889）《重修玉虚宫孚佑帝君碑记》：光绪二十一年（1895），

玉虚宫"风霜剥蚀，渐就倾颓"，白云道长刘诚印、师弟高诚义立誓重修，并增建大殿3间，供奉孚佑帝君。时隔十六七年，刘诚义由玉虚宫的二号人物成为道长，高诚义也地位上升，佐刘诚印共主玉虚宫事，二人重修玉虚宫。

恩惠寺由佛寺改为道观，更名岫云观，既是由刘诚印、高诚义"擘画营葺"，或亦在光绪二十一年（1895）。不料"庚子之乱，燃于伏莽，几至楼舍成墟"，足见光绪二十六年（1900）庚子事变对岫云观的破坏之甚。

宣统三年（1911），张云亭、姚兰荣、李万福、张元福重修，"鸠工庀材，楼阁再起"。

陈明霦，全真龙门派第二十一代传戒律师。派名明霦，律名至霦，字钟乾，号毓坤，又号玉峰子。清文宗咸丰四年（1854）生于河北顺天府宁河县，世居天津海滨。24岁投拜新城圣海宫陈圆岚真人为师，研究道妙，别具会心。后赴关东乾闰二山访道，遍历名山大川，屡遇异人，传授心法。

光绪壬午年（1882），高云溪方丈传戒白云观。他躬逢其盛，才冠群贤，云溪方丈因受之大法。彼时监戒大师张明治亦将所受张耕云老方丈之法，付与明霦，代传道脉。明霦道德名誉，夙为众所钦佩。光绪十年（1884），云溪方丈复开戒坛，明霦被推任引礼大师。光绪十一年（1885），被道众推任总理都管各执事，创修花园，置买田地。光绪十七年（1891）被任为监戒大师，冬月，因积劳过甚，退隐宣武城南玉皇庙养病，并自署斋名"安乐洞天"。光绪二十二年（1896），圣海宫陈师病笃，乃回新城侍奉。同年秋。高方丈又开坛传戒，任证盟大师。事后仍归本庙主持事务。庚子之变，他誓守庙土，毅然与联军长官接洽，使乡民财产转危为安，后将庙产香火余资竭力撙节，于壬寅（1902）正月在新城创办小学校，招邻里子弟入校读书，不收学费。

宣统元年（1909），任白云观监院。辛亥（1911）年又被道众推举任方丈。民国元年（1912），上书袁大总统，创立"中央道教会"。倡导各省道庙设立分会，以整顿道教清规，推广地方慈善事业，并发起国人道德思想爱国教育。民国二年（1913）开启玄坛，宣演大法，得皈依弟子320余人。民国八年（1919）3月，开坛说戒百日，祈祷世界和平，庆祝欧战告终。得戒弟子432人。徐世昌颁匾"葆素涵真"。民国十五年（1926），与徐世昌接洽，献白云观明版《道藏》，影印流传。民国十六年（1927）再次开坛受戒，3次传戒共度戒子1091人。第三次开坛传戒后，遂离观云游。民国二十五年（1936）2月，陈方丈羽化归真。

○九七　重修三世佛殿碑记

盖谓太上有立德，其次有立功，是之谓不朽，此固古今不易之理也。琉璃河迤北岫云观之东隅，旧有三世佛殿三楹，考其创建之始，由于明朝。该殿地临御路，为入旧京之孔道，栽植树木，备有茶水，来往行人，往往于炎夏之际憩息其中，乘凉止渴，凡远近跋涉者，莫不颂其功德矣。近因年代久远，殿宇虽依然存立，似有坍塌之虞，本观住持道乐宾李公，秉性仁慈，处事洞彻，触目惊心，以为若不重加修葺，听其自然，而佛祖之威灵与先贤之功德不亦因之泯灭乎？于是将自己平时节俭之所积，捐出百圆，与辅庭赵公暨徒众卅余位，各认捐资，多寡不等，鸠工庀材，因其遗址而重修焉。于癸酉仲春之月开工，两阅月而工告成，庙貌焕然一新。兹将事之原委一一勒之于石，尤愿此后之仁人善士，本立德立功之旨，时加修葺，永垂不朽云。

中华民国二十三年仲秋月上浣

碑刻说明

民国刻。在岫云观。

碑文考释

岫云观之东旧有三世佛殿3间，创建于明朝。因地临御路，为入京孔道，栽植树木，备有茶水，来往行人炎夏之际憩息其中，乘凉止渴。因年代久远，殿宇有坍塌之虞，岫云观住持道人李乐宾，将平时节俭所积捐出百圆，与赵辅庭及徒众30余位，各认捐资，多寡不等，鸠工庀材，因其原址而重修，于癸酉仲春即民国二十二年（1933）二月开工，历时两个月工告成。

李乐宾，道号崇祥，为清官太监，三品花翎督总管。后出官入道，为岫云观住持。

琉璃河二街

在琉璃河镇正南。东邻三街村，西接李庄村，西南邻白庄村，北邻洄城村、刘李店。古为燕都南郊，南接涿州，北望神京，称京南重镇。旧名燕谷店，自古为良乡县地。元延祐四年（1317）置琉璃河巡司，清于此驻把总。民国四年（1915），良乡县划分八区，名琉璃河镇，属第六南一区。后分三区，属第三区。今属房山区琉璃河镇。村中有石佛寺，村北有明琉璃河石桥。

本卷收录琉璃河二街碑刻6件：明代3件、清代1件、民国2件，其中收录碑文6篇、碑阴题1则。

○九八　敕修琉璃河桥堤记

赐同进士出身荣禄大夫太子太傅工部尚书前都察院右都御史丰城臣雷礼譔

特进光禄大夫柱国少保兼太子太保掌锦衣卫事后军都督府左都督奉敕提督官校缉事钦命直卫怀远臣朱希孝篆

通议大夫通政使司通政使直文渊阁侍办御典预修国史玉牒经筵官赐狮麟服昌黎臣王槐书

良乡县迤南四十里，村名刘李，其地洼下，为积流所潴。有河一道，志称琉璃，即古圣水，自房山龙泉峪诸泉会合于此，经霸州东，注拒马河入海。时遇霪潦，散漫奔溃百余里，衢殚为河，凡陆辇跂驰者，动阻滞不能涉，甚或四方驿奏，坐是愆期。嘉靖己亥，皇上驾幸承天，睹民艰涉，恻然悯之。比銮回，敕工部尚书臣甘为霖督修，为霖以病去，不终其事。越岁乙巳，复命侍郎臣杨麒同内官监太监臣陈准、袁亨建石桥普济，各以绩叙。然无堤捍御，每遇溽暑水发，环桥南北尽为巨涛，难以越渡，往来病是者又十有八年矣。会辛酉仲冬，事闻当宁。蒙谕尚书徐杲曰："良乡河桥屡敕大臣督理，水势愈涨，未见东下。兹降帑银八万两，尔总理之，勿令外知，恐劳民费财也。"杲受命相度，建议修筑二堤，专用条石，中添小桥一座，并设水沟以杀水势。具各丈尺数目，画图贴说以进。臣礼闻之，谓臣杲曰："皇上体上玄大德，利济元元。吾辈职司桥梁道路，不能先事弭民患，致廑圣怀，责实难辞。况部库所贮，分毫皆皇上财也，敢烦帑藏？"具疏请任其事，荷旨俞允。于是，委郎中臣王尚直、员外郎臣鲁一经，同内官监太监臣杨用分理，其规画悉臣杲所定。凡为堤，南北西东共长五百余丈。桥一座，长四丈五寸，阔三丈五尺，高一丈三尺五寸。水沟八道。又新饰钦立玄恩、咸济坊牌凡二座。至壬戌孟冬报成。上遣臣杲悬扁祭谢，并溥赉有差。于是，臣杲立石，属臣礼颂述圣德，垂示永久。窃惟万古称盛治，莫过于尧舜，史臣称其仁如天，其德好生者，以心存博济，不忍一夫一区咨垫而已，而桥梁道路尤为王政所急。今我皇福民利济，常存心于天下，至诚恳切，如元德包涵，故一闻民之病涉，有若已实溺之，不容以自已者。其所以发帑藏，普福缘，不欲劳民费财，其昭格乎穹昊之表，与尧舜同一揆矣。即今石堤延衺，与桥相连，袤若横带，使万国辐辏而至，泽及商旅农氓，相与歌忭于途，讴溢于野，不与平成之绩，万世同其永赖耶！是役也，臣礼不过祗奉德意，率举职事。而臣杲之调度区画，实能为九重分忧，播之无疆，不徒随事效能而已。因记其颠末，以告来者。

嘉靖四十二年孟春吉日

碑刻说明

明刻。在琉璃河二街村北。

碑文考释

此石记载了琉璃河石桥创建经过。

琉璃河石桥始建于明嘉靖十八年（1539）。是年，明世宗到南方巡视承天府（治今湖北钟祥市），驻跸于琉璃河北岸的良乡行宫（故址即今琉璃河中学），目睹了因琉璃河无梁可渡，过往行人艰难渡涉的情景，遂决计修建琉璃河桥。巡视归来，世宗即命工部尚书甘为霖督修。桥未建成，甘为霖就称病去职。嘉靖二十四年（1545），世宗又命工部侍郎杨麟、内宫监太监陈准、袁亨督修。嘉靖三十二年（1553），琉璃河石桥竣工。

琉璃石桥桥基非常巩固，当年建桥时，用巨大的条石一直砌至河底深处，石基下密密麻麻地凿垫着柏木桩，以防石基下陷。民国十三年（1924）《良乡县志·卷二·建置志·桥梁》："巨石砌至水底，其下柏桩栉比，巨马、芦沟未必有此巩固。"

石桥建成后，由于桥两岸地势低洼，每逢夏季洪水暴发，石桥南岸和北岸都被洪水包围，激流滚滚，难以渡越。世宗得悉此情，于嘉靖四十年（1561）十一月拨帑银八万两，命工部尚书徐杲继续琉璃河石桥工程，以彻底解决琉璃河水患造成的两岸交通阻隔。徐杲受命后向世宗建议，在石桥两岸低洼地带用条石各筑路堤一道，与石桥相连，以提高两岸的路基。为了减轻洪水对石桥和路堤的冲击，在路堤上增建小石桥一座，并于堤间设水沟以杀水势。徐杲亲自设计，勘画图纸上呈世宗。世宗采纳了徐杲的建议，又委任郎中王尚直、员外郎鲁一经，同内官监太监杨用分理修建路堤事。徐杲负责设计筹画，而时任工部尚书的雷礼，请命监督施工。工程进展顺利，于嘉靖四十一年（1562）十月告竣，历时一年。依照徐杲的设计，以条石铺设路堤两道，一堤自石桥北端铺设到刘李店村，一堤自石桥南端铺设到琉璃河镇内大街南口，路堤平坦如砥，全长1660米，宽19.8米，平地起3.4米，俗称"五里长街"。在桥北路堤中段建独孔小石桥一座，桥长15米，宽11.4米，高4.5米。路堤间又建水沟8道以泄水。工程竣工以后，遵照世宗的旨意在石桥上建石坊二座，一曰玄恩，一曰咸济。这次工程，彻底解决了因琉璃河水患造成的交通阻隔，从此琉璃河一年四季畅通无阻。

琉璃河石桥工程从嘉靖十八年（1539）开始，到嘉靖四十一年（1562）路堤竣工，三委督员，历时23年之久，反映了此项工程的艰巨。琉璃河水深流急，两岸地势低洼，加之雨季山洪泛滥，施工艰险难以想象。故甘为霖工半而病去，杨麟、陈准、袁亨成其桥而未善其事，直到徐杲精心筹划，增铺路堤，才最终成就了这项垂世不朽的工程。

雷礼，字必进，号古和，生于明弘治十八年（1505），江西丰城秀才埠（今江西省丰城市秀市镇）雷坊村人。明嘉靖十一年（1532）进士，嘉靖三十七年（1558）升任工部尚书，督理三大殿工程。嘉靖四十一年（1562）加升太子太保、太子太傅。嘉靖四十五年（1566）晋升少保、太傅柱国。明万历九年（1581）七月卒，赠太保。《明史》有传。

朱希孝，直隶怀远（今安徽蚌埠市怀远县）人。明朝中后期大臣，东宁王朱能之后、成国公朱凤之子、定襄王朱希忠之弟。明世宗时以兄荫得官，明神宗时与内阁首辅张居正等交好，积功至太保兼太子太傅、掌锦衣卫事、后军都督府左都督。死后获赠太傅，谥号忠僖。

王槐，明永平府昌黎县南王家柳河（今河北省秦皇岛市昌黎县十里铺乡王稗庄村）人。正德年间，昌黎县学岁贡生，嘉靖四十一年（1562）官至通议大夫、通政使司通政使、直文渊阁侍办御典、预修国史玉牒、经筵官。

○九九　敕修琉璃河桥记

光禄大夫柱国少保兼太子太傅吏部尚书建极殿大学士知制诰经筵国史总裁臣沈一贯奉敕撰

奉政大夫光禄寺少卿兼司经局正字加从四品俸侍经筵预修国史玉牒臣包渐林奉敕书并篆额

国家奠鼎燕京控北戎，河山之胜，西来诸水，蜿蜒而注于圻南，盖萦回若带然。去都城三十里而近，为卢沟河，有桥自胜国时甚伟。又南七十里，为琉璃河，则古圣水也，源出房山龙泉峪，涧壑斗绝，受胡良、挟河诸流而东行，汇于拒马，霖潦时集，迸涌奔溃，弥漫殆百余里矣。今涿鹿为朝宗孔道，四会蹄鞿，而河当其衢，故未有桥也，盖不胜濡轨之虑焉。肃皇帝己亥狩郢中，始出水衡金钱授司空，累石梁，七载而成。又堤其两墙，各五百丈。车驰马骤，如行康庄上者。肃皇帝不自有其功，而榜之曰"玄恩""咸济"，谓若天锡云。顷年以来，桥南洞圮者三，堤有泐有拆，道中绝，人迂折乱流渡。上闻而悯之，发内帑金令重修，而圣母慈圣宣文明肃贞寿端献皇太后益出宫中委佐之，敕内官监太监何江、工部郎中胡瓒往董厥役。肇庚子冬，越壬寅春而告讫。圮者缮而加固，泐者、拆者甃而加完。又于桥之北，创为神祠，祠前为井，用济行道之渴。费金钱如干，而皆自御府，募人以操役，不给，则发营伍之间佐之。世且永赖，而官若民不闻也。盖肃皇帝善创而举万年之阙典为功宏，皇上善因而培万世之永图为泽远。兹役也，缵先之绪不佚其光。臣谓曰：孝轸民之涉，不废其政。臣谓曰：仁规利之巨，不啬于费。臣谓：讦谟权事之急，不诎于时。臣谓：远犹迹微而德博，事小而功大。皇上之所以绳武而锡类者，于此可窥万一矣。夫天下事，皆有自来，不止一朝，而莫不积罅成敝，积敝成坏，坏极而更至于更，乃烦费已。语有之：千丈之堤，溃于蝼蚁之穴。万木之林，焚于钻燧之烟。积渐然也。当桥初罅时，藉令有司者善为之防，不过一石一篑之劳而巩然已，何至于烦费哉？惟忽于一石一篑，而后乃几毁成绪，惟有司者不戒，而厪圣天子之经营。故行堤者塞其穴，慎火者涂其隙，保治者防其微。呜呼，岂独河桥然哉？上命臣一贯作记，臣恭记岁月以宣扬休德，而垂之来兹。末复申积微之说，愿后之人无忘斯功也。谨记。

万历三十年九月吉旦立

碑刻说明

明刻。碑原立于琉璃河石桥南，现移至桥北。据拓本录文。拓片高214米，宽111米。

碑文考释

此为明万历重修碑记，即琉璃河石桥的第二块碑记，详细记述了石桥的来龙去脉，以及万历重修经过，乃研究琉璃河石桥的重要碑刻文献。

明万历时，由于历年洪水的冲击，琉璃河石桥南侧有3孔塌陷，石桥两端的路堤或冲断或残损，桥路断绝不能通行。神宗皇帝获悉，于万历二十八年（1600）冬，拨内帑金命内官监太监何江、工部郎中胡瓒督修，神宗母慈圣太后也出资相助，据明万历三十一年（1603）《敕修琉璃河桥海潮观音庵碑记》："慈圣宣文明肃真寿端献皇太后以为忧，首捐万金，六宫而下咸有助，上不难出比二万九千五十四金，付内官监太监何公江撤而新之。"后来资金不足，便派出军队参加施工。万历三十年（1602）春，石桥和路堤修复完毕，并于桥北建施茶观音庵1座，庵前凿井1眼，桥侧治随庵香火地270亩，以供施茶之需。这是琉璃河石桥的第一次重修。

琉璃河石桥的第二次重修，是在清光绪十六年（1890）。是年夏，连日大雨，山洪暴发，异常汹涌，将石桥冲断20余丈，交通中断。地方官员上奏朝廷，清廷即拨巨款，命直隶总督李鸿章派员监修，年余竣工。此后至今，琉璃河石桥久历洪水，从未圮断。

沈一贯，字肩吾，又字不疑、子唯，号龙江，又号蛟门。鄞县（今浙江宁波市鄞州区）人。明朝万历年间内阁首辅、诗人。当时著名诗人沈明臣的从子，有较高的诗文造诣。隆庆二年（1568）中进士，选为庶吉士，授检讨，充日讲官，参修《世宗实录》《穆宗实录》。万历二年（1574），任会试同考官，后历任编修、日讲官兼经筵讲官、左春坊左中允兼翰林院编修、侍读、右春坊右谕德、吏部左侍郎兼侍读学士，加太子宾客。万历二十二年（1594），任南京礼部尚书、正史副总裁，协理詹事府，未赴任。不久晋尚书兼东阁大学士，入阁参与机务。

会朝议许日本进贡，他恐贡道出宁波为乡郡患，极言其害，贡议遂止。善察帝意，迁为太子少保、户部尚书、武英殿大学士、吏部尚书。万历二十六年（1598），朝议"立储"，反对立郑贵妃子朱常洵，主张立王恭妃子朱常洛。尔后集浙籍京官组成"浙党"。次年，有人告发楚王自称假王，图谋不轨，他竭力庇护。万历三十七年（1609），因考察京官时庇护同党而触动公愤，遂告病退。寻起晋少师兼太子太保，复受劾，辞归家居。卒谥文恭。著有《易学》《诗经注》《叙嘉靖间倭入东南事》等。

一〇〇　敕修琉璃河桥海潮观音庵碑记

赐进士出身奉政大夫工部虞衡清吏司郎中奉敕督理琉璃河桥工程升四品俸皖人胡瓒拜撰

子舆氏有云：岁十一月徒杠成，十二月舆梁成。意，古诸侯自治其国中，亦因事创举，以示不待已□□□耳。□□□□□□□□□□□□□□□□之计，孰如今琉璃桥之役哉？盖自肃皇帝南巡鄢中，始建此桥，为飞虹者十一，又堤其两端各五百丈许，行者便之，岁庚子飞虹之南□者□□□□□□□□□□□□□□□□□□□。慈圣宣文明肃真寿端献皇太后以为忧，首捐万金，六宫而下咸有助，上不难出此二万九千五十四金，付内官监太监何公江撤而新之，不足则佐以水□□□时□□□□□□□□□□□□□□□□□关下，上不以为不肖，使董厥事，瓒拮据水国，逾三载，一切□垌障堤道通，为梁稍稍□以□□□□□□□□□□□□□□□□□□□□□蛙之视河伯，规规然自失也。瓒闻之，土人往□□□□□不□马，岁以为常□□□□□□□□□□□□□□□□□□□□□忧堤之不成，至感于梦寐若有神相之者，□□兴□一意节省□□□□□□□□□□□□□□□□□□□□□□□□□□□上心乃取诸余材，暨役徒之赆者，就桥西北隅创神祠一区，前殿后殿各若干楹，□□□□□□□□□□□□□□□□□□□□□□□□□□□□□皇太后复发帑金六百金，庄严肖像，度僧真奉于内。以□明□□□□□有司得□□□□□□□□□□□□□□□□□□□□□□□□□□□□之费而又植柳堤旁，树林荫翳，行者得休于森且不病渴矣。□广公□□为记。□□□□□□□□□□□□□□□□□□□□□□□□□瞻。特敬广公意，拜三作颂，颂曰：

　　帝城之西，圣水澜漫。飞虹跨之，比于天汉。于都□□，□始石梁。□□□□，□□□□。□□□□，□□□□。濡首泥足，聚求太上。大发慈悲，帝亦念哉。前功勿亏，爰诣司府。□□□□，□□□□，□□□□，□□□□。饬尔五材，治尔役昼。臣瓒受诏，偕江并作。畲重云兴，牛□□鹊。昔我乘□，□□□□。□□□□，□□□□。我皇不有，智浅补天。思齐文母，文母弗居。隆社自神，不□尾间。□□□□，□□□□，□□□□，□□□□。又何祝旃，慈孝二圣。愿举此心，益平厥政。

万历三十一年岁次癸卯秋八月朔旦

碑刻说明

明刻。碑立于琉璃河石桥桥北海潮观音庵。

碑文考释

此碑记载在琉璃河桥北创建海潮观音庵之经过。

"乃取诸余材，暨役徒之暇者，就桥西北隅创神祠一区，前殿后殿各若干楹，……皇太后复发帑金六百金，庄严肖像，度僧真奉于内。……又植柳堤旁，树林荫翳，行者得休于森且不病渴矣。"万历三十年（1602）春，石桥和路堤修复完毕，用工余之材料，借修桥之役夫，在桥北创建海潮观音庵，前后二进殿宇，慈圣皇太后发帑金600金，塑立神像，由真奉和尚做此庵住持。

明万历三十四年（1606）《顺天府涿州房山县韩吉村香光寺重修缘起碑记》："三十一年春，内官监太监何江，奉圣旨修琉璃河石桥成，并修施茶观音庵一所于桥侧，置买随庵香火地二百七十亩，以供本庵施茶香火之需。何监题准礼部，给劄与香光寺住持真奉兼领琉璃河桥头观音庵施茶。"可知，海潮观音庵乃是万历三十年（1602）春，琉璃河石桥告竣后开始动工兴建，历时1年，至万历三十一年（1603）春落成，随后置买随庵香火地270亩，以供本庵施茶香火之需。由太监何江呈请，命香光寺住持真奉兼领海潮观音庵住持。

万历三十年（1602）《敕修琉璃河桥记》亦载及创建海潮观音庵事："越壬寅春而告讫。圮者缮而加固，泐者、拆者甃而加完。又于桥之北，创为神祠，祠前为井，用济行道之渴。"当年，不仅创建观音庵1所，还在庵前挖井1眼。

一〇一　重修石佛寺碑记

兹琉璃河镇西偏距镇十数弓，邻河之陆，有寺曰石佛者，古刹也，不知肇自何时，经新几度，越前明隆庆五年重修，迄今二百余岁，寒积冱暑积溽，风积烈之飘，雨积霆之淋，河积涨之涮且坍，其寺不至废为荒墟者无几。嘉庆十年，邑之前贤曾为倡募更修，移其前殿，去旧基丈余而建之，以僧戒珍远出不归，其功遂寝。今之首善诸公因另招住持本兴，蓬赤觅缘，并为捐资代募，庀材鸠工准新，阶徙故址，复营后佛殿、西禅室，共六楹，于落成之日嘱予为文以记之。曰："乌乎记，记寺之功耶？记佛之德耶？抑记石之异耶？"众曰："否否，幹前之蛊袭旧非甚劳也，集腋之裘，众美不可掠也，奚言功？且佛之悟道偈曰：'身是菩提树，心如明镜台。时时勤拂拭，不敢着尘埃。'了道偈曰：'不是菩提树，原非明镜台。那须勤拂拭，何处着尘埃。'其复如是，是昌黎公所谓道其所道，非吾之所谓道者也。若旧志云，河水涨泛，终夜闻救人声，以为自石出而异之。异其形耶？则古墓间有靦然人面之翁仲矣。异其声耶？则彭蠡又有窾坎镗鞳噌吰之钟焉。且以不能言之石为能言，殆与载鬼一车之造于幻想者无异耳。其说之不可附会也明甚。然则乌乎记？盖以佛之凭依宜自为矣，然而梓氏斫削，圬人缮塓，画师黝垩，众善辐辏，其宇乃轮奂焉，其像乃庄严焉，是亦不能不凭人灵之以为灵耳，则人庶几善会此举之微意，皆反求诸己，而循分安常，率由乎荡荡平平之道，此吾等重修之志也。夫子以为何如？"予闻而善之曰："斯洵大有裨于人心、风俗也。"爰为之属词，以叙其事，述其意，而俾之泐于石云。

良乡县廪膳生员邑人杨松年撰

良乡县儒学文生邑人张樊书

本寺住持僧本兴

大清嘉庆二十二年岁次丁丑秋七月上浣谷旦

碑刻说明

清刻。在琉璃河二街村。拓片高120厘米，宽67厘米。碑额正书"永垂不朽"。

碑文考释

琉璃河二街村西，靠近河边偏距镇十数弓，邻河之陆，有古刹石佛寺，明隆庆五年（1571）重修，嘉庆十年（1805）再次重修，移其前殿，去旧基丈余而建，因住持僧戒珍远出不归，工程遂止。阖村另招本兴入寺住持，本兴捐资募化，再次开工重修，将台阶移址，又陆续修缮后佛殿、西禅室各3间。从修缮工程看，石佛寺规模不大，前后二进。

一〇二　曹师长改建琉璃河南岸支河舆梁碑记

琉璃河，古圣水也。发源于房山之龙泉峪，澄清澈底，朗若琉璃，遂以此得名焉。有石跨桥其上，蜿蜒起伏，状类飞虹，居良乡八景之一，洵畿南胜地也。挟河之水自西南来与此水相会，以故缘南岸东行，路不能通，因建土桥以行车马，然至夏间水涨，恐为洪涛漂没，每拆之，以俟秋后重修，行人咸以为不便也。呜呼，一水空明，帆樯云集。沿堤商贾，楼阁参差。马骤车驰，征途络绎。柳桥晴絮，天然一画图。至夏间，望洋而叹怅，一苇之难杭，岂非一大憾事哉？乃不意我曹师长改建舆梁，永作慈航普渡，商农行旅，经是途者何幸如之也？师长名锟，字重珊，我直隶天津人也。于阳历三月帅第三师驻节于此，保护闾阎，扫除盗贼，为我一路之福星。凡不便于民者则去之，有利于民者则兴之。叹一水之阻，长悯征人之病涉，爰发巨款以兴大功，鸠工庀材，阅两月而告竣。凡过此桥者孰非实惠均沾者哉？然师长之实惠在民，此桥不足见其万一也。将

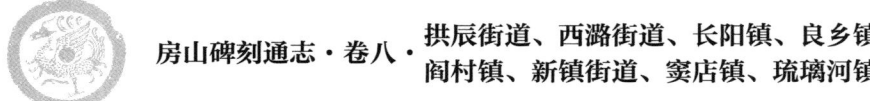

来维特大局，作砥柱于中流，普济众生，为巨川之舟楫天下，后世歌功颂德者，正无已也，此桥非犹是小焉者哉。我商民受此大惠，铭感不忘，爰勒石以记焉。

琉璃河举人吕植撰文姪孙中学肄业吕钧书丹

中华民国元年十一月谷旦琉璃河商会公立

碑阴

提倡人陆军第三师正参谋官萧耀南字珩珊，二等参谋官张学颜字翼斋，正军械官李雨山字养田，中军官宋之田字秀三，正执法官殷本浩字瀚生，正稽查官沈广聚字凝山，正军需官董肇谦字让臣，正军医官刘国庆字润波，一等书记官唐贤绰字子宽，执事官张琢斋字玉亭。

绅商经理人杨锦荣、张石麟、吕长起、吕联起、赵世荣、李得山、郭俊、赵锦春、李光筠、郑鸿烈、李敬荣、高光甲、李伊、王溥恩、高智、李学成。

碑刻说明

民国刻。在琉璃河二街村。拓片碑阴高120厘米，阴高112、宽62厘米。碑额正书"万古流芳"。阴额正书"永垂不朽"。

碑文考释

此碑记载琉璃河二街东南石桥修建经过。

挟括河，发源房山区周口店镇境内的大房山南麓，辗转东下至白庄村东，分两支，南去经挟河村、南北洛诸村在码头镇汇入大石河；北支北去，至琉璃河二街村西南，又分东、北二支，绕琉璃河二街村，分别在村西、村东入大石河。这样一来，从大石河南岸东行，有河阻断，路不能通，当地人先是建土桥让车马经过，到了夏季水涨，怕被洪水把桥冲毁，再把它拆除，到秋后再建。年复一年，十分不便。曹师长名锟，字重珊，直隶天津人也。于民国元年（1912）三月率第三师驻防于此，拨款在二街村东南兴建石桥，历时两个月竣工。民国元年（1912）十一月，琉璃河商会立碑。

碑阴，记载陆军三师军官姓名：陆军第三师正参谋官萧耀南字珩珊，二等参谋官张学颜字翼斋，正军械官李雨山字养田，中军官宋之田字秀三，正执法官殷本浩字瀚生，正稽查官沈广聚字凝山，正军需官董肇谦字让臣，正军医官刘国庆字润波，一等书记官唐贤绰字子宽，执事官张琢斋字玉亭。

绅商经理人：杨锦荣、张石麟、吕长起、吕联起、赵世荣、李得山、郭俊、赵锦春、李光筠、郑鸿烈、李敬荣、高光甲、李伊、王溥恩、高智、李学成。

曹锟，字仲珊，出生于天津大沽口（今天津市塘沽区）。清光绪八年（1882），加入清军。光绪十六年（1890），于天津武备学堂毕业后任毅军哨官，为袁世凯小站练兵的骨干。光绪三十三年（1907），被袁世凯任命为北洋军第三镇统制官。民国元年（1912）任陆军第三师师长，旋即驻防琉璃河镇。后成为直系首领，相继取得了直皖战争、第一次直奉战争的胜利，成为主宰中央大权的实力派人物。民国十二年（1923）6月，曹锟逐黎元洪走天津。同年10月5日，重金收买议员，贿选为第五任中华民国大总统。民国十六年（1927）移居天津。"九一八"事变爆发后，拒绝日本出面组织新政府的要求。二十七年（1938）5月17日，病逝于天津。民国二十八年（1939）12月，被国民政府追封为陆军一级上将军衔。

人不可一概而论，历史人物应功过分明。观曹锟贿选，可谓人所不齿，而驻防琉璃河创修石桥以济民，实为善举。犹可道者，拒绝日本出面组织新政府的要求，于民族大义凛然而不亏。

一〇三　酉山李公墓表

勋一位孚威上将军蓬莱吴佩孚撰文

河北省宝坻县逸士张兰清书丹

公讳用霖，字酉山，姓李氏。先世籍山西，明初诏移北平，旋迁直隶献县。后屡徙，至交河漳水东岸建新村，曰扁渡里家焉，公之七世祖也。祖讳清，太学生。父讳振纲，岁贡生，封文林郎。公幼而嗜学不囿于举子业，时学为古文，乡试屡蹶，遂绝意仕进，以岁贡生终老。生平负志，慷慨教授乡里，四方就学者接踵而至。公益勤而严，来者入县庠，领乡荐以去。迄公之殁，前后生徒无虑数十百人，概不受一人脩脯，有所馈遗悉辞却，至力辞不获，则以赐弟子中尤贫者，俾减内顾，以竟其业。李氏自明迄清，守儒业，务耕桑，积产饶裕，而好施予。至公之兄讳梅霖，以举人任奉天宽甸、康平知县，公之考因益博施，乡党恃赖，家无蓄财。公又继以任恤，遂衰落，公不一顾计，至老不问家境之丰啬。田产多寡有无，不闻不知。别墅去家数武，日课徒拥书史，吟哦歌啸，寝处其中，四十年不一入内室。子孙日侍左右，诗礼训诫之外，无一语及他事，视世事荣悴淡如也。性既高峻，族党皆严惮敬礼。族人有纷争，公一语皆折服。其有顽梗无状者，痛斥责之，不稍宽假。听者俯首敛迹，争讼因而绝息。年八十三，精神矍铄，无疾而逝，光绪三十二年二月十日也。始公未笃老，而家已贫困。公既不知，子孙亦虑伤公志不一言，惟朝夕侍养，以博一娱。及公殁，诸孙始游宦四方，皆贵显。公配侯夫人无子，卒。继配陈夫人子三：庆麟，县学生。庆炳，候选知县。庆侯，殇。女三：长适左，次适李，次适袁。孙五：任年、和年、恒年、佑年、椿年。任年补增生。和年以附生投笔从戎，历充简任要缺，兼陆军中将。恒年模范团毕业，任陆军上校军职，旋改简任文职。佑年、椿年均任荐任差缺，皆禀公教也。

中华民国二十六年丁丑夏历三月谷旦

碑刻说明

民国刻。在琉璃河二街村。

碑文考释

这是吴佩孚为李用霖撰写的墓碑。

李用霖，字酉山，祖籍山西。七世祖明初奉诏迁徙北京，不久迁直隶献县（今河北沧州市献县）。此后屡徙，在交河漳水东岸建新村名叫扁渡里，定居下来。扁渡里村，在今河北省沧州市泊头市文庙镇。

祖父李清，太学生。父李振纲，岁贡生，文林郎。李氏一门，自明迄清，守儒业，务耕桑。其兄李梅霖，举人出身，先后任奉天宽甸（治今辽宁省丹东市宽甸县）、康平（治今辽宁省沈阳市康平县）知县。李用霖自幼好学，乡试每每失利，于是无心仕途，教授乡里，以岁贡生终老。前后生徒近百人，不收一人学费，有人送来礼物，一概拒绝，实在推辞不掉，就用来接济最贫困弟子。

家有别墅，离家几步远，每日在此教授弟子，诵读书史，吟哦歌啸，寝处其中。光绪三十二年（1906）二月十日，83岁，精神矍铄，无疾而逝。原配侯氏无子，继配陈氏生三子：李庆麟，县庠生。李庆炳，候选知县。李庆侯，早逝。孙五：李任年、李和年、李恒年、李佑年、李椿年。李任年补增生。李和年以附生投笔从戎，衔至陆军中将。李恒年模范团毕业，任陆军上校军职，改任文职。李佑年、李椿年均有职在身。

吴佩孚，字子玉，山东蓬莱人。同治十三年（1874）生。早年先后到开平武备学堂、保定陆军速成军校学习，毕业后到北洋督练所参谋处任职。辛亥革命时，在曹锟手下任第三师师长。曹、吴为直系军阀。民国九年（1920），爆发直皖战争，曹、吴得胜，入主北京。徐世昌为大总统，任吴佩孚为直鲁豫巡阅副使。民国十一年（1922），直奉大战，奉系张作霖败回关外，吴佩孚名声大振，成了直系领袖。民国十二年（1923），曹锟贿选任总统，吴佩孚升任直豫鲁巡阅使。后与北伐军战败，逃到四川，又回北平。"九一八"事变后，吴佩孚多次参加反日活动。抗日战争爆发后，日本特务机关想选择吴为傀儡，建立全国性政权，被吴严词拒绝。民国二十八年（1939）12月4日，吴佩孚病逝。吴佩孚维护民族大义，保持了晚节，被国民党政府追赠为陆军一级上将。

撰写《西山李公墓表》的民国二十六年（1937）三月，正值抗战全面爆发前夕，吴佩孚时在北京赋闲。

李庄村

在琉璃河镇西。东邻琉璃河二街村，西邻韩村河镇西东村，南邻杨户屯村、白庄村，北邻石楼镇吉阳村。李庄村为燕都古村，历史悠久。古名李村，地属良乡县房仙乡。金大定十二年（1172）《中都崇孝寺俗公塔铭》："师讳德俗，俗姓□氏，世乃良乡县房仙乡李村人也。"

大定二十九年（1189），割良乡、范阳、宛平三县地置万宁县，划入万宁县。明昌二年（1191）改万宁县为奉先县，属奉先县。元至元二十七年（1290）改奉先县为房山县，属房山县。明、清属房山县。

清代称李家庄。清康熙三年（1664）《房山县志·卷二·乡村》："李家庄，县东南三十里。"民国初，房山县划分五区，时名李家庄，属第二区。民国五年（1916）二月，改设九区，村名李庄，属第一区。今属房山区琉璃镇。村中有关帝庙。

本卷收录李庄村碑刻1件：清代1件，其中收录碑文1篇。

一〇四　重修关帝庙碑记

　　盖闻有神无庙无以崇祭祀之隆，有庙不修无以肃观瞻之目。是故，庙也者贵创造，尤贵重修也。夫庙之创造，非善人不能开于前。庙之重修，非善人不能继于后。善人之前后虽不同，而善人之成功则同也。兹房邑正南乡二十五里李家庄村，旧有关帝庙一座，大明年间兴工创造，至我大清雍正年间重修一次，至乾隆年间又重修一次，迄于今业已年深日久，无复前日之辉煌；雨洒风催，不似昔年之巍钦。墙垣不能永固，庙貌弗克常新。故我阖村众善人等不忍坐视，于是发愿重修，赀则相助，又于道光七年兴工重修，工程已经报成，碑碣尚未建立，至咸丰五年，众善人等公议立碑，以成盛事，庶几神明之怨恫可泯。后人之遗憾可无也。兹当美举既成之后，敢将芳名勒石以志之。

　　经理人赵成文、马钧、丁和、黄顺、门□□、陈振宗、池凤山、金义、王宗政、李国瑞

　　石窝高庄村崔文雄书丹

　　本村赵坚镌字

　　大清咸丰五年□月拾叁日建立

碑刻说明

清刻。在李庄村。

碑文考释

此碑载清雍正、乾隆及道光七年（1827）李庄村关帝庙重修事。

李家庄（今李庄），有关帝庙一座，明代创建，大清雍正年间重修，至乾隆年间又重修。年深日久，雨洒风催，阖村众善人不忍坐视，于道光七年（1827）

发愿重修，工程告竣，碑碣未立，至咸丰五年（1855），众善人公议立碑。经理人赵成文、马钧、丁和、黄顺、门□□、陈振宗、池凤山、金义、王宗政、李国瑞。

碑载："兹房邑正南乡二十五里李家庄村，旧有关帝庙一座。"知清咸丰，仍名李家庄。

白庄村

在琉璃河镇西南。南面、东面与河北涿州市东仙坡镇接壤，西邻杨户屯村，北邻李庄村。为燕都古村，村南出土唐代墓葬，村中有白衣庵，庵内有辽代经幢莲花须弥座，由此知此村之古。原属良乡县，金大定二十九年（1189），割良乡、范阳、宛平三县地置万宁县，白庄村划入万宁县。明昌二年（1191）改奉先县，属奉先县。元至元二十七年（1290）改房山县，属房山县。明、清属房山县。

清代称白家庄。清康熙三年（1664）《房山县志·卷二·乡村》："白家庄，县东南三十里。"民国初房山县划分五区，白庄村时名白家庄，属二区。民国五年（1916）二月，改九区，村名白庄，属六区。今属房山区琉璃河镇。

本卷收录白庄村碑刻5件：清代4件、民国1件，其中收录碑文5篇。

房山碑刻通志·卷八· 拱辰街道、西潞街道、长阳镇、良乡镇
阎村镇、新镇街道、窦店镇、琉璃河镇

一〇五　敕赐福聚寺碑文

内阁学士兼礼部侍郎臣蒋廷锡撰

盖闻发弘愿者开八筏之津，得大善者集三明之福。均分慈雨，百禄馨宜。广阴法云，兆民溥被。庵罗园里吉祥与欢喜俱生，薝蔔林前喜庆随因缘无尽。涿州福聚寺者，地本神畿，门临大道。挟河远派接圣水之碧浔，鸣泽渟流注甘泉之黛壑。琉璃湛澈桂映宝池，缨络纷蕤椿标慧日。洵招提之清境，实兰若之灵基。皇上嘉豫春和，岁巡甸服。青旌案道，存问之高年，云盖行郊，省观风教。搴艾架石，推能仁济度之功。望杏瞻蒲，展上德籽耘之报。孔昭符贶，屡纪丰登。凤辇经临雁堂，缔构出宫庭之布施。俄开四面，游观现舍卫之规模。顿起十方敬礼，金沙始筑，馨鼓讫工，护念众生，赐名"福聚"。青鸾白马，俨列三辅之中。矫鹤腾螭，高出九衢之表。觐光童叟，投体珍台。侍跸簪缨，停骖净土。启无边之禅悦，烟霞悉佛性道芽。缔有觉之良因，草木尽心灯意蘂。睹化城幡影，尘袖珠还。聆梵宇呗声，莲舟岸近。足圆胜果，益畅皇风。爰缀芜词，用宣香界。俾仰神通之自在，咸知圣造之同和。豪镜千光千千福相，潮音万种万万福田。契彼真如，并跻仁寿云尔。

康熙六十年岁次辛丑春正月吉日　皇三子和硕诚亲王臣胤祉奉敕书

碑刻说明

清刻。在白庄村白衣庵。拓片高178厘米，宽64厘米。

碑文考释

碑文载康熙经临白庄村古刹，赐钱重修，赐名福聚寺。

"涿州福聚寺者，地本神畿，门临大道。"白庄村地属房山县，为涿州所辖，故称涿州福聚寺，此地在北京南郊，故称"地本神畿"，自北京经良乡至涿州南下的官道经白庄村福聚寺，故曰"门临大道"。

"皇上嘉豫春和，岁巡甸服。"圣祖康熙每年春暖花开，依例到京城附近巡视。"凤辇经临雁堂，缔构出宫庭之布施。"凤辇，指圣祖康熙的车驾。雁堂，原指印度古代毗舍离国之林中，为佛陀而建造之堂宇，以其形状似雁，故称雁堂，后转指佛堂。缔构，原意建造，此处指重修。

以上大意是，圣祖康熙皇帝春暖花开时，依例到郊区巡视，路过白庄村，见到这座古刹，赐钱重修。

"俄开四面，游观现舍卫之规模。顿起十方敬礼，金沙始筑，鼖鼓讫工、护念众生，赐名'福聚'。"碑文撰者，用艺术化的语言描绘工程建设经过。寺院竣工，圣祖康熙赐名福聚。

该寺至今尚存辽代经幢莲花须弥座，见证该寺之古，故碑文说康熙帝属重修，与该寺历史相吻合。

撰文者蒋廷锡，字酉君、杨孙，号南沙、西谷，又号青桐居士，清朝前期政治人物、画家。汉族，江苏常熟人。清康熙八年（1669）生，康熙四十二年（1703）进士，康熙六十年（1721）任内阁学士兼礼部侍郎，雍正年间曾任礼部侍郎、户部尚书、文华殿大学士、太子太傅等职，是清朝重要的宫廷画家之一。雍正六年（1728）拜文华殿大学士，仍兼理户部事。次年加太子太傅。雍正十年（1732）卒于任内。谥文肃。

奉敕书碑者胤祉，清朝宗室，姓爱新觉罗氏，清圣祖爱新觉罗·玄烨第三子，清世宗爱新觉罗·胤禛异母兄，生母荣妃马佳氏。康熙十六年（1677）三月生。胤祉文学、书法、骑射，均优于诸皇子，备受康熙喜爱。康熙三十七年（1698）三月，封诚郡王。翌年九月，以在敏妃丧百日中剃头，降贝勒。康熙四十八年（1709），复立胤礽为皇太子，晋封胤祉为和硕诚亲王。雍正即位后，将其改名为允祉，发配马兰峪守景陵。胤祉私下发牢骚，对怡亲王胤祥之死少哀悼，被雍正帝夺爵，幽禁在景山永安亭。雍正十年（1732）闰五月十九日，病逝幽所。

一〇六　增续白衣庵香火地碑记

夫庙也，前殿关圣帝君，中殿白衣观音菩萨。而二圣素行灵感，慈风浩荡，庶类沾恩，德风披纷，环海流庆，功德无量矣。且庙宇座镇房山县东南白家庄，临通衢大道，行人过往，仕宦之观瞻，所有旧遗香火地二十四亩，不但少而兼离庙甚远，住持不能自种以供晨钟暮鼓、香火之费。于是本村众善士与住持公议，将庙周围间干心老树变卖以添增与庙相近地二十伍亩，以添补焚修香火之费，恐久遗失，匪徒隐匿，今于基址铭镌树碑，以为后世永远之证也。庙旧古遗基址长伍十八工，东西阔三十九工。南前场地一段，新买马魁地三段，共二十五亩。闫姓坟地一段，九亩，东西长一百九十八工，南北阔十二工。杨姓坟又一段，十二亩，南北长五十六工，东西阔四十八工四尺。刀把南北七工，东西二十一工。南道口地一段，四亩，东西长七十九工，南北阔十三工。前后四至分明。

管事信士弟子常店村梅魁、马士义，白家庄徐天明、马忠、杨友善、庞祥、李天明，住持僧照祥，石匠胡士重敬刊

大清乾隆岁次辛亥年仲春月谷旦立　涞阳庠生张慎缄撰

碑刻说明

清刻。在白庄村白衣庵。拓片高105厘米，宽67厘米。

碑文考释

此碑记载白衣观音庵香火地情况。"且庙宇座镇房山县东南白家庄"，证乾隆辛亥，即乾隆五十六年（1791）村名为白家庄。

由此碑得知，自康熙经雍正，至乾隆时，福聚寺改名为白衣观音庵，有两进大殿，前殿奉关圣帝君，中殿奉白衣观音菩萨。

碑文说，白衣观音庵只有香火地24亩，不但少而且离庙很远，住持不能自种以供日常所需。于是本村众善士与住持商议，把庙周围老树变卖，在庙附近置地25亩：

该庙古遗基址长58工，东西阔39工。南前场地1段，新买马魁地3段，

共25亩。闫姓坟地1段，9亩，东西长198工，南北阔12工。杨姓坟又1段，12亩，南北长56工，东西阔48工4尺。刀把南北7工，东西21工。南道口地1段，4亩，东西长79工，南北阔13工。前后四至分明。

碑文记载了本庙管事人的姓名：常店村梅魁、马士义。常店村，今属河北涿州市东仙坡镇，在白庄村东南二里。白家庄（即今白庄村）徐天明、马忠、杨友善、庞祥、李天明。当年本庙住持僧为照祥。清乾隆岁次辛亥年，即乾隆五十六年（1791）立碑。

一〇七　重修观音庵碑记

京兆房山白庄，有古刹曰观音庵者，计正殿前祀关壮缪侯，后殿祀观音大士，祈祷通灵感应。溯源始，夫详自何年，读其碑，系经清乾隆、同治两次重修。考其前，无不涂金垂绣。奄观遗迹，将成圮宇颓垣，住持广耀悲珠宫之穿漏，佛顶星明，撷迦叶之飘零，经幢苔绿，于是发心唱缘，沿门钵化。蒙佛默佑，檀施踊跃，涂塍堪兴。遂于民国四年二月中旬召集匠工庀材，重加修葺，迄四月而工告竣。伏思一木一椽，必藉檀那之力；而一瓦寸甍，无非长者之金。虽云菩萨之灵感应，然抑亦檀信仰宏慈，方臻斯善果也。特勒贞珉，志其岁月，俾垂永久云尔。并系之铭，铭曰：

大士慈悲，救难成祥。帝君感灵，福国佑氓。久历风雨，殿宇颓荒。住持苦心，募化工方。法轮常转，轮奂斯张。仁人之果，我佛之光。德配祇陀，功并育五。勒石纪事，莫堕莫忘。

发起人董霭亭、马舜臣、常子成、朴梦臣、王同轩、多用舟、杨云卿、常伯绂、邵毅甫、李书元、□尽臣、明宽、游绪卿、月舟、贾著奇、志泉、秀志、乐禅、定山、正果

赞成人常光安、修占魁、于之峰、祖静修、张显亭、宋子嘉、朱雪堂、范洁、杨祝萱、高紫垣、赵雨亭、祥云、王子昭、王全、姜云庆、张茂众、马春元、刘凤五、苏玉书、张馥堂、王凤五、刘恩培、周璧臣、刘恩承、赵松山、戒同、昆山、妙果、宝山、慧光

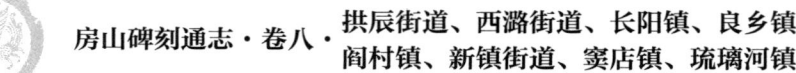

经理人赵景隆、单和、刘永成、李锟、单立德

住持戒纳僧广耀率徒绪□

京兆古燕京后学沙门秀志　释源□撰文

京兆良乡师范传习毕业学生员前清从九品衔建斋陈锐书丹

大中华民国四年岁次乙卯嘉平□望日谷旦　并将檀越诸名著衔谨列于后

碑刻说明

民国刻。在白庄村白衣庵。

碑文考释

碑文记载民国四年（1915）重修观音庵事。

"京兆房山白庄，有古刹曰观音庵者"，此时白家庄已改名白庄。白衣观音庵，改名观音庵。此庵仍旧是清乾隆五十六年（1791）规制，前后两进大殿，前殿奉关羽，后殿奉观音，只是把白衣观音以为观音大士。

文中提到"读其碑系经清乾隆、同治两次重修"。此二碑均佚，由此知清乾隆重修后，改名白衣观音庵，由白衣观音庵改观音庵，或是同治年间重修后所改，民国时沿清末旧称，仍叫观音庵。经40多年风雨，住持广耀悲殿宇破败，发心唱缘，沿门募化。于民国四年（1915）二月中旬，集匠工重修，至四月告竣。

发起人董霭亭、马舜臣、常子成、朴梦臣、王同轩、多用舟、杨云卿、常伯绂、邵毅甫、李书元、□尽臣、明宽、游绪卿、月舟、贾著奇、志泉、秀志、乐禅、定山、正果。

赞成人常光安、修占魁、于之峰、祖静修、张显亭、宋子嘉、朱雪堂、范洁、杨祝萱、高紫垣、赵雨亭、祥云、王子昭、王全、姜云庆、张茂众、马春元、刘凤五、苏玉书、张馥堂、王凤五、刘恩培、周璧臣、刘恩承、赵松山、戒同、昆山、妙果、宝山、慧光。

经理人赵景隆、单和、刘永成、李锟、单立德。

一〇八　重修牤牛河石桥记

京师西南房山与良乡接壤迤南，为涿州之北境挟河，村北有河曰牤牛河，发源于房邑西南之黑龙潭，会群山之水转趋而东，入于琉璃河，合流而入于海。牤牛河上旧有石桥，当南北之冲途，为入京之周道，创殆于前明嘉靖，历年久矣，桥既不支，河亦淤塞，每逢秋霖，山水下注，远近行人视为畏途者数十年于此矣。今年春，兼尹万公、尹宪王公奉差经此，恻然念之，恐其愈久愈圮也，爰令厅宪邹公督饬。涿牧郝君、署良乡令毛君、署房山令陶君会议重修，复虑各牧令政务殷繁，不克时赴工次，添派前署良乡令王君暨余同司其事，于五月望前开工。幸三君经始有方，而所邀董事更为得人，委劝经费，旬余集有成数。余嘉各绅富之慷慨，又赞各董事之殷勤，帮同监视昕夕不倦，财则撙节之，匠则督催之。其总理工役者为长馨杨氏，尤干练耐劳苦。余与王君方惴惴焉惧不竣事，致负两宪之委任，及七月既望工已俱竣，计浚河七百余丈，筑灰土坝五处，修石桥二十丈，填平桥旁大道三里余。事则善而争趋，工则坚而可久。自是策马者，驱车者，担簦与扶杖者，安步而徐行者，过斯桥也，荡荡平平，非复曩日之视为畏途矣。洪惟我国家深仁厚泽，沾被环区，凡关隘津梁所在，皆施仁政。今两宪饬修废桥，利济斯人，亦所以宣上德于无穷也，讵不懿欤。当未事之先，佥谓工程浩大，为之诚难。而诸君暨董事毅然为之，竟至于功成且速，并以余资将白草洼等处一律修垫平。此我两宪之所教诲，亦以见善念具于人心有以感之，皆踊跃奋兴，不分畛域，使有废悉举，非斤斤于一时一事间也。抑，两宪之意更欲以此示天下人，凡事有可为皆不可畏难而弗为，独此桥也哉？爰命为之记而立石云。

经筵讲官礼部尚书兼管顺天府府尹万公青藜、钦命二品顶戴顺天府府尹王公榕吉饬修

赏戴花翎即补府正堂两路刑钱督捕府邹公在人督修

特用直隶州实授房山县知县高建勋撰文

蓝翎知府衔候补通判前署良乡事王堃监修

知府用候补同知直隶州知涿州事郝联薇、赐进士出身署理良乡县事毛鄣、知府用即补同知署理房山县事陶彦寿立石

满学廪膳生晋荣书丹

大清同治八年岁在己巳仲秋谷旦

碑刻说明

清刻。在白庄村东。拓片高157厘米，宽75厘米。旧志文尾无属名落款，现据拓本添补。

碑文考释

碑文记载同治八年（1869）重修牤牛河石桥事。牤牛河，今名挟括河。

文中提到兼尹万公、尹宪王公、厅宪邹公、涿牧郝君、署良乡令毛君、署房山令陶君、前署良乡令王君：

兼尹万公，经筵讲官礼部尚书兼管顺天府府尹万青藜。

尹宪王公，钦命二品顶戴顺天府府尹王榕吉。

厅宪邹公，赏戴花翎即补府正堂两路刑钱督捕府邹在人

涿牧郝君，知府用候补同知直隶州知涿州事郝联薇。

署良乡令毛君，赐进士出身署理良乡县事毛璋。

署房山令陶君，知府用即补同知署理房山县事陶彦寿。

前署良乡令王君，蓝翎知府衔候补通判前署良乡事王堃。

牤牛河，今名挟括河，北源发源于周口店镇四马沟村，南源发源于韩村河镇圣水峪村，东流经"涿州之北境挟河"，即今河北涿州市东仙坡镇挟河村，此为民国以前为涿、良、房三县交界，至此横截南北官道，河上有石桥一座，碑文云："牤牛河上旧有石桥，当南北之冲途，为入京之周道，创始于前明嘉靖。"周绍达《新建挟河中桥碑》："是地当涿、良、房接壤，畿辅往来大道，向有济渡石桥，前明州郡王将军钟所建。"通过上述记载可知，此桥为明嘉靖年间涿州守将王钟修建。

到清末，由于年久失修，旧桥残损，河水淤塞，往来艰难。同治八年（1869）春，礼部尚书兼管顺天府府尹万青藜、顺天府府尹王榕吉奉差经过此地，责令顺天府正堂两路刑钱督捕府邹在人督修，责令涿州知州郝联薇、良乡县知县毛璋、房山县知县陶彦寿共同协商重修。考虑到三地长官政务繁忙，不能随时到

工地监理工程，委派前良乡知县王堃并房山县知县高建勋驻地监修。修桥资金来自绅富和各方的捐助，同治八年（1869）五月十四日开工，七月十六日工程告竣，计浚河700余丈，筑灰土坝5处，修石桥20丈，填平桥旁大道3里余。资金稍有剩余，用来修补垫平白草洼等处道路。

一〇九　新建挟河中桥碑

挟河亦曰侠河，一名夹河，有二源，一出房山县西南上方山诸溪涧，名灌河；一出房山县西南白玉塘与灌河合，曰夹河，旧志所谓挟括河者。是地当涿、良、房接壤，畿辅往来大道，向有济渡石桥，前明州郡王将军钟所建，年远沙淤。同治八年，三州县官绅集资修浚，碑载其事。不数年水徙而北，旧桥几于虚设。十一年，署良邑高君建勋，捐俸建新桥三孔于北，分纳河流，第水势漂疾，霖雨时辄复漫溢，为行旅病。今年春，吾师兼尹万公自西陵将事回，道经此地，惜前工未竟，其势欲就新桥南设桥座，与南北两桥相属，俾水各就所趋，无荡决患，捐俸二百金，嘱绍达与知良乡事王君会同房山令张君协力勘办。购材兴工，选派绅董分理之，接石桥为涵洞四，阅三月而告竣。是役也，不费国帑不取民贷，计虹身、雁翅、及两岸鳞比石砌，并南北之两桥，欹者正之，塞者浚之，共经费一千八百余金。除吾师倡捐外，诸寅好踊跃继输，适新任涿牧钱君来，足成其数。从兹砥平轨顺，屹然与涿之永济、良之飞虹并称利涉者。皆吾师力，亦各寅好体吾师之心为心也。会桥事竣，而余亦卸州篆，爰叙颠末，勒之贞珉，庶官斯土者以时修补，无失徒杠舆梁之意也夫。

知涿州事周绍达撰

同治十二年建

碑刻说明

清刻。在白庄村东。

碑文考释

"今年春，吾师兼尹万公自西陵将事回，道经此地，惜前工未竟"，"吾师兼尹万公，"为经筵讲官礼部尚书兼管顺天府府尹万青藜，前于同治八年（1869），曾责令涿州、良、房三令修桥，故此处言"惜前工未竟"。

"嘱绍达与知良乡事王君会同房山令张君协力勘办"：绍达，涿州知州周绍达。民国十三年（1924）《良乡县志·卷四·官师志·知县》："王堃，江西东乡监生。同治七年任，又十二年任。……王尔琨，广西永福进士。同治八年任，嗣调属房山，十一年回任，又调属霸州，十三年回任。"由此，王堃同治十二年（1873）继王尔琨任，官员接续非整年，故同治十二年春，王尔琨当未离任，故"知良乡事王君"应为王尔琨。民国十七年（1928）《房山县志·卷四·政治》："张宗瑞，浙江会稽，同治十一年任。……贺瀛，历城，监生，同治十二年任。"同治十二年（1873），张宗瑞离任，贺瀛继任。同治十二年（1873）春，张宗瑞尚在房山知县任上，故"房山令张君"为张宗瑞。

此碑记载同治十二年（1873）重修挟括河石桥事。

"挟河亦曰侠河"，即挟括河，是地当涿、良、房接壤，为北京南下的官道，原有石桥，为明涿州守将王钟将军创建，同治八年（1869），涿、良、房三地重修。几年后，河道向北迁徙，旧桥形同虚设。同治十一年（1872），良乡知县高建勋捐俸，在旧桥之北建3孔新桥，分纳河流，岂料水势漂疾，霖雨时节漫溢，来往行人困阻。同治十二年（1873）春，礼部尚书兼管顺天府府尹万青藜自西陵返回，经过此桥，遗憾同治八年（1869）修缮工程未能尽善，捐俸银200两，计划在旧桥和新桥之间，再建设一座石桥，把新旧两桥连在一起，使河水各行其道，以杜漫决之患。万青藜责令涿州知州周绍达、良乡知县王尔琨、房山知县张宗瑞协力勘办，在新旧两桥间接筑4孔涵洞，历时3个月告竣。桥身、雁翅及两岸鳞比石砌，并南北之两桥修缮，河道疏浚清淤，共用经费1800余两。

福兴村

　　在琉璃河镇东南。东北邻南洛村，北邻周庄村，西邻河北涿州市东仙坡镇挟河村，南邻河北涿州市码头镇大营村。为燕都南郊古村。古为良乡县境，村中至今保留着先民生活用的石臼，村中有东岳庙、兴福寺、鲁班庙等古刹，其中东岳庙、鲁班庙碑刻载为唐代始创，兴福寺遗址保留着辽代小八角石刻经幢。

　　民国四年（1915）良乡县划分八区，属第六南一区，后分三区，属三区。今属房山区琉璃河镇。

　　本卷收录福兴村碑刻2件：清代1件、民国1件，其中收录碑文2篇、碑阴题1则。

一一〇　重修东岳庙碑记

良邑之城南西十余里福兴村者，旧有东岳庙一座，古刹也。考之残碣，创自大唐贞观年间，历宋元诸朝，不知经新几度。而风雨摧残，殿宇不无凋敝，年深日久，庙貌几就倾颓。越前明嘉靖、万历年间，邑之前贤，始行倡募重修，迄今数百余年，寒冻暑溽，风烈雨霾，不至庶为荒墟者无几。迨嘉庆十四年，村中首善诸公，招募道人郑元玉住持，香火因见，庙貌荒凉，触目惊心，弗忍坐视，蓬赤化缘，行医募化，既而活人甚众，焚香积祀者接踵而至，于是叩化捐赀为易易也。遂修建东岳天齐大殿三间，禅室一座。复于道光十六年重修天仙殿三间，陆续增修阎君殿、真武殿、两配庑。厥功未竣，道士于此而羽化矣。而克承其志者伊徒孙李宗仁，相继而兴以襄胜事，于同治三年即恳乡耆捐赀募化，遂命梓氏劓削，圬人缮堙，画工黝垩。其前后殿乃轮奂焉，其众神乃庄严焉，山门特起，垣墙四周。于是乎金碧辉煌，前所未成者，至是而焕然聿新矣。工竣之余属余为文以志之，志神之灵耶？神之灵不可知。志人之力耶？人之力有可见，然未尝不相以□□□也。考之太白诗云："金绳开觉世，宝筏渡迷津。"又《大集经》云："佛不以恶事加众生，故得发色金，精相是其慧日之光明常照于上下。"法云之密布遍覆于尘环，而人之被其德者咸思仰答神庥，兴工助善，虽后先媲美，时异势殊，而当时之蹑后跋前，劝善捐赀，既殚精力，鸠工庀材，克尽焦劳。噫，非有德者其孰能之？神所凭依，将在德矣。人亦惟勉勉循循，自明其明德。尚其无愧于神明之降鉴也，则庶乎其不谬矣。盖造化无为，神则因人以妙其用，功德难昧，人更赖神以赫其声，斯有不容俱泯者。爰为之属词，以记其事。俾泐于石，用垂不朽尔。

顺天府良乡邑邑人廪膳生谢良玉撰文　庠生王玺书丹

住持道衲李宗仁　萧宗义　徒段本修

本村俱各带外化首善人施钱，刘俊壹吊九、宁德本壹吊、黄明壹吊四、刘通和壹吊九、张润三吊二、冯杰壹吊、张增壹吊、兴福寺壹吊、刘国太四吊三、冯显茂两吊二、李天柱壹吊、张永壹吊二、王桂根壹吊、王瑞图壹吊七、王士安壹吊、王宝善二吊、杨巨林八十吊、杨巨太七十吊。

外村带化人杨松年、李成玉、李德辅、李德纯、祖成美、刘芳、韩亮、朱义、方惇五、赵钦、孙瑞林、门会林、刘建杰、朴澄辉、复隆斗局、周详、杨玉。

本村带化人刘门刘氏、王门李氏、杨门张氏、刘门周氏、王门孟氏、张门赵氏。

大清同治己巳年端阳月初玖日谷旦　房山县石窝村郭屡富镌

碑刻说明

清刻。在福兴村。拓片高175厘米，宽90厘米。

碑文考释

此碑记载福兴村重修东岳庙事。

福兴村，有古刹东岳庙一座，考之残碣，创自大唐贞观年间，明嘉靖万历年间重修。嘉庆十四年（1809），道人郑元玉入庙住持。庙貌荒凉，触目惊心，他不忍坐视，边行医边募化。郑元玉医术高明，经他手救活不少人，受益者争相到东岳庙上香，自愿为修庙捐资。于是修建东岳天齐大殿3间、禅室一座。又在道光十六年（1836）重修天仙殿3间，陆续增修阎君殿、真武殿、两配庑。工程尚未完成，郑元玉过世。同治三年（1864），郑元玉徒孙李宗仁，得到乡亲们的资助，雇来木匠、瓦匠、画匠，装配门户，粉刷墙壁、油漆彩绘。前后殿高敞壮观，神像庄严，又建山门、垣墙，东岳庙焕然一新。时东岳庙，共有李宗仁、萧宗义及徒段本，共3位道士。

本村施钱：刘俊1吊9，宁德本1吊，黄明1吊4，刘通和1吊9，张润3吊2，冯杰1吊，张增1吊，兴福寺1吊，刘国太4吊3，冯显茂2吊2，李天柱1吊，张永1吊2，王桂根1吊，王瑞图1吊7，王士安1吊，王宝善2吊，杨巨林80吊，杨巨太70吊。

本村带化人刘门刘氏、王门李氏、杨门张氏、刘门周氏、王门孟氏、张门赵氏。

外村带化人杨松年、李成玉、李德辅、李德纯、祖成美、刘芳、韩亮、朱义、方惇五、赵钦、孙瑞林、门会林、刘建杰、朴澄辉、复隆斗局、周详、杨玉。

杨玉，笔者五世伯祖。笔者始祖于清嘉庆六年（1801）由定兴黄家府（今高碑店市方家务）迁居到杨胡屯村。传五世，弟兄三人：杨玉、杨秀、杨芳。笔者为杨秀裔孙。

一一一　重修鲁班庙碑记

尝闻神道设教感应多端，济世人靡有底止，斯德斯功曷其有极？因之人心归化感戴莫忘，此建庙修寺之所由起也。兹良邑城南四十里福兴村，旧有大唐年间建筑公输鲁班古庙一座，观音殿三间，历经数代，重修再三，卒因年湮日久，风雨飘摇，以至殿宇残缺，墙垣倾圮。倘不再为整饬，恐从此坍塌而深，人以难继之，憾矣。于是不忍坐视，商诸董事人等，欲重修斯庙，咸谓工程浩大，难以骤举，遂寝其事。然每睹其残毁情形，辄中心伤感，悲不自胜，奈当时虽有是志，因家况之拮据，又力不从心，乃默祷神灵，倘蒙保佑得遇大宗官工，必当竭力募化重修。不料诚以格神，竟如私祝，谓非神圣之所助乎？迨至缘簿一开，其应如响，仁人君子闻风兴起，乐助资财，共成善举，此岂人力之所能为哉，皆神圣为之，潜运默化于其中耳。董事人等同心协力，修盖神殿三间，中塑菩萨、鲁祖、龙王三尊神像，由是庙貌巍峨，焕然一新。工程虽甚浩大，而经营未觉艰难，鸠工庀材，而工程不数月报竣矣。更毕乃事，不可不勒诸石以传久远，爰将善士芳名敬列，以志不朽。

易县文学生员师范毕业张沛撰文

经理人刘文彬

协助办张佩、杨忠

住持道纳孙恒参

民国三年岁次甲寅九月谷旦立

碑阴

瓦作韩文秀、保文和、张德兴，以上各六吊。

宋德祥、黄长顺、杨文魁、刘文科、刘永太，以上三吊。

刘永太、刘永贵，又施小地二分。刘德耻、于文江、高文禄、刘文深、刘文公、官长禄、杨长清、高桂林、张喜、许坤、刘玉、张双、李坤、刘长立、闫长明、富长贵、浦长和、胡长太、王长铁、史长聚、于长海、常长义、李长恒、王长寿、李长全、刘长启、张长荣、刘长庆、张长兴、吴长茂、程长吉、勾长会、樊长元、尚长景、李长俊、王长伶、古长正、古长玉、樊长平、尚长生、闫长受、李长祥、保长群、马长龙、荆长棉、徐长岐、孟长来、刘长善、孙长显，以上五十名各二吊。

张长安、韩文林、杨文峰、宋文玉、李文生、张庆芳、冯玉汩、宋祥、王海、张聚兴、杨长如、张长德、宁长坤、张长、周长、田二、王五、孟三、张大、郭心兰、闫来顺、白大、孟大、恩受、刘祥、李大、刘黑、孟汶德、西张、刘永祥、邓恒福、张文连、杨文顺、周长有、王文贺、杨文喜、侯文进、陈长瑞、周文德、石长江、李长通、李文玉、杨文习、周志、贾长玉、勾长旺、于长水、于德海、于德泉、张文和、刘文瑞、李德顺，以上各一吊。

韩文山一吊六百。樊长廷、史永顺、刘文、黄秉忠、古德贤、古德臣、杨肇荣，以上各二吊。韩魁，一吊八百。刘靠山、韩宝亭、任二，采作韩二、魏永顺，以上各一吊四百。

采作樊德福、史大、张德、杜六、王德义、吕七、王二、李存、徐荣、杨广林、杨松全、刘珍、张四、延洪恩、常松、金文志、王有廷、王永宽、王永才、王永林、么德仁、王海、石禄、张廷栋、孙太、胡九、张顺、于德魁、吴德贵、戴茂林、崇寿、官玉、闫伶、纪荣、李六、董玉顺，以上各一吊。

李文祥，助钱三吊六百。山子匠张四、毕玉清、张来春，以上各洋一元。永茂石厂，助碑一件。王润生、王祥茂、郭布和，助洋一百元。刘崑和、邢天德，各三元。路德利二元。李茂林、李顺太、侯帅永、周云喜、王玉堂、张锡肯、周永贵、王新起、袁纪廷、李晋三、恕德兴、张顺兴、王庚辰、王升平、王振绪、温德寿，以上各洋一元。

闫寿卿、郭朴臣、王赞臣、刘相通、李奉年、郭昆山、王世元、贾拴、郭新周、王发起、崔群锁，以上各一吊。

雷云生洋六十五元，高兰亭洋六十五元，恒茂油局匾三块，益丰局洋十元，杜秀川洋七元，东盛窑洋四元。

张庆林洋十元，广丰厂洋十元，杨华亭洋五元，振太铜厂洋五元，太恒局碑坐壹件，隆善石厂洋壹元，毕敬泉洋壹元，丰元局洋壹元，米厚田洋壹元。

缘簿以上收洋元四百二十三元。

经理人刘文彬补助洋元六百二十二元。

工竣用洋元一千零四十五元。

碑刻说明

民国刻。在福兴村。拓片高142厘米，宽53厘米。碑额正书，双勾题"永垂不朽"。

碑文考释

此碑记载重修鲁班庙事。

福兴村，有大唐年间创建公输鲁班古庙一座，观音殿3间，经历代重修，年湮日久，风雨飘摇，殿宇残缺，墙垣倾圮。民国三年（1914）重修大殿殿3间，殿内塑菩萨、鲁班师祖、龙王三尊神像，数月告竣。经理人刘文彬，协助办张佩、杨忠。住持道纳孙恒参。

南洛村

在琉璃河镇东南。东邻祖村、古庄，南邻河北涿州市码头镇东杨合庄，西邻周庄村，北邻北洛村。古为良乡县地，明代名南乐村，清代始名南洛村。康熙四十年（1701）《良乡县志·卷一·舆地志·村店》："南洛村，治南四十五里。"民国四年（1915）良乡县划分八区，属第六南一区，后分三区，属三区。今属房山区琉璃河镇。

本卷收录南洛村碑刻1件：明代1件，其中收录碑文1篇。

一一二　重修仙露禅寺碑记

钦依万寿戒坛传戒宗师大章撰

赐进士出身都宪大夫赵锦书篆

顺天府良乡县兴礼里南乐村原有古刹仙露禅林，其寺年久远矣，自前任住持海公月舟设立规矩，广度徒众，续焰联芳，无疾而归，乡耆推举林公上人为一山之主，从阐轨范，显示宗风，晨钟夕鼓，朝暮诵经，领众焚修，祝延圣寿，祈时序以清宁，保知黎庶而安妥。梵刹年远，殿宇朽坏，于正德年间，本村众善人等修造，佛殿重修，金碧交辉。其后嘉靖年间，众善士鸠化资粮，重修天王殿，伽蓝、祖师二堂。台基、踊路、山门，一色更新。僧人惠宽募化众缘，造井一眼，前后圣事，一概成就，奈缺碑记，会集善人□□众等辐辏备□□贿，造立于石，福荫后流，遂求予文，谒之于碑。伏闻佛氏西来自周朝，至后汉明帝，始传东震，利生诱众，广化于人，事之常也。天地布万物，济人人以德。□□□□，广行诸善。侍奉于亲，以为报恩。用祝皇图永固，帝道遐昌。此昭化方常，霑雨露之恩。见者，闻者，永□平安之益。今将芳名流碑阴矣。

本正宗派于后

竟海洪深广　圆明惠性宽　祖道传化演　法戒定心安

大明嘉靖二十五年岁丙午孟七月吉日立石　刊字把总张敖　赵美

碑刻说明

明刻。在南洛村。拓片碑高127厘米，宽84厘米。碑额正书"重修仙露诗记"。

碑文考释

"顺天府良乡县兴礼里南乐村原有古刹仙露禅林,其寺年久远矣。"由此,知今南洛村明嘉靖时名南乐村,属顺天府良乡县兴礼里。考康熙四十年(1701)《良乡县志·卷一·舆地志·里村》:"美化里县治东一里,厚俗里县治东一里,永丰里县治西五里,永安里县治西十一里,重义里县治西十三里,石羊里县治南十里,公村里县治东十里,陶村里县治东二十五里,辛庄里县治东十里,丁修里县治东三十里,兴礼里县治东南三十里,路村里县治南三十里,高舍里县治南十五里,燕谷里县治南四十里,北召里县治东二十五里,广阳里县治东十里。邑西里,邑南里。"

仙露禅林明代可考的第一位住持为"海公月舟",他设立规矩,广度徒众。海公示寂,林公继主法席,晨钟暮鼓,领众焚修。梵刹年远,殿宇朽坏,正德年间,本村众善人重修佛殿,金碧交辉。嘉靖年间,重修天王殿,伽蓝、祖师二堂,台基、踊路、山门。僧人惠宽募化众缘,造井一眼。明嘉靖二十五年(1546)七月立碑记事。碑末载有本正宗派传续:竟海洪深广,圆明惠性宽,祖道传化演,法戒定心安。

万寿戒坛,今戒台寺,创建于唐高祖武德五年(622),原名慧聚寺。明代宣德九年(1434),寺院住持知幻大师重修,正统五年(1440)竣工,司礼太监王振奏请更名,英宗皇帝赐额"万寿禅寺",从此慧聚寺改名万寿禅寺。因寺内建有全国最大的佛教戒坛,民间通称为戒坛寺,又叫戒台寺。

万寿戒坛传戒宗师大章为仙露禅寺撰写碑文,表明这座村间寺院在当时和西山戒台寺有一定关联。

书篆者赵锦,字文卿,号守朴,良乡县西太平庄(今房山区西潞街道太平庄村)人,正德十二年(1517)进士,授南京户部浙江主事,升任属郎中,调南京吏部稽勋司郎中,转兵部武库司郎中,改武选司、职方司郎中,出任南京户部河南司郎中。此后,历任温州府知府、山东按察司副使、山西右参政、浙江按察使,由浙江按察使升为右佥都御史巡抚延绥赞理军务,改任甘肃巡抚。不久,赵锦被罢免,退居良乡。赵锦为重修仙露禅寺碑书额的嘉靖二十五年(1546),正是他居良乡赋闲期间。嘉靖二十八年(1549),俺答阿不孩率领鞑靼大军数十万,大举进攻居庸关。嘉靖二十九年(1550)秋天,大同和古北口相继被鞑靼兵攻陷，京畿震动。世宗起用赵锦为兵部尚书。赵锦临危受命，即赴前线，调兵选将，从容应敌。嘉靖三十一年（1552）十月，赵锦以附仇鸾罪，被革去兵部尚书的职务，蒙冤发山丹（今甘肃张掖市山丹县）戍边。嘉靖三十五年（1556）六月，赵锦卒于山丹戍所，享年六十九岁。

金门闸

在房山区窑上乡窑上村南、韩营村北的永定河右岸堤段。清代右岸称南岸，堤防编号为南二工十四号段。金门闸创建于康熙四十年（1701），原址在窑上乡任营村南、窑上村北的永定河右岸堤段，清代堤防编号为南二工八号段。此地原为老君堂村地界，对岸与今大兴区北张客隔河相望。现在的金门闸是该闸创建 37 年后的清乾隆三年（1738）移建于此。

康熙四十年（1701）三月，郎中佛保、永定河南北岸分司齐苏勒、色图浑，自老君堂东南，将莽牛河堵塞，于莽牛河与永定河之间，斜向竹络坝北挑引河一道，长 5 里，名小清河，将莽牛河清水逼入永定河，以实施康熙帝借清刷浑的即定方略。为控制水流，在竹络坝北的小清河入口处的永定河堤岸建草坝一座，口门宽 2 丈，名金门闸。四月八日工竣，开闸放水，引入永定河。乾隆二年（1737）六月永定河伏汛，南二工八号的金门闸，正当南岸决漫处，被大水彻底冲垮，小清河被泥沙淤平，金门闸废弃。

乾隆三年（1738），再建良乡金门闸，从南二工八号南移至数里外的南二工十四号，即今窑上村南、韩营村北的永定河右岸堤段，也就是现存金门闸的位置。此金门闸与原南二工八号康熙金门闸功能完全不同。原金门闸是引水闸，是节制小清河所引莽牛河排沙清水进永定河。而再建的金门闸是排水闸，是永定河的一项分洪减水工程，实则是一道泄洪石坝，仍袭用了康熙金门闸旧称。

现存的金门闸为宣统元年（1909）重建，改建成为名副其实的闸。主持这项工程的是永定河道吕佩芬，金门闸的工程设计者和工程师则是张䰄廷，趁金门闸大修之机，重新设计，改坝为闸。重建的金门闸石龙骨减为 32 丈，上辟闸涵 15 道，涵高 8 尺，宽 4 尺。各涵设闸板，可任意启闭，控制泄水。闸上平板为桥，上铺黄土，可供行人往来。二月初经始，五月末告成。金门闸是清代永定河上的一项重要水利工程，清历年修浚，多立碑记事，一些碑刻尚立于金门闸侧。

本卷收录金门闸碑刻5件：清代5件，其中收录碑文7篇、诗2首。

一一三　乾隆癸巳诗碑

堤柳以护堤，宜内不宜外。内则根盘结，御浪堤弗败。外惟徒饰观，水至堤乃坏。此理本易晓，倒置尚有在。而况其精微，莫解亦奚怪。经过命补植，缓急或少赖。治标兹小助，探源斯岂逮。

堤柳一首　乾隆癸巳暮春月上浣御笔

碑阴

浑河似黄河，性直情乃曲。顺性防其情，是宜机先烛。而此独所难，下流阻海属。杀盛蓄厥微，在泄复在束。金门仿毛城，减涨资渗漉。然彼去路遥（谓毛城铺。此则去路促。闸下减河，自黄家河分支，由津水淀仅一百四十余里，路近势促，故沙易停淤。遥者尚回澜，毛城铺去路即远，且有倒勾引河使减下之水澄清缓泻，故资宣泄之利而无他溃。或非此，浑流直下，一往莫遏也。），促者横流速。斯诚非善策，惊见心粥粥。亟筹救急方，谓当挑坝筑。（水即直下，势难骤挽，命于闸上作挑水坝，通其回溜，成倒勾之势，然后舒徐归淀，庶几补偏之一策耳。）倒抵抵金门，余溜俾归谷。非不图屡阅，终弗为亲目。然予试絜矩，九寓廓员幅。一人岂偏及，滋用增惕忽。

阅金门闸作　乾隆癸巳暮春月上浣御笔

碑刻说明

清刻。在金门闸。碑通高164厘米，宽97厘米，厚32厘米。

碑文考释

乾隆三十八年（1773）三月初，乾隆帝巡视永定河，阅金门闸时，曾作五

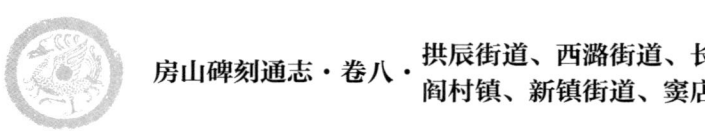

言长诗《堤柳》，陈植柳御堤策，作《阅金门闸》，叹永定河难治，陈金门闸添建挑水坝策。当年勒《御制诗碑》，亦立金门闸坝台上。

一一四　金门闸浚淤碑

六月初九日奉谕：周元理奏："五月二十二日以来，永定河水势虽有增长，大溜直走中泓，迅趋下口，两岸堤工稳固。"一折，览奏稍慰。廑念至所称，各处河水旋长旋消，初一日辰刻，金门闸过水六寸，巳时即已断流等语。金门闸宣泄永定河盛涨，其情形与南河之毛城铺相似。永定河挟沙而行，与黄河水性亦同。向来毛城铺于过水后，即将口门及河流去路随时疏浚，以免淤停，实为利导良法，金门闸自当仿而行之。着传谕周元理，督饬河员，于金门闸过水之处，即为挑浚，务使积淤尽除，水道畅行，以资疏泄。嗣后金门闸每遇过水，永远照此办理。仍将永定河水势长落情形随时奏闻。钦此。

乾隆三十八年立

碑刻说明

清刻。在金门闸。

碑文考释

乾隆三十八年（1773）三月初，乾隆帝再临永定河巡视，阅金门闸，面谕直隶总督周元理，于金门闸上建挑水坝，使水势迂回过闸。又谕两岸大堤邦内多种卧柳以资捍御。这是一项具有乾隆时代特色的河防措施，当春即被实施。六月，乾隆帝谕周元理：督饬河员，于金门闸过水之处，即为挑浚，务使积淤尽除，水道畅行，以资疏泄。数月之内两谕金门闸事，乾隆帝如此重视金门闸，实因这一分泄工程事关永定河全局安危。是年，河员遵照乾隆帝指示，修金门闸，添筑挑水草坝一座，长10丈。工毕，勒《金门闸浚淤碑》记金门闸形制，历述乾隆三年（1738）以来金门闸工事，立于金门闸南坝台上。乾隆帝巡视永定河，阅金门闸时，曾作五言长诗《堤柳》，陈植柳御堤策，作《阅金门闸》，叹永定河难治，陈于金门闸添建挑水坝策。当年勒《御制诗碑》，亦立金门闸坝台上。

一一五　道光上谕碑

道光三年十二月初十日内阁奉上谕：

张文浩等奏："勘估永定河减水闸坝越堤等工及时分别修筑"一折，近年永定河流受淤较重，据张文浩等逐一履勘，南二工拆修，升高金门石闸龙骨，坝墙、金墙、海漫、石簸箕暨闸内厢做护埽，裹头并沿堤挑挖闸塘淤沙，以及上首裹头，下首雁翅，迎河老滩内抛片石坦坡，又迎水引河闸外减河等工并厂房器具，共估银十万三千四百五十一两零，着俟来岁春融照估趱办，统限汛前一律完竣。所需银两即于预拨各省封贮项下解到动用，其灰石等项料物，应于今冬采办到工，着蒋攸铦将解部粤海关饷先行截留一批，计银五万两，发交永定河道，赶紧购备，以免迟误，该部知道。钦此。

碑阴

重建金门闸碑记

旧设金门闸宽五十六丈，进深五丈。石迎水簸箕内宽五十六丈，外宽六十一丈进，深二丈。石出水簸箕内宽五十六丈，外宽六十七丈三尺，进深九丈。南北坝台各宽十二丈，进深十六丈。金墙高八尺，灰迎水簸箕内宽七十五丈，外宽八十五丈，进深五丈。灰出水簸箕内、外宽与迎水簸箕同，进深十五丈。今拆建平顶石龙骨一道，高四尺五寸，长五十六丈，顶宽五尺。迎水坡斜宽六尺三寸，出水坡斜宽一丈三尺五寸，两金墙加高四尺。补砌石海墁，筑迎水、出水灰簸箕，筑灰雁翅长十三丈，宽二丈，连槽高三尺八寸五分。下牙桩做护埽，挑水顺水埽坝砌片石坦坡。挑挖引河长四十丈，减河长三千四百六十丈。

南岸同知乔林　三角淀通判胡侍丹　承修

道光四年六月谷旦

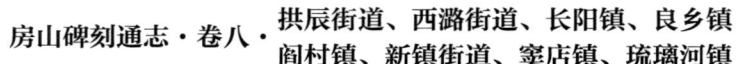

十一年四月蒙宫保署督宪王奏准加高龙骨一尺二寸

碑刻说明

清刻。在金门闸。碑通高 150 厘米，宽 76 厘米，厚 17 厘米。

碑文考释

道光初，金门闸口河底淤高，年久失修，闸墙、雁翅、龙骨、海墁、簸箕低矮酥碎，残坏严重，恐放水造成夺溜，久筑拦埝，已滴水不能宣泄。嘉庆末以来，永定河决溢频繁。一些有识官员意识到，从永定河防治全局出发，金门闸不可废而不治。道光三年（1823）九月十七日，当道光帝在良乡县黄新庄行宫询问永定河防治情况时，河臣张文浩力奏，金门闸事关永定河分泄，亟须修治。道光帝即命永定河道张泰运，督率庭汛各员勘估。根据勘估结果，张文浩于十一月上疏，奏陈金门闸详情及大修金门闸、疏浚减河的计划方案。于是道光三年（1823）十二月初十日，道光帝下旨，命修金门闸，疏减河。

道光四年（1824）春，起工拆修金门闸，拆去尖脊龙骨，改建平龙骨，高 4 尺 5 寸，长 56 丈，顶宽 5 尺。迎水坡斜宽 6 尺 3 寸，出水坡斜宽 1 丈 3 尺 5 寸，两金墙加高 4 尺。补砌石海墁，筑迎水、出水灰簸箕、灰雁翅。筑灰雁翅长 13 丈，宽 2 丈，连槽高 3 尺 8 寸 5 分。下牙桩做护埽，挑水顺水埽坝，砌片石坦坡。挑挖闸塘淤沙，挑引河 40 丈，减河 3460 丈。这是乾隆以后，金门闸的第一次大修，耗银 103451 两。勒碑记修闸事，立于金门闸侧。

一一六　重修金门闸减水石坝记

金门闸石坝建自乾隆三年，每于大汛盛涨之时，分减水势，法至良，意至美也。嗣因河底积渐淤高，乾隆三十五年，道光三年、十一年、二十三年，逐将龙骨加高至八尺七寸，尚可泄水。迄又将三十年，河底淤高已与龙骨相平。同治五年以后，筑埝堵闭，涓滴不能启放。十年冬，钦命太子太保大学士直隶总督一等肃毅伯李查勘全河，至金门闸，谓不可以废而不治，饬令估修。朝仪等详加勘议，将旧龙骨中段二十丈外高四尺，两旁十八丈各外高五尺，所有旧龙骨之高八尺七寸者，全行拆卸，新龙骨放长进深六丈，下接旧海墁，上做坦坡之形，使水势平缓过闸，方无跌坑掣溜之虞。北坝台东面移建九丈，与新龙骨紧接。坝台内外银做埽段，仍于龙骨上添设栏水埝一道。其减河工长四千一百七十丈，一律挑浚深通。又重建御碑亭、汛房等工。通盘核计，共需银六万四千七百四十二两七钱九分二厘。蒙批准在秋灾赈抚项正如数筹拨，购备灰石料物，及时兴办，以工代赈，俾穷民藉以佣趁。入告得者谕允。遂于十一年二月二十二日开工，至四月底止，一律完竣。

同治十一年岁在壬申五月

碑阴

讲开旧龙骨高八尺七寸，全先拆卸做新龙骨坦坡转头工长五十六丈，进深六（残缺），比旧龙骨升高四尺，两旁各十八丈，升高五尺。南北首迎水雁翅斜尖，长六（残缺）四尺斜高三尺，此首进水雁翅斜尖长九尺，宽七尺。龙骨坦坡转头（残缺）三层筑打大小夯灰土，三步以下均筑打素土接老□步而止，龙骨脊共（残缺）转头下迎水坡通长六十三丈，砌旧料石三层，筑打大小夯灰土十二步，接（残缺）。南坝台金刚墙迎水过水二面长二十二丈八尺，通用大料石加高（残缺）用旧石加高四，背后通筑打小夯灰土，宽三尺。迎水雁翅以南用旧石（残缺）尺坝台上通填素土盖顶，打灰土一步，□北坝台金刚墙向东（残缺）雁翅长七丈六尺，拆旧安新，计高二丈，向南墙加高七尺。出水雁翅（残缺）筑打小夯灰土宽三尺，迎水雁翅以北用灰石接砌四丈二尺（残缺）盖顶找灰土一步。防□公馆房屋院墙均修理完固。（残缺）十方，龙骨上做拦水埝一道，长一百丈，宽三丈，高（残缺）道长四十丈，宽四丈，高一丈，鱼鳞埽地十段。北坝台筑做挑（残缺）丈高一丈，鱼鳞埽地五段。南北旧金墙雁翅石簸箕□□油灰（残缺）上修造石亭一座，汛房三间，旧石围墙长十四丈五尺，高四尺，（残缺）千二百七十丈，由佟村入小清河，一律挑浚。

桂本诚书丹

碑刻说明

清刻。在金门闸。碑通高207厘米，宽69厘米，厚16厘米。

碑文考释

金门闸石坝建自乾隆三年（1738），因河底积渐淤高，乾隆三十五年（1770），道光三年（1823）、道光十一年（1831）、道光二十三年（1843），逐次龙骨加高至8尺7寸，尚可泄水。到同治五年（1866），河底继续淤高，再度筑埝堵塞金门闸口，此后历年虽连遭漫口之患，金门闸一直堵闭，涓滴不敢宣泄，闸坝遂废而不治，至同治十年（1871）河底淤高已与龙骨平。同治十一年（1872），直隶总督李鸿章重修，二月二十日开工，旧龙骨高7尺8寸，全部拆除，进移5尺，重筑新龙骨，龙骨长56丈，中段20丈，比旧龙骨升高4尺，两头各18丈，升高5尺，建新龙骨进深加宽至6丈，下接旧海墁，上斜作坦坡形，以使水平缓过闸，这样，就防止了出闸水势过猛，毁及金墙和海墁，或意外夺溜。南坝台未动，北坝台东面南移9丈，与龙骨紧接。坝墙内外镶护闸埽，仍于龙骨上添设拦水埝一道。疏通闸下减河4170丈，由童村入小清河（即莽牛河，后称小清河）。重修汛房。至四月底，一律完竣。建碑亭于闸侧，勒碑记事。

一一七　重建金门闸记

永定河南岸之有金门闸也，始于康熙四十年，筑草闸于竹络坝北。越六年，而易以石，其时为引牤牛河之水，借清刷浑而已。厥后，河高于牤牛，清水不复入，而闸遂废。乾隆三年，移建于南二工，今之九号，改为减水石坝，仍袭旧称以闸名之。余初不解其何以名，近览《畿辅安澜志》而后得之。且夫闸之为用，岂独借清刷浑云尔哉？水小可闭之，以遏其轶；水大可启之，以杀其怒。宣塞随宜而施，其功过于坝远甚。奈何废闸而又改之为坝也乎？况永定河水性湍悍，挟沙而行，沙日淤则河日高，河日高则坝日下，若不时加修治，纵不夺溜，亦无以束水攻沙，而全河病矣。故由乾隆下洎光绪，必数年一小修，三十年一大修，每一大役，兴费必以矩万计，而仍不保数岁之安，何也？坝有定形，不若闸之启闭由人，可因水大小以为宣塞也。溯自同治十一年，李文忠公奏请大修之后，今又三十余年矣。去夏五月，余巡河至此，测其坝之龙骨宽五十六丈，外高于引河，不及二尺，而内卑于河滩者且尺许，仅恃一小埝横障之，一旦埝不足恃，势必悬流直泻，其患将不可胜言。余深忧之，于是乎，复建大修之议，乃历稽成案，凡大修之费无不过六万金以上者，今因财政方难，当委员勘估时，谆谆以据实撙节为戒，然犹估需五万二千余金，谓如是则已节无可节矣。时杨文敬公总督直隶，九月往见，语以此事，文敬难之，余力争，乃得请。岁终，遂奉部议准行。斯时，余尚未知金门闸之旧非坝也，故所请者，仍修坝之费耳。建德张黼廷，观察恺康，久历河防，且承修石工者屡矣。余心钦其才，请于文敬，以为助。正月，黼廷至，遂语余曰："金门闸以坝而称闸，名实既不相符，且坝有定形，不若闸之启闭由人，可因水大小以为宣塞也。倘乘此改而为闸，不亦善乎？"余喜其意与己合，曰："策固善矣，但所请者修坝之费也，以之建闸足乎？"黼廷趣坝上，相度形势，会计竟日，而复于余曰："闸所以分泄盛涨者也，其龙骨无须甚宽，今缩为三十二丈，而辟闸洞十五于其上，洞皆高八尺，宽丈四尺，是亦足以畅其流矣。又于闸洞之上，平板为桥，覆之以土，大汛时可以利往来，行者不至于病涉，则尤便民之道也，规摹若此，预计所需之灰土木石与夫大小匠作之工，其费当与修坝等，纵有不足者亦仅矣。"余素信黼廷之精能也，于是，议遂决。历城汪直刺延庚、桐城张大令荣凝，皆起家河员，老于工程之学者也。余檄二子董其役，黼廷又驻工次监督之。经始于二月之初，中更闰月，告成于五月之末。盖闸废而坝者百七十年，今而后复还其闸之旧矣。余观夫黼廷之在工也，与二子者夙兴而晏息，终朝于风沙烈日之中，巡历往来，发纵指示，勤者劳之，惰者惩之。凡五月如一日，役虽数百人，从未闻有泾渭之谤是非，不宽不迫，程督有方，何能使之劳而不怨若是乎？工既成，综核其所费，适如吾所请之数而止，又非有精覈之才，忠实之志，何能不加费而成功也乎？呜呼！今之董理工程者众矣，求如黼廷之勤明廉干，工烦而费简者，抑亦希矣。余故乐记之以告于人，并使后来者知坝还为闸之所自始也。若夫建造之事，引河之工，张令已详记于碑阴，遂不更述焉。

赐进士出身诰授资政大夫二品衔总理直隶永定河道前翰林院侍读加二级纪录八次旌德吕佩芬撰并书

 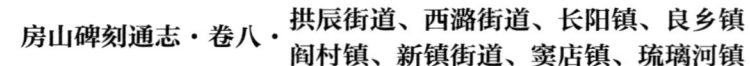

大清宣统御极之元年太岁在己酉季夏之月建于闸之南坝台

碑阴

金门闸建造工程及引河尺寸备列于后：

改建金门闸金门南北宽三十二丈二尺，砌平顶石龙骨进深一丈，较同治十一年旧龙骨加高三尺五寸。上建石分水鸡心垛墙十四座，每座东西长一丈九尺，南北宽八尺，高出石龙骨八尺二寸。迎水各凿双闸板，立口两道，各竖绞关石四根，关轴、关翅、绞绳、铁钩俱全。闸板共九十块，每块长一丈五尺，宽厚各七寸。金门内迎出水洞门十五空，每空南北宽一丈四尺，洞内石龙骨各凿双闸板，底槽板口两道，洞外迎水石簸箕东西坦坡进深一丈五尺，南北宽内三十二丈二尺，外三十三丈七尺，接筑三合土灰簸箕。东西坦坡进深三丈，南北宽内三十三丈七尺外三十六丈，较旧簸箕加深加长，密签沿牙地丁等椿，加钉沿口立板，期保坚固。洞内龙骨出水接做石簸箕分磴蹬四层，每层东西坦坡进深一丈七尺，南北宽三十二丈二尺。每层散水三尺五寸，立石坎高一尺。第四层下系旧石平海墁，东西进深十丈，南北宽内三十二丈二尺，外三十六丈，深入引河底，无虞跌塘。南北两闸台石金刚墙东西各长八丈五尺，东头迎水墙高出石龙骨八尺二寸，墙上各竖绞关石两根。西头出水墙高出石簸箕二丈四尺，两闸台各宽五丈高，与金刚墙平。接金刚墙迎水两石雁翅各斜长五丈，背后灰素土各宽五丈，接金刚墙石翅，西头墙高出龙骨八尺二寸，东头迎水墙高出石簸箕一丈六尺，上压镇水石兽各一座。南迎水石雁翅前接砌石泊岸，东西长四丈，高一丈六尺，背后灰素土宽五丈。又接筑三合土灰泊岸，东西长连磨盘五丈，宽二丈，高一丈六尺。又接做箱口埽连里头埽凑长十一丈，宽一丈六尺，以御迎溜。北迎水石雁翅前接筑三合土灰泊岸，东西长连磨盘五丈，宽二丈，高二丈六尺，又接做箱口埽，戗埽里头连盖坝等埽凑长五十丈，宽一丈四尺，以护盖坝。南北各埽年增签厢，可期坚固。出水南北石雁翅各长十丈八尺，各高一丈六尺，背后灰素土各宽五丈，石雁翅东头接金墙各压镇水石牛一座。南北两闸台及分水鸡心垛墙上建桥一座，长三十二丈，宽一丈六尺，架梁铺板，上筑三合灰土及素土，两边木栏杆，油漆坚固，以利往来。桥两头各横设铁棍一根，拦阻重车，免轧桥道，庶期经久。北闸台迤北，改建防汛公所及闸板房共十六间，铁车房十八间，一律整齐。闸下引河自出水雁翅起，至童村入大清河止，计工长四千一百七十丈。本年挑淤自闸口至陶家营村，北共长一千一百余丈，上口宽三十六丈，至工尾宽三四丈，挖深自八九尺至一二三尺不等，迤下三千数十丈，节有淤塞，间段疏通。

监修委员直隶候补知县张荣凝记

固安县拔贡生李芳瑞书

碑刻说明

清刻。在金门闸。现立于金门闸南之房屋内。碑阳朝东，碑阴朝西。汉白玉石质，方首方趺，碑座埋于土中。首身一体，通高207厘米，其中碑首高62厘米，宽72厘米，厚19厘米；碑身高145厘米，宽69厘米，厚16厘米。碑额隶书"重建金门闸记"。

碑文考释

金门闸，是我国古代建筑史上一项不朽的工程，凝聚清历代河员与工程建设者的聪明和智慧。但是，在康熙四十年（1701）至光绪三十四年（1908）的207年间，金门闸一直是一道横在永定河堤口的坝，以坝位高低控制水量。既是闸，应筑闸涵，设闸板，以便灵活启闭收放，控制水量。坝则是固定的，不能控制自如。创建之初，金门闸作为引莽牛河清水入永定河刷浑的进水闸口，以坝控水尚无大障。乾隆三年（1738），金门闸改建为分洪泄水的减水闸，以坝控水的局限愈加明显。河员一向用拆、筑龙骨的办法调节泄水。渲泄不利，拆卸龙骨，降低坝位；渲泄过盛则增筑龙骨，提升坝位。繁工误时，糜费财力，收效不大。永定河沙淤严重，河底不时淤高，坝位常见淤低，再升龙骨，再见淤低，恶性循环。惟恐夺溜，便筑埝拦闸，弃置不用。由于金门闸无闸涵，筑坝横于闸口，洪水泄出闸口时，闸体承受巨大的冲击，易损坏。故创建以来30年一大修，数年一小修。这便限制和影响了金门闸功能作用的发挥。

自宣统元年（1909），金门闸终于改建成为名副其实的闸。主持这项工程的是永定河道吕佩芬，金门闸的工程设计者和工程师则是张黼廷。是年，清廷拨银52000两，大修金门闸，永定河道吕佩芬请张黼廷前来协助。张黼廷久历河防，有丰富的水利工程建设经验。他亲临金门闸勘察，立即发现了金门闸的故敝："金门闸以坝而称闸，名实既不相符，且坝有定形，不若闸启闭由人，可因水大小以为宣塞。"因此，经与永定河道吕佩芬商议，乘金门闸大修之机重新设计，改坝为闸。重建的金门闸石龙骨减为32丈，上辟闸涵15道，涵高8尺，宽4尺。各涵设闸板，可任意启闭，控制泄水。闸上平板为桥，上铺黄土，可供行人往来。二月初经始，五月末告成。宣统金门闸，完全是按现代涵闸原理和构造设计的，实现了金门闸建设史上的一次革命，在永定河水利工程史上具有突出地位。

附录 总述

地方文明，是一方乡土之魂。历代碑刻，是一方文明的记录和载体，是解读地方历史文化、民俗文化的百科全书。

房山区地处北京西南，为西山永定河文化带的西南起点、基本元素和基础支撑。周口店、镇江营、燕都，开启了灿烂的北京文明，房山区成为北京文明的发祥地之一。三千多年前的西周燕国，青铜器铭文，开铭刻记事之先河，碑刻继起行世，跨越千古而至今，记录了房山区历史文明的轨迹。

房山区现存最早的碑刻，是北魏太和二十三年（499）《比丘僧欣弥勒造像题记》，造像原物，现藏于美国克里夫兰艺术博物馆（Cleveland Museum of Art）。最晚的碑刻，是民国三十六年（1947）《爆炸英雄郭士红烈士墓碑》，在房山区张坊镇张坊村。其间，北齐、隋、唐、辽、金、元、明、清历代，连绵延续，碑刻众多，散布于房山区全境。仅就存世的碑刻计，其数量近千件，居北京区县之最。

《房山碑刻通志》共8卷，涵盖房山区全境25个乡镇（街道）。房山区西南5乡镇列4卷，中部4乡镇（街道）列2卷，西北部8乡镇（街道）列1卷，东部7乡镇（街道）列1卷。每卷收录碑刻百篇上下，大石窝镇占房山区碑刻数量三分之一强，独列3卷，其余5卷均为数乡镇合卷。

卷一大石窝镇，卷二大石窝镇，卷三大石窝镇（云居寺），卷四城关街道、周口店镇，卷五蒲洼乡、十渡镇、张坊镇、长沟镇，卷六韩村河镇、石楼镇，卷七史家营乡、大安山乡、霞云岭乡、南窖乡、佛子庄乡、河北镇、燕山办事处、青龙湖镇，卷八拱辰街道、西潞街道、长阳镇、良乡镇、阎村镇、新镇、窦店镇、琉璃河镇。每卷乡镇下列村，村下录碑，一些重点地区单列录碑，从形成完整的地方碑刻文献体系。

《房山碑刻通志》收录全境25个乡镇碑刻，分布于145村1社区。

西南5乡镇44村。蒲洼乡2村：芦子水，东村。十渡镇4村：平峪村、西石门、西庄村、王老铺。张坊镇7村：千河口、片上村、张坊村、西白岱、北白岱、南白岱、广禄庄。大石窝镇18村：石窝村、辛庄村、广润庄、北尚乐、南尚乐、水头村、下庄村、岩上村、独树村、后石门、前石门、下营村、高庄村、半壁店、惠南庄、王家磨、郑家磨、三岔村。长沟镇13村：南正村、南正行宫、北正村、双磨村、东良各庄、北良各庄、坟庄村、南甘池、西甘池、东甘池、黄元井、沿村、长沟村。

中部4乡镇（街道）40村。城关街道7村：洪寺村、东坟村、顾册村、饶乐府、歇息岗、羊头岗、前朱各庄。周口店镇村13村：周口店、大韩继、车场村、黄院儿、娄子水、瓦井村、黄山店、黄元寺、木岩寺、长沟峪、新街村、山口村、西庄村。韩村河镇10村：圣水峪、下中院、孤山口、天开村、皇后台、龙门口、岳各庄、二龙岗、韩村河、赵各庄。石楼镇10村：杨驸马庄、支楼村、大次洛、吉羊村、二站村、石楼村、坨头村、双孝村、梨园店、夏村。

西北8乡镇（街道）32村。史家营乡3村：莲花庵、曹家坊、柳林水。大安山乡2村：寺尚村、大安山村。霞云岭乡2村：庄户台、下石堡。南窖乡1村：南窖村。佛子庄乡3村：东班各庄、黑龙关、上英水。河北镇9村：河北村、檀木港、三福村、黄土坡、他窖村、口儿村、半壁店、万佛堂、磁家务。燕山办事处2村：于凤凰亭、北庄村。青龙湖镇10村：北车营、常乐寺、上万村、崇各庄、豆各庄、坨里村、北刘庄、大马村、沙窝村、口头村。

东部8乡镇（街道）30村1社区。拱辰街道3村：梅花庄、东羊庄、大南关。西潞街道1村：太平庄。长阳镇2村：长阳村、哑叭河。良乡镇4村：西石羊、小营村、鲁村、富庄村。阎村镇8村：大董村、大十三里、后十三里、肖庄村、大紫草坞、开古庄、公主坟、南坊村。新镇街道1社区：原新街社区。窦店镇4村：窦店村、瓦窑头、望楚村、大高舍。琉璃河镇8村：庄头村、董家林、刘李店、琉璃河二街、李庄村、白庄村、福兴村、南洛村。

重点地区碑刻，不列村下，而单独列目。其中包括：房山老城、良乡老城，房山文庙、良乡文庙、云居寺、上方山、北岩头，岫云观、金门闸。

《房山碑刻通志》共收录碑刻875件。大石窝镇283件、蒲洼乡2件、十渡镇7件、张坊镇33件、长沟镇74件、城关街道59件、周口店镇58件、韩村河镇103件、石楼镇33件、史家营乡13件、大安山乡3件、霞云岭乡3件、南窖乡2件、佛子庄乡6件、河北镇29件、燕山办事处10件、青龙湖镇39件、拱辰街道24件、西潞街道1件、长阳镇2件、良乡镇10件、阎村镇16件、新镇街道 4 件、窦店镇 21 件、琉璃河镇 40 件。

875 件碑刻的历史年代，自北魏至民国。北魏 1 件，北齐 2 件，隋代 5 件、唐代 47 件、辽代 36 件、金代 40 件、元代 41 件、明 197 件、清代 403、民国 103 件。

这些碑刻，大多 1 碑 1 文，有的 1 碑两文、数文，有的 1 题 1 文，有的有题无文。共收录碑文 782 篇，其量中大石窝镇 230 篇、蒲洼乡 2 篇、十渡镇 6 篇、张坊镇 36 篇、长沟镇 49 篇、城关街道 59 篇、周口店镇 65 篇、韩村河镇 85 篇、石楼镇 30 篇、史家营乡 13 篇、大安山乡 4 篇、霞云岭乡 4 篇、南窖乡 2 篇、佛子庄乡 5 篇、河北镇 30 篇、燕山办事处 10 篇、青龙湖镇 37 篇、拱辰街道 23 篇、西潞街道 1 篇、长阳镇 2 篇、良乡镇 5 篇、阎村镇 16 篇、新镇街道 4 篇、窦店镇 21 篇、琉璃河镇 43 篇。

收录诗歌 78 首，附录碑文 15 篇、文章 1 篇、钟铭 2 则、磬铭 1 则。

收录题刻 18 种 180 则。其中碑阴题 81 则，碑侧题 3 则，墓题 44 则，朝山题 13 则，经题 6 则，额题 5 则，造像题 5 则，函铭 4 则，泉题 4 则，塔题 3 则，幢题 3 则，摩崖题 2 则，咒语 2 则，碑题 1 则，洞题 1 则，殿题 1 则，桥题 1 则，题联 1 对。

近千件碑刻，丰富的碑文、题刻，及附录碑文、文章、铭文，为房山区保留了一部珍贵的地方文献，加之乡镇、村历史文化解读，碑文、题刻的考释，打开了一扇解读、认知房山区历史文明之门，其中包括政治、经济、军事、文化、教育、宗教、民俗，以及乡镇、村沿革，地名由来、家族史等等。

《房山碑刻通志》是房山区委、区政府设立的西山永定河文化带建设的重点课题，这项文化工程，对房山历史文明的解读意义重大，对北京历史文化研究意义重大。

杨亦武
2021 年 8 月 1 日

图书在版编目（CIP）数据

房山碑刻通志．卷八，拱辰街道、西潞街道、长阳镇、良乡镇、阎村镇、新镇街道、窦店镇、琉璃河镇 / 杨亦武著．-- 北京：学苑出版社，2021.12
ISBN 978-7-5077-6349-2

Ⅰ．①房… Ⅱ．①杨… Ⅲ．①碑刻－汇编－房山区 Ⅳ．① K877.42

中国版本图书馆 CIP 数据核字 (2022) 第 004475 号

责任编辑：	潘占伟
出版发行：	学苑出版社
社　　址：	北京市丰台区南方庄 2 号院 1 号楼
邮政编码：	100079
网　　址：	www.book001.com
电子信箱：	xueyuanpress@163.com
联系电话：	010-67601101（销售部）　67603091（总编室）
印 刷 厂：	北京华强印刷有限公司
开本尺寸：	710×1000　1/8
印　　张：	38.75
字　　数：	306 千字
版　　次：	2022 年 1 月第 1 版
印　　次：	2022 年 1 月第 1 次印刷
定　　价：	498.00 元